河北省社会科学基金项目（HB14SH035）

俗民生活世界的建构

——以女娲民俗为核心的民间生活

常玉荣 ／ 著

人民出版社

序

现代文明社会，无神论已经成为民众的主导思想和思维方式，这使得神界诸灵不得不退出民众的生活世界，渐渐丧失掉其存在的合理性。笔者多年从事的女娲研究，是关于远古一位女神的研究，涉及到了始于人类蒙昧时期的信仰世界。尽管在现代的民间世界，女娲信仰仍然是诸多俗民的精神支撑，尤其是在女娲信仰的集中地区更是如此，但是也不得不承认，女娲也在不断地受到无神论思想的质疑和改造。质疑的声音主要来自于已经习惯于用科学思维来理解世界的人们，这其中有非本专业的专家，当然也有接受过现代科学教育的中等文化程度的民众。笔者在一所理工科大学任教，周围多是探究自然世界因果链的专家、学者。因此时常会遇到类似的追问：女娲是一位神话人物，本身是不存在的，研究她的价值在哪里？这种疑问不能简简单单看成是非专业人士的一种知识上陌生，它体现出整个人类文明进程中，求真的科学思维对于非真实世界的质疑。科学研究是探究自然世界和人类世界因果链的研究，它不断丰富着人类对于主客观世界的认知度。但是关于人类社会的某些领域的研究是不能单用科学理性去衡量的，如果非要这么做的话，人类就会在科学世界里渐渐迷失自我，难以返回本源的生活世界。这似乎是在为本书的研究作一个辩护，但是这种辩护很难真正让民众认识到问题的所在，所以，如何通过女娲及其相关的俗民生活研究去诠释一个在科学世界之前就存在的生活世界是本书努力的目标。

这里的"生活世界"是德国哲学家胡塞尔提出的哲学意义上的概念："在进行科学研究之前，这个世界就在日常的感性经验中主观地—相对地被给予了。"中国学者高丙中也在民俗学层面论述了民俗学所要研究的生活世界的内涵："有了'生活世界'这个完整的概念，民俗学的领域再也不显得零碎了。过去由于没有达到这种整体性的把握，有人看见民俗研究一会儿文艺，一会儿巫术，一会儿物质生活，一会儿习惯法，难免认为它们是五花八门，乱七八糟的。现在，它们不仅相干，而且共同组成了完整的生活世界。""民俗学最初在人世间安身立命的时候，被给予的世界就是专家现象之外的世界，也就是胡塞尔所说的'生活世界'。"阐释一个完整的生活世界，这种研究企图在一开始就带有极大的冒险，因为其成功阐释的可能是非常小的。生活世界强调的是人类生存的整体性，但是个案研究是个别的、具体的研究。正像诸多研究者曾经指出的，试图对生活世界的把握和研究几乎是不可能的，即便是民俗学全部的研究领域也不过是生活世界很小的一部分而已。研究困境的突破还在于民俗学研究范式的转换。民俗学研究有两种基本的学术取向，一是民俗事象研究，二是民俗整体研究。前者是对民俗事件的抽象提取和概括，是静态的文化事件，注重的是习俗化了的行为本身；后者对活态的民俗事件更加感兴趣，将其放在生活本身去观照。要想通过个案研究实现对于生活世界的透视和把握，唯有从民俗整体研究出发才有可能实现。这其中还涉及到一个研究重心的转换，就是将民俗研究的焦点和立足点从"俗"转移到创造和实践习俗的"俗民"身上来。因为所谓民俗学的生活世界是由俗民主动创造的，对于生活世界的研究和阐释其实就是对于民俗主体，即俗民的心灵和生活行为的关怀和把握。顾颉刚认为民俗学的最高学术理想就是知识分子代言制的终结，而民俗学学科的最终努力就是要使民众说话，而不是为民众说话。因此，本书对于通过典型社区的女娲文化研究也要在研究范式和重心上实现转换。一是将对于女娲本身的研究、女娲习俗研究转换为对创造女娲、传承相关习俗的俗民研究。考察俗民基于自身的生活建构女娲文化的过程和状态，靠近其心灵，理解其思维方式，阐释其日常行为，真正实现对于民俗主体的关怀。二是将俗民信仰生活作为整体来把握。所谓整体来把握第一层内涵是指本书除了重点研究女娲民俗之外，还要将其与俗民的其他重要神灵信仰及其民俗联系起来，并作为高度关联的俗民信仰生活整体进行把握。这样有助于对俗民精神世界作较为全面的理解。第二层内涵将俗民信仰生活与其物质生活、地理空间等作为密切相关项联系起来，或者说将俗民信仰生活置于其产生的日常生活中，在日常生活的整体中去理解和阐释。由此发现俗民信仰的合理性及其存在价值。

基于上述的研究意图，本书共分六章，第一章总论，主要是对本书研究目标、思路、理论和方法的阐释和介绍；第二章、第三章是对河北涉县女娲文化的基本特征作一整体勾勒，主要是将女娲文化与涉县相关文化习俗现象联合起来考察，突出俗民生活的整体性和女娲文化的代表性和典型性；第四章和第五章分别从俗民群体和俗民个体两个层面考察围绕女娲的信仰生活的积极建构；第六章是对俗民信仰生活建构状态和本质特征的阐释。

在围绕上述方面展开研究中，对于民俗学生活世界理论的某些问题进行了探讨。主要包括：第一，生活世界这一概念的外延界定，或者说，生活世界研究的边界问题。即面向俗民整体生活的研究，应该选择俗民生活的哪些方面进入研究视阈，才能实现对俗民整体生活的观照。第二，对于立足俗民的民俗研究，一般情况下分为俗民群体和俗民个体两类展开。在具体的研究中，日常生活中的哪些群体具有民俗意义可以进入研究视野，又如何通过俗民群体研究来呈现俗民对民俗的建构过程和方式。俗民个体研究应该选择哪些典型个体进入研究视野，又如何通过俗民个体研究来呈现俗民建构行为的个性化特征。第三，对俗民建构生活世界的整体状态进行思考。在某一具体的时空下，俗民从出生就被给定了一个世界，俗民认识、把握和与周围世界对话交流的过程中，学习、选择、创造与周围世界包括他人相处的行为方式及其观念。这个建构过程有两个特点，一是动态性。从来就不存在纯粹静态的民俗规则和观念，俗民对于习俗惯制的建构是根据周围世界与自身关系不断进行调整和再建的过程。二是当下性。俗民对于民俗生活的建构是基于当下的生存而展开的活动，俗民不必形而上地考虑自身的行为与传统和未来的关系。第四，现代社会语境下，现代性对于俗民的民俗建构产生的深刻影响及其民俗的现代性。第五，立足俗民视角探讨被发明的传统。这涉及到了伪民俗和传统的成长，以及传统被谁发明、发明何以有效等一系列问题。本书在上述问题上展开的探讨和得出的结论将有助于丰富民俗学生活世界研究理论，也会让民众重新发现陌生而熟悉的日常生活，认识到日常生活世界对于人类生存的真正意义。从某种意义上说，这也是民俗学研究的重要使命。

作　者

2015 年 12 月于邯郸

目　录

第一章 总 论

第一节 本书研究意义与研究目的

一、研究的意义

在学科不断细化，新生学科不断涌现，学科界限日益模糊的发展状态中，民俗学基于生活世界理论的研究范式的转换是解决自身学科危机的重要方式。"生活世界"这一概念被引入到民俗学领域中来，成为概括和表述民俗学研究内容的一个最准确和有效的概念。这一概念将之前民俗学包罗万象的研究内容统摄到一个研究视阈中。"生活世界"不仅成为一种标识民俗学研究领域和内容的符号，同时也显示出民俗学学术价值取向的转变。之前民俗学对于民俗的研究是将被确定为民俗事象和行为的内容从生活中抽象出来。这样的民俗脱离了生活，更远离了民俗行为的实践者，即俗民，成为一种静态的，等待专家去解读其文化内涵的象征物。由此形成的民俗学知识体系就是对各类民俗事象和行为分门别类的概括。本是俗民鲜活生活一部分的民俗抽象为学术知识。研究者甚至可以忽略俗民的存在而仅仅关注知识本身即可完成研究。这样的研究取向使民俗学的学科知识越来越缺乏学科性，难以和其他相近学科划清界限，学科边界越来越模糊，甚至出现被其他学科"蚕食"的危机。生活世界的学术研究立场使得民俗学成为面向俗民整体生活的知识生产。生活和整体成为民俗学重要的学术价值取向，这将使得民俗学原有的知识重新返回其起源地，即俗民的日常生活中。之后的研究都要在这一场域中，即俗民的日常生活中展开。也就是说，民俗学所要研究的生活世界是俗民的生活世界，而非其他。由此，正如一开始所言，生活世界理论成为解决民俗学学科危机的重要理论来源。

关于"俗民"这一概念内涵的界定同样也是民俗学学科的基本问题，对这一问题的思考也同样带来了民俗学学科研究重心的移位。乌丙安提出，民俗学学科的研究重心应从民俗之"俗"转移到之"民"上来，要重视民俗的传承者和承载者俗民的研究。那么如何展开对俗民的研究？这仍然是要回到俗民的日常生活中。因为俗民正是在生活中实践着民俗行为，也是在生活中传承传统并创造新的民俗，民俗与俗民的生活密不可分、水乳交融。由此，对于俗民的日常生活的研究就成为民俗学需要着力展开的领域，这也正是本书所关注和研究的选题，即俗民生活世界的建构。"建构"一词的使用是想更加凸显俗民在民俗生活中积极主动的能力和行为，是将俗民看作是有能力建构自我生活的积极实践者，是将民俗看作是俗民在生活中不断展开和完成的过程。具体研究是以河北涉县为典型社区，以当地女娲民俗为核心，重点研究当地俗民在涉县这一特定的时空下建构以女娲为核心的民俗文化的特征和过程。

就女娲民俗这一研究领域而言，仍然存在着上文所提及的、民俗学研究普遍存在的问题，即抽象地谈论女娲民俗事象，而未将其还原到俗民生活中整体观照，同时对于俗民建构女娲民俗的能力和方式缺乏价值上的平等观照和充分尊重。本书即是要扭转女娲民俗研究存在的这一偏误，在整体生活研究立场上，真正深入地去体会、描述、呈现俗民构建女娲民俗的方式、思维和整体和谐的生活本身。

二、研究的目的

1. 本书是在整体生活研究理论指导下对于典型社区俗民民俗生活建构的研究。在这一理论的观照下，本书研究的重心将从抽象的民俗事象移位于俗民及其生活。因此本书研究目的之一即是深入解析涉县俗民在日常生活中对于女娲民俗的建构方式和特点。涉县，襟山带水，境内主要河流漳水蜿蜒穿越在韩王山、青头山、符山、熊耳山、清风五指山、龙山等崇山叠嶂之间，在这样的一个地理空间内，俗民是如何从自我的生活中生发出对于女娲的需求，并在这种需求中不断建构、积累，形成独特的女娲民俗？女娲民俗不是一种孤立的存在，是俗民生活的一部分，而且是与俗民生活其他部分紧密相联的一部分。在这一建构中，还需进一步探索俗民表现出怎样的思维特点，进而这一思维特点又如何决定了女娲民俗的具体呈现状态。在此基础上，由具体个案研究总结抽象出俗民日常生活世界民俗观念和行为建构的普遍特征。

2. 整体生活的研究取向为具体民俗个案研究提供了新的理论范式的指导，使得个案研究呈现出与以往不同的成果面貌。但是也要看到整体生活的研究理论还需进一步丰富和具体化。在本书的研究中，试图在对个案的呈现和阐释中提炼概括出能够丰富整体生活研究的一些基本观点。本书研究将在以下两方面进行探索：第一，生活世界理论强调以俗民的整体生活作为研究对象，"整体"不仅指全部生活，更应该强调生活各部分，例如衣食住行、精神生活等的紧密联系，凸显上述生活对于民俗的共同孕育。这样，在面向俗民整体生活的研究中，就会存在一个问题：俗民生活包罗万象，具有相当的广度和深度，不可能完全将其纳入到研究视野中，应该选择俗民生活的哪些方面及其内容进入研究视阈，才能真正实现对俗民整体生活的观照？例如本书对于女娲民俗的研究是一个局部的、个别的研究，这一局部的、个别的研究对象一定是和俗民生活的各部分融合在一起并产生紧密的联系。这些紧密相连的部分选择哪些进入到与之相关的研究视阈中，才能实现将女娲民俗与其所产生的生活联系起来并进行整体的观照？本书将对上述问题进行尝试性的解答。第二，对于立足俗民的民俗研究，一般情况下分为俗民群体和俗民个体两类展开。日常生活中的哪些群体具有民俗意义可以进入研究视野，又如何通过俗民群体研究来呈现日常生活世界中俗民的民俗建构行为？俗民个体研究应该选择哪些典型个体进入研究视野，又如何通过俗民个体研究来呈现俗民民俗建构行为的个性化特征？在具体的研究中，将对上述问题进行探讨。

第二节　关于生活世界和女娲研究现状的述评

一、关于生活世界的研究现状

民俗学学科对生活世界的研究可以分为理论和个案研究两个层面。理论层面上，民俗学日常生活世界理论的基本学术取向和框架已经确立，高丙中、户晓辉、吕微等学者的相关研究支撑和丰富了这一理论。乌丙安关于俗民主体研究的理论也对日常生活世界的研究提供了重要的立足点。上述学者的相关理论将在第三节中详细介绍。这里需要指出的是，笔者在进行本书的研究过程中发现，生活世界理论和俗民主体理论虽然在宏观上指明了研究的方向和价值原则，却缺乏更为具体、深入的理论建构，因此对个案研究也就缺乏更为具体的理论指导意义。这样就造成了在个案研究中，研究者对于所谓整体生活研究的理解出现了偏误。研究者往往将某一具体的研究对象置于其所产生的特定的人文地理环境中，却对两者的关系缺乏更加具体和深入的论证。同时，对于俗民主体性地位认识不足，漠视或者忽视俗民的主动建构能力和行为实践。该类研究的一般做法是，在开始某一民俗研究之前，对这一地区的人文地理、俗民生产生活作一概括介绍，或简介主要研究人物的生平履历，之后就开始某一民俗的具体研究。而具体研究很少与上述方面结合起来。研究者并不重视研究和阐释两者的密切联系。在个案研究中，以整体生活取向展开研究做得比较成功的是 2011 年中央民族大学王新民的博士论文《民间信仰与民众生活研究》①。该论文即是以生活世界理论为指导对陕西岐县民间信仰的研究。该项研究确实做到了将岐县地区的民间信仰与当地的人文山水结合起来，并论证了两者的关联性。同时将所研究的民间信仰与当地俗民日常生活时间（例如节庆、人生礼仪）和空间（例如家宅、庙宇）结合起来，试图证明民间信仰与俗民日常生活的紧密联系和水乳交融。同

---

① 　王新民：《民间信仰与民众生活研究》，中央民族大学博士论文，2011 年。

时，研究者也非常关注特殊俗民主体，例如女性、经师、神婆法师，在民间信仰活动中，这些不同类型的俗民均是民间信仰活动的参与者和建构者。对于生活世界的研究个案还有的是针对于神话和民间文学展开，或者是针对于某种宗教展开。不论选题如何，有两点是研究者必须着力阐释的：一是具体研究对象与日常生活的关系，即整体生活视阈内的局部研究；二是对于俗民主体性的高度重视和研究。王新民的博士论文在第二点做得还不够充分。关于俗民研究，他的论文只是展示了各类俗民的日常生活都离不开民间信仰，而未站在俗民的立场上，去发现和呈现俗民对于民间信仰的积极建构能力和行为。而且对于俗民的研究主要是俗民群体性研究，聚焦于特殊群体，揭示各类群体的普遍特征。虽然其群体研究案例是俗民个体，但重在发现共性，而缺乏对俗民个体的关注。其实俗民个体在民俗活动中具有丰富的个性化表现，而这种个性化的表现丰富了民俗活动的内容，并会催生出新的民俗元素，甚至是形成新的民俗。因此，对于俗民个体的深入具体研究是俗民日常生活研究的重要领域，对此应该予以特别的重视。

二、女娲研究现状

本书对于女娲研究现状的描述从三个方面展开，分别为女娲身份研究、民间女娲民俗事象研究和典型社区女娲文化研究。之所以依据这三个方面来加以介绍，是基于本书的以下研究意图：即在对现有研究成果的梳理中进一步辨析目前女娲研究的学术取向并反思其存在的问题。在不同的时期，女娲研究曾经侧重于其中的一个方面。三个方面其实反映出百年来女娲研究所走过的大致历程，因此对于这三方面研究成果的分析能够更加清晰地梳理出研究发展的脉络和走向。最后，需要说明的是，上述三方面的介绍，未能穷尽女娲研究多个学科领域，可能会出现不能穷尽丰富的相关研究成果的遗憾。

1. 关于女娲身份的研究

来自远古的女神女娲身份扑朔迷离，屈原在《天问》中就发出哲思式的追问："女娲有体，孰制匠之？"尽管如此，自古至今不论从文献、考古和田野调查，研究者都试图从不同的方面去探究女娲的身份之谜。

从文献记载的角度上而言，女娲不仅造人而且还创造了万物。《山海经·大荒西经》中说："有神十人，名曰女娲之肠，化为神，处栗广之野，横道而处。"① 晋郭璞注："女娲，古神女而帝者，人面蛇身，一日中七十变。"这样的记载大致说清了女娲的身份，即"古神女而帝"。其主要的功绩就是造人，造人的方式是"化"，有十个神人是由女娲的肠化来的。而郭璞的注释提到了"一日中七十变"。与之记载相似的文献是汉《淮南子》。《淮南子·说林训》："黄帝生阴阳，上骈生耳目，桑林生臂手，此娲所以七十化也。"② 东汉许慎的《说文解字》中则说："娲，古之神圣女，化万物者也。"

现代研究学者，依据文献记载、考古和田野调查实证，以女娲神话作为考察对象，从神话源流、发展演变的轨迹来分析女娲的神格。苏联汉学家李福清认为，女娲是单一始祖母神。日本学者则偏重于把女娲与伏羲并提，将女娲神话与伏羲神话联系起来考证，将中、日及中国西南少数民族的"近亲婚"神话进行比较，如森三树三郎的专著《支那古代神话》，谷野典之的《女娲、伏羲神话系统考》。这种研究倾向是将女娲作为对偶神来看待的。美国学者 Lee Irwin 在《神性与拯救：中国的大女神》一文中，从女神崇拜的角度肯定了女娲作为中国古代四大母神之一的文化身份。国内研究者更加侧重于女娲神话研究，研究的兴趣点集中在女娲神话源流、伏羲女娲关系、女娲神话与洪水神话的关系等方面。其中将女娲的神话身份与伏羲相联系，并且探讨伏羲女娲兄妹婚神话与洪水神话的关系，是一种较为突出的研究倾向，以闻一多的《伏羲考》、人类学家芮一夫的《苗族的洪水故事与伏羲女娲的传说》为代表。当代学者刘尧汉、杨知勇等也支持并深入论证了伏羲与女娲的氏族渊源，以及伏羲、女娲神话与洪水神话的关系。而近些年更多研究者倾向于探索女娲作为单一始祖神的产生源流及演变过程，如袁珂先生在《古神话选释》、《中国古代神话》等著作中，用神话学的观点阐释了女

---

① 郑慧生注说：《山海经》，河南大学出版社 2008 年版，第 220 页。
② ［汉］刘安等编著，高诱注：《淮南子》，上海古籍出版社 1989 年版，第 183 页。

娲神话的性质，认为女娲神话是母系氏族的原始神话，而兄妹婚神话是向父权制过渡的产物；港台学者王孝廉在《中国的神话世界》一书中也考证了女娲神话的原初形态；龚维英从生殖崇拜角度探讨女娲神话的原初面目。第一个对女娲神格进行系统分析论证的是杨利慧的博士论文《女娲的神话与信仰》，在其论文中认为女娲有始母神、造物主和文化英雄三种神格，但是其基本神格还是始母神神格。她还从一般神话学、文献记载神话、民间新产生神话和民间信仰、民族志资料四个方面论证了其观点。杨博士对于女娲神格的研究使我们对于女娲的身份有了完整而清晰的认识。但是其研究也存在一定的局限性，即女娲的始祖母、造物主、文化英雄三种身份的关系未能作进一步阐释。笔者在论著《女娲在民间》中专门对这一问题有过探讨。笔者认为，造物主，即宇宙万物的创造者应该是女娲的原初神格，这其中包括造人和创世。但是在后世的发展演变中，后起神话人物盘古替代了女娲，分走了女娲创世的功绩，只保留下造人的功绩，也就形成了其始祖母神格，这是女娲基本神格之一，杨利慧所提到的造人和造物都是这一神格的衍化和丰富。造人的方式不断丰富，而造物是服从于造人的需要。文化英雄神格是女娲的第二个基本神格。两个基本神格共同构成了女娲的身份特征。

女娲身份除了上述神格内涵外，还有一个为当前民俗学研究者所忽略的问题，女娲本是远古时期一位原始女神，而在后世的衍化中，她逐渐演变为一位人神，被看作是人类的祖先。那么这种演变是何时发生的？从最初女娲造人的方式——抟土造人和化生人类来看，女娲本是先民原始思维的产物，是纯粹神话人物，更准确地说，就是原始女神。从人类发展史看，女娲这一女神的出现有着一定的现实基础，例如母系社会女性生殖能力崇拜、女性地位的尊崇等等，但是抟土造人的女娲其实仍是一位神，其远古大神的身份是非常明确的。所以，尽管最初女娲被当作始祖母，仍然是大神意义上的祖母，而非现实或者历史层面上的人类祖先。这一情况一直到第三种造人方式的出现，即女娲兄妹婚（其中最多的是女娲伏羲兄妹婚），才有了根本的变化。为什么这样认为呢？因为女娲兄妹婚中反映的造人方式是男女交媾的方式。这种方式是人类对于自身繁衍方式的科学理解，体现了先民在现实生活中总结和提炼的朴素的科学思维方式。这一思维方式产生的女娲兄妹婚神话，已经将女娲，当然还有与之相匹配的男性始祖神当作"人"来看待，因为两者是通过人的方式而非神的方式繁衍人类。女娲作为神的地位不容置疑，普通民众和学者也很少对这一问题进行进一步的辨析。其实女娲从神逐渐有了人的内涵和特质，对于其在后世的衍化是非常重要的。在当代无神论语境下，国家层面对于女娲的倡导和尊崇是将其作为中华祖先来看待的，其作为人的内涵被强调和肯定，作为神的身份被有意忽略和淡化。即便是在民间，俗民对于女娲的崇拜也不纯粹将其当作远古大神，在将其世俗化、人间化的过程其实就是把女娲由神转化为人，真正成为民间世界中俗民所依赖的"老奶奶"的过程。这一点并不缺乏丰富的例证，将在之后的论述中逐渐呈现。因此可以说，女娲身份在后世的这种衍化早已经出现，可以追溯至女娲造人方式由抟土造人转变为男女交合的时期。这一时期据推测应是在认识到男性在繁衍人类中的作用并且社会地位高于女性的父系社会时期。在这一时期出现了基于感性经验的对人类自身生产的朴素的唯物理解，才会出现在科学思维指导下形成的女娲兄妹婚造人神话。此类神话的出现反映了人类对于祖先崇拜的需求，这就使得本是纯粹虚构的神话人物女娲转变为中华民族的女性祖先。虽则仍然是祖先神，但话语重心在于祖先，而非神。

女娲身份的第三个问题是关于女娲画像。女娲画像研究主要是根据考古发现而展开的，而且往往与伏羲并论。两者在墓葬中的同时出现，引发了关于两者关系的深入探讨。所以，对于女娲画像成果的介绍往往与伏羲紧密联系在一起。清代以来的成果有：瞿中溶《汉武梁祠石刻画像考》[①]、容庚《汉武梁祠画像考释》[②]。两书根据文献记载，结合考古，确定武梁祠画像石中的女神为女娲。常任侠的《重庆沙坪坝出土之石棺画像研究》考证伏羲女娲为夫妇的说法最晚出现于东汉以前[③]。闻一多则在其《伏羲考》中推断

---

① 瞿中溶：《汉武梁祠石刻画像考》，北京图书馆出版社 2004 年版。
② 容庚：《汉武梁祠画像考释》，北平燕京大学考古学社 1936 年版。
③ 常任侠：《重庆沙坪坝出土之石棺画像研究》，常任侠文集（卷一），安徽教育出版社 2002 年版。

伏羲女娲即是《山海经》中所记载的"延维"或"委蛇"①。近年来，国外的学者，俄罗斯学者李福清的画像研究具有较为重要的价值。李福清的论文《人类始祖伏羲女娲的肖像描绘》探讨了伏羲女娲形象的变迁、画像不同表现形态的内涵和原因②。国内学者专文研究汉画伏羲女娲图像的并不多，最为重要的是陈履生和过文英的研究。陈履生的《神画主神研究》③一书主要将两对神灵，即伏羲、女娲与西王母、东王公进行对比研究。此书对于伏羲女娲研究具有重要的参考价值。过文英的博士论文《论汉墓绘画中的伏羲女娲神话》，以汉代墓葬帛画壁画、石刻画像中的相关图像为研究材料，通过对图像分布特点、形象特征的系统分析，归纳出伏羲女娲画像的基本图像志，并将其置于汉代的社会、历史、文化背景中，揭示图像所蕴涵的时代文化内涵④。

2. 女娲民俗事象的研究

关于女娲民俗事象的研究应该说是民俗学研究的主要内容。该项研究主要是针对俗民信奉女娲的相关习俗及其空间场所展开，涉及到求子习俗、成人习俗、祭祀、庙会、节日、遗迹等多方面。主要研究成果有杨利慧《女娲的神话与信仰》。⑤该书主要介绍了与女娲始祖母神格和文化英雄神格相关的习俗，官方层面将女娲当作高媒神，即婚姻女神；民间层面则是将女娲当作了送子奶奶来供奉，与之相关产生了求子等习俗，还有与女娲补天神绩有密切联系的补天节补天补地习俗。另外，对全国著名的女娲"遗迹"也作了介绍。此类遗迹可以分为三类，女娲墓、陵；女娲庙、阁、宫、观之属；女娲神话活动遗迹。杨利慧认为，不论是何种遗迹，都会以此形成女娲信仰的中心点，并形成大小不同的信仰区域。对于该类女娲信仰集中地区，杨利慧也有介绍，主要涉及现代民间层面的女娲信仰习俗，重点描述了河南

① 闻一多：《伏羲考》，上海古籍出版社 2009 年版。
② ［俄］李福清：《人类始祖伏羲女娲的肖像描绘》，中国神话故事论集，中国民间文艺出版社 1988 年版。
③ 陈履生：《神画主神研究》，紫禁城出版社 1987 年版。
④ 过文英：《论汉墓绘画中的伏羲女娲神话》，浙江大学 2011 年版。
⑤ 杨利慧：《女娲的神话与信仰》，北京师范大学出版社 1999 年版。

淮阳、河南西华、河北涉县、陕西骊山、山西交城、台湾的女娲信仰习俗和区域特征。该书对女娲民俗的研究是在综合比对各类代表性区域女娲民俗特征的基础上展开的。除此之外，比较多的是以其中单一区域为对象的研究，论文有黄悦的《从河北涉县女娲信仰看女神文明的民间遗存》①，文中通过涉县庙会习俗（同时结合考古资料和文献神话资料）来总结河北涉县女娲信仰特点；徐芳的论文《民间信仰的恢复与重建》主要考察了山西侯村女娲庙宇重修的过程，由此梳理女娲民间信仰的当代复兴与变异②。专著类有本作者的《女娲在民间》③、杨荣国等人的《中国涉县女娲祭祀文化》④，主要考察了河北涉县的女娲文化特质；申怀信的《中华之母女娲》介绍的是山西洪洞县娲皇庙，对于侯村的女娲陵、庙、祭祀和神话传说作了详细介绍，最后得出结论侯村是女娲生前活动中心⑤；王世茂的《东浮化山与女娲文化》介绍了山西平定、阳泉的女娲文化，通过对当地神话传说、平定地名的由来、阳泉煤就是五色石、"入水不沉"奇石地貌的考察和历史典籍的记载，得出了女娲补天的遗址就在平定东浮化山这一论断⑥。上述针对单个区域女娲文化研究的成果，存在一种共性，即试图证明自己所研究的女娲文化区域是女娲文化的发祥地，或证明该地就是女娲造人或补天之处，或证明该地是女娲出生或死后埋葬之地等等。其实对于女娲文化到底起源于何地是一个非常复杂的问题。上述专著对于起源地的争论甚至是争夺是没有什么学术意义的，是地缘意义上的保守倾向。这种倾向并不利于女娲研究的开展，会限制研究者的学术视野，是地方研究者在之后的地域文化研究中特别需要保持警醒之处。关于女娲信仰的起源，杨利慧认为起源于北方。在其另一专著《女娲溯源：女娲信仰起源地的再推测》中，就全国范围内诸多女娲信

---

① 黄悦：《从河北涉县女娲信仰看女神文明的民间遗存》，《中国比较文学》，2007 年第 2 期。

② 徐芳：《民间信仰的恢复与重建》，《民俗研究》2004 年第 1 期。

③ 常玉荣：《女娲在民间》，河北大学出版社 2012 年版。

④ 杨荣国：《中国涉县女娲祭祀文化》，河北人民出版社 2013 年版。

⑤ 申怀信：《中华之母女娲》，山西人民出版社 2003 年版。

⑥ 王世茂：《东浮化山与女娲文化》，三晋出版社 2013 年版。

仰集中地区分布情况进行了详尽的梳理和考察，推翻了之前学界普遍持有的
"南方说"，认为女娲信仰应起源于黄河中下游区域①。该书的这一结论是在
对南北方流传的神话传说的分析和大量田野调查的基础上得出的，具有重要
的学术价值。

3. 典型社区的女娲文化研究

从地理空间上讲，典型社区的女娲文化研究也是针对某一女娲文化信
仰集中地区的研究，只是在研究立场上有了根本的改变。地域性女娲文化
研究关注的重点仍然是脱离了俗民的、从日常生活中抽离出的民俗事象。
例如求子习俗，该类研究更多的关注当地求子的程序和独特之处。而典型
社区女娲文化研究运用民族志研究方法，将女娲文化置于当地的特定的人
文地理空间和历史文化流脉中考察，不仅仅关注已经抽象化的事象，更注
重在日常生活中正在发生的民俗事件，例如一位正在庙中求子的女子、师
婆，她们如何在一个具体的时空场景去履行求子习俗的既定程序以及在此
基础上的个性化的表现。这方面的研究最具代表性的是杨利慧等人专著
《现代口承神话的民族志研究》，该著对于口承女娲神话的研究方法就是
深入到神话所产生和存在的具体的社区，考察"……神话在某个具体社区
中被传承和变异的状况，它们在特定的讲述情境中被传承和演变的一瞬
间，这些神话在某一特定的讲述人口中如何得以呈现，又缘何被加以改
变？每一个具体的神话文本到底是如何生成的等等。"② 该著主要引入了
鲍曼的表演理论，从微观的层面详细勾勒了口承神话的活态面貌。这种研
究思路不仅适用于神话研究，同样适用于女娲文化研究的其他方面。目前
此类研究成果在整个民俗学领域渐渐成为主流，但是在女娲研究中，尤其
是整体性地观照典型社区的女娲文化，即俗民生活世界中的女娲民俗研究，
开展还很不充分。

---

① 杨利慧：《女娲溯源：女娲信仰起源地的再推测》，北京师范大学出版社 1999 年版。
② 杨利慧等著：《现代口承神话的民族志研究》，陕西师范大学出版总社有限公司 2011
年版，第 12 页。

三、对目前研究成果的思考

单就女娲研究而言，目前的研究成果可以说是相当丰富的。对于文献的挖掘、梳理，对于考古成果的借鉴，对于民间展开的详细的大规模的田野调查，都使得女娲文化的各个层面得到充分的呈现，尤其是潜隐于民间的女娲文化逐渐的公开化和部分的合法化更让我们看到了冰山的一角。目前的女娲研究处于寻找新方向的临界点。研究者需要思考的是如何进一步推动研究走向深入。当前研究存在问题主要有二：第一，文献、考古资料记录下的女娲自身情况的研究成果丰厚，对女娲文化诸方面挖掘也相当充分，但缺乏对当下官方、民间两个层面女娲形象的变化和再造的关注，同时对女娲文化在当代的新生性也关注不够。对于女娲形象研究，主要是历史上女娲人首蛇身造型的梳理。形象内涵主要是对其神格的研究，而相对忽视这些神格在当代的新的变异。究其实质，还是对于民俗研究的当代性认识不足。传统民俗学研究更多注重的是泰勒"文化遗留物"学说所倡导的、从人类蒙昧时期遗存下来的文化现象。民俗学研究遵循这一学术思路，对于女娲的研究也是重历史、重原始女娲文化的当代遗留。其实女娲文化在当代不仅是遗留物，更是一种不断衍化、新生的信仰力量。在看到女娲文化某些方面逐渐退出日常生活的同时，也要发现新的文化事象的滋生。第二，对女娲民俗事象的研究存在重文化、轻生活的倾向。女娲民俗事象不论是传统还是现代，研究者已经挖掘整理出丰富的成果，并对各区域的差异进行了详细的比较分析，甚至做到了对女娲文化全国分布情况的系统分析，得出令人信服的研究结论。对于研究者来说，女娲只是典型的文化或者民俗现象，重在挖掘其学术价值。其实对于俗民而言，女娲不是外在于其生活的一种力量，而是其生活的不可分割的一部分，是和其生活中的其他部分水乳交融的，我们很难从俗民生活中将属于女娲的文化完全剥离出来。对于女娲研究应该立足于生活立场，才会发现那些民俗事象的活态特征以及之于俗民生活的重要意义，才会理解俗民的生活世界和他们的精神、心灵，他们对于生活的热爱、建构的努力和执着。其实更严格地说，不应该是"他们"，而是"我们"，研究者也是俗民的一员，在日常生活中研究者同样需要世俗的温暖和关怀。在整个的研究过程中，研究者不仅需要科学思维的理性分析，更需要日常思维的在场。

现代学者，例如杨利慧，在女娲神话研究中的民族志方法——深入典型社区，考察神话变异与社区地理空间、文化变迁、讲故事人的关系——对女娲民俗研究的拓展和深化是有益的启示。其对民间神话传说活态性的重视即是对俗民生活世界的尊重。民俗学其他领域的研究也提供了有益的借鉴。例如西村真志叶的博士论文《日常叙事的体裁研究》以"拉家"这一地方体裁作为研究对象，来反思传统学者型体裁学存在的问题，传统体裁学是学者的主观裁定，脱离了俗民的生活世界。该作者主张新的体裁学研究应该把体裁还原到生活世界中去的研究。只有如此，方能领会和理解生活世界中产生的体裁概念的特质①。女娲研究也只有将其还原到俗民生活世界中才能呈现其生活意义和学术价值。

第三节　本书研究的关键词

本节主要介绍本书研究中所运用的主要理论和方法，其中涉及到胡塞尔的生活世界理论，许茨的日常生活世界理论，高丙中民俗学意义的生活世界，乌丙安的关于俗民的理论，鲍曼的表演理论，格尔兹的"象征—解释"理论和方法等。本节对于上述理论的介绍并非系统论证，而是围绕与研究有密切关联的关键词展开。

一、关键词之一：生活世界

"生活世界"是本书研究所涉及到的最核心概念之一，而且处于所有核心概念词的最顶端，是全部研究的理论起点和终点。该概念最早是由德国哲学家胡塞尔提出，这一哲学概念不仅开拓了哲学的新的思维范式，也对其他

---

① 西村真志叶：《日常叙事的体裁研究》，中国社会科学出版社 2011 年版。

学科的发展产生了重要的影响。"生活世界"不仅成为诸多人文和社会学科的研究视阈，更是在认识论、方法论和学术价值取向上带来了新的变革。民俗学学科危机的解决即得益于对胡塞尔"生活世界"理论的"拿来"和借鉴。在这一哲学理论的启示下，民俗学对于自身学科的研究视阈和价值取向进行了重新发现和思考，形成和确立了民俗学意义上的生活世界的概念和内涵，完成了民俗学学科研究范式的整体转换。民俗学意义上的生活世界的提出，重新确立了民俗学学科在当代社会研究视野下的合法身份和重要地位，更为具体的研究工作提供了新的认识论和方法论。

1. 胡塞尔基于超越论现象学的"生活世界"

胡塞尔，E. Edmund Husserl（1859~1938），德国哲学家、犹太人，20世纪现象学学派创始人。早先攻读数学、物理，1881 年获博士学位，1883年起在维也纳追随德国哲学家、心理学家 F. 布伦塔诺（1838~1917）钻研哲学。主要著作有：《逻辑研究》、《作为严格科学的哲学》、《纯粹现象学和现象学哲学的观念》、《形式的和先验的逻辑》、《笛卡尔沉思》、《欧洲科学的危机与超越论的现象学》、《第一哲学》等。

"生活世界"作为核心概念为胡塞尔使用，是在其后期重要著作《欧洲科学的危机与超越论的现象学》。在这一著作中，"生活世界"成为胡塞尔全部哲学思考的起点和最终解决理论和现实问题的工具。对于生活世界的内涵，胡塞尔并未对其进行明确的界定，在具体的理论阐释中则出现了不同层面的应用，以及与此相应的不同的内涵。根据其具体的阐释，可以归纳出生活世界的两种基本内涵：一是指先验的生活世界；二是指我们周围的日常经验世界。前者是胡塞尔最为关注的哲学第一主题，即生活世界的先验性，先于科学世界存在的、由人的先验经验构造的主观世界。它具有超越具体生活世界的本质结构。

生活世界概念首先是哲学意义的。生活世界的先验性是指人作为先验主体的积极构造，这种构造创造出了生活世界的先天的本质结构。该先验世界具有普遍意义，是我们周围经验世界的逻辑前提。胡塞尔指出，"这种生活世界尽管有其全部的相对性，仍有其普遍的结构，这种困境就会消失，所有相对的存在者都与之关联的这种普遍结构本身，并不是相对的"①。尽管由于环境、身份、职业的不同造成生活世界的差异性，即主观—相对的生活世界，但是人作为共同体，仍然会具有普遍的文化共同体，即普全视阈。"这个起支配作用的目的最终是共同体的目的。就是说，个人的生活任务是共同体任务中的局部任务，而个别个人的工作活动对每一个共同活动的'参与者'同时起作用，并且是有意识的同时起作用。"② 在生活世界，即使是科学家，他首先是像其他人一样也是属于人，他知道自己生活在普全视阈之中，生活在人类共同关心的事情的世界中。这样的世界，在哲学意义上高度抽象化的结果就是先验的本质结构。或者反过来说，具体的相对的生活世界其实是先验世界的不同表现形态而已。进一步说，这个先验世界还是一个自明性的世界。"生活世界是原则上可以直观到的东西之全域"，"是原初的自明性的领域"。③ 生活世界是处于科学世界的时间和逻辑之前，是还未被科学理性所抽象和规定的世界，也未被科学回流和污染的原始生活世界。对于这一世界的认识不需要逻辑、理性、反思，只需在直观中，通过现象学的还原实现。这不仅是现象直观，更是本质直观，这个世界是不言而喻的，自我呈现的。

生活世界的另一层含义即指我们周围的日常经验世界，被定义为在自然态度中的世界。它的基本含义是我们个人或各个社会团体生活于其中的现实而又具体的环境。经验世界首先指人们日常生活经验到的周围世界。胡塞尔说："作为对我们有效存在的世界，我们还共同地属于这个世界，属于这个我们大家的世界，作为在这种存在意义上预先给定的世界。"④ 每个人自来

---

① ［德］胡塞尔著，王炳文译：《欧洲科学的危机与超越论的现象学》，商务印书馆2012年版，第176页。

② ［德］胡塞尔著，王炳文译：《欧洲科学的危机与超越论的现象学》，商务印书馆2012年版，第578页。

③ ［德］胡塞尔著，王炳文译：《欧洲科学的危机与超越论的现象学》，商务印书馆2012年版，第161页。

④ ［德］胡塞尔著，王炳文译：《欧洲科学的危机与超越论的现象学》，商务印书馆2012年版，第139页。

到并在这个世界，就被预先给予了周围的一切，地理环境、文化等等。作为前科学的、前逻辑的、原初经验世界和直观感性世界，未被理论思维裁剪删改，所以每个人都可以凭借经验感觉并按照自我经验去理解和建构周围的世界，而不需依靠科学理性去规定和阐释这个世界；而这并不妨碍人们对于这个世界的把握和幸福的生活。并且随着个人的生活实践兴趣得以展开，日常生活世界就具有了鲜明的主体性特征和人性化特色。很显然，这个经验世界与每个人的主体经验有着天然的联系，因为每个人的主体经验不同，就会形成的不同的千差万别的关于生活世界的经验。胡塞尔指出，"对于生活于其周围世界中的人来说，存在有多种多样的实践方式。"[①] 胡塞尔把这种不同称为"职业"不同，就会形成不同的主观经验，即"地平线"。"我们意识到这个世界是地平线，我们为我们的特定目的而生活。它可能是我们自己选择的在我们现实生活中起支配作用的生活职业目的，或者是由于我们自己的教养不知怎么卷入其中的目的。在这种情况下，一种自身封闭的世界——地平线就被构成了。这样我们这些作为具有其职业的人，对所有其他别的东西就很可能变得漠不关心了；我们只注意到作为我们世界的这个地平线，以及它自身的现实性和可能性"[②]，这段话是就人类的个体而言，如果进一步拓展开来，指人类的群体，最重要的即国家、民族也是适用的。任何国家、民族和文化都有自己的实际经验，但是任何国家民族和文化的实际经验都是不一样的。胡塞尔说道："当我们落入一个陌生的交往圈子中，如刚果的黑人或者中国的农民的交往圈子时，我们会发现，他们的真理，即在他们看来是肯定的，一般已被证明的和可证明的事实，对于我们来说却绝不是这样的东西。"[③] 因此，生活世界的第二层含义是指经验的生活世界是"主观的—相对的"生活世界，是每个经验主体的主观构造。对于普遍的先验的生活世

----

① ［德］胡塞尔著，王炳文译：《欧洲科学的危机与超越论的现象学》，商务印书馆2012年版，第141页。

② ［德］胡塞尔著，王炳文译：《欧洲科学的危机与超越论的现象学》，商务印书馆2012年版，第557页。

③ ［德］胡塞尔著，王炳文译：《欧洲科学的危机与超越论的现象学》，商务印书馆2012年版，第175页。

界而言，每个人建立起的主观经验世界是相对的生活世界，是先验生活世界本质结构的具体表现样式。经验生活世界的第三层意义是生活世界主要是指精神生活世界。胡塞尔指出："生活这个词并没有生理学上的意义，它所意味的是有目的的，完成着精神产物的生活：从最广泛的意义上来说，是在历史发展的统一中创造文化的生活。"① 从某种意义上而言，生活世界的创造是文化和精神的创造，是人的主观意识的产物。这样表述的目的并不是无视客观物质生活世界的存在，而是说，只有主观意义的创造才对人有意义。即便是对于自然的观照，不论是理念化的还是直观的，也均是人的主观性的构造，是基于主观的主客观的统一。因此，对于生活世界的关注和研究主要是对于人的主观精神和观念的关注和研究，即文化的生活世界对于人才有意义，才是形成人的生活方式和状态，决定人的存在是否自由和幸福的必要条件。

基于上述含义的胡塞尔的"生活世界"的提出是源于欧洲的科学危机，这种危机实质上是生活的危机，文化的危机，人的危机。科学不再关心人的生存活动，"在19世纪后半叶，现代人的整个世界观唯一受实证科学的支配，并且唯一被科学所造成的'繁荣'所迷惑，这种唯一性意味着人们以冷漠的态度避开了对真正的人性具有决定意义的命题。"② 科学客观主义的认识论和方法论让其丢掉了人的主观性，异变为关于纯粹事实的实证主义的科学。自然科学对"生活世界"进行客观化处理的过程，实际上是一个离弃主体从而对"生活世界"进行非人性化处理的过程。在这样的过程中，人的价值和意义被遗忘，追求普遍知识（既包括客体又包括主体）的哲学理想也被摒弃，从而酝酿成了欧洲科学的危机乃至欧洲文化的危机。

"单纯注重事实的科学，造就单纯注重事实的人。"③ 只见事实的人当然

---

① ［德］胡塞尔著，王炳文译：《欧洲科学的危机与超越论的现象学》，商务印书馆2012年版，第383页。

② ［德］胡塞尔著，王炳文译：《欧洲科学的危机与超越论的现象学》，商务印书馆2012年版，第18页。

③ ［德］胡塞尔著，王炳文译：《欧洲科学的危机与超越论的现象学》，商务印书馆2012年版，第18页。

只看到客体的一面，看不到主体的一面，主观和客观被相互割裂开来。人们在谈论客观性的时候，往往不考虑经验这种客观性、认识这种客观性和造就这种客观性的主观性。"完全排斥主观方面的问题"，把主观性的经验构造，文化构成物看成是非科学或伪科学的。实证科学的这种一统天下的局面排斥了人文和社会科学，也使得自身的科学性处于危机。胡塞尔提出的哲学思考就是科学的科学，是使科学更加精密的研究。生活世界理论的提出就是要解决实证科学造成的人的主客观分离，客观本质主义占据统治地位的状态。生活世界在时间、逻辑上是先于科学世界存在的，是被预先主观给予的世界，是科学世界的奠基。生活世界的给定和存在对人的主体性的尊重，对主观构造物的科学性的肯定和尊重，克服了科学客观主义真理和重客观、轻主观的认识论倾向。

民俗学在其诞生之日起就是一门对人和人的主体性显示出充分尊重和理解的学科，尤其是对于民俗之"民"认识的逐步深化和拓展，使得民俗学成为最为关注和关怀人的主体性构造的学科。但是在近代实证主义科学的强大影响下，科学思维、本质的普遍主义的认识论和研究方法在逐渐控制并成为民俗学的主导研究取向。研究者在科学理性的指导下，民俗学研究更多的指向于人类社会关于民俗文化的客观知识和事象，而对民俗文化及其事象的积极创造者——俗民却是熟视无睹。胡塞尔生活世界理论的提出是对于生活世界积极的经验者和建构者，即人本身给予了充分的尊重；作为文化的感受者和构成者的人类，对其主体经验、思维方式给予充分的理解并展开平等的对话，确立了其基于主观经验的知识生产的合理性。这一学术价值取向对于民俗学学科地位的确立和稳固具有基础性意义。它确立和肯定了民俗学的研究对象俗民在生活世界经验和通过主体经验感知和创造世界的合理性和存在价值。此外，胡塞尔生活世界概念凸显了生活世界的文化内涵：我们的生活世界经验受到常态的指导。常态就是人类社会历史流形成的习惯和规范的集合，我们对于生活世界形成建立的观念和经验都是在承续了早先人类所遗留的共同的文化结构和模式后形成和建立的。这就是文化对于人的生活的规范和建构。我们的预期也是根据主体间性传承下的文化形成的。生活世界从来都不是物质意义上的，而是文化意义上的，它是包括了人的主观精神世界的文化构成物。这一内涵即是包括民俗学在内的诸多社会和人文科学的研究内容。这样，生活世界就理所当然地成为民俗学的研究视阈。尽管作为整体的生活世界无法进行研究和分析，因为他是不言自明、无须证明的存在，但是作为具体的、相对的、部分的生活世界是完全可以进行研究的。而且在研究方法上，要彻底摒除客观主义的立场，对于人的主体构造性给予尊重，并以平等的态度去理解和阐释这种创造和经验方式。这正是当下民俗学研究所要迫切展开的工作。

2. 许茨社会学意义的"日常生活世界"

许茨作为社会学家，对于胡塞尔的生活世界的理解也是侧重于社会学意义。许茨的日常生活世界的概念是对胡塞尔的哲学意义上生活世界的概念继承和借鉴，经过逻辑阐释和理论的进一步丰富，形成了社会学学科生活世界的概念及其理论。胡塞尔对于生活世界的理解和阐释本是具有多重含义，其中深得许茨赞许并被拿来的是胡塞尔描述的自然态度观照中的生活世界。所谓自然态度，即是指人们在日常生活中对自我与周围世界关联的认识，是人们对生活世界的态度。这种态度是把周围世界的存在，包括自我在其中的存在看作是理所当然的，无须反思的。人们想当然的生活其中，并按照自我的理解通过类型化的方式去处理和把握自我与他我的关系，形成主体互动性，即主体间性，因而自然态度的生活世界就是主体间性的世界。"日常生活的世界从一开始就是一个主体间性的世界，是一个我与同伴共享的世界，是一个已经被其他人（指前辈）经验和解释的世界。"① 这一世界是社会世界，而非先验世界。因此，许茨对于这一世界的研究兴趣是在现实层面，而非超验层面。许茨对日常生活世界研究更加侧重于对社会的主观意义和结构的研究。

再回到许茨的日常生活世界概念本身上来，会发现，许茨赋予这一概念最高的存在价值和意义。许茨认为日常生活世界是最高实在。以此为基础，

---

① Alfred Schutz, *the problem of social reality*, Martinus Nijhoff/The Hague. 1973. p. 312.

他把生活世界建构成为多层次的世界。许茨认为日常生活对于我们是最重要的。我们从出生就被预先给定了某种已经被规定和阐释的世界，我们身处其中，完成自我的行为并赋予行为以意义，同时自我还要与同伴、他者沟通交往形成互动，达成对世界的普遍一致的认识和理解。日常生活是我们须臾不可离开的，幸福与自由生命的时空同在。所以，日常生活是最高实在。在日常生活中最能够体现这一特质的是工作世界。"工作世界是我的各种运动、各种身体操作的领域；它提供需要我们努力去克服的各种抵抗，它把任务摆在我们面前，允许我把我的计划进行到底，并尝试达到目的而成功，或失败……工作世界是这样一种实在，只有在这种实在中，沟通和双方动机的相互作用才变得有效。"① 在工作世界的基础上，许茨又建立了生活世界的多重实在。多重实在世界思想源于威廉·詹姆斯的"次级宇宙"思想，认为世界存在着多重实在，例如日常生活的世界、科学的世界、理想关系的世界、宗教世界、幻想世界、艺术世界等。许茨把这些多重世界称为有限意义域。这些有限意义域都具有特殊的理解和认知方式，因此每一种有限意义域都可以称之为是一种实在。每个有限意义域的经验和认知方式只能适用于该意义域而不能跨越界限平移到其他意义域中。人们在这些有限意义域之间的转换是一种断裂式的，而非连续的。因为我们只在内在时间意识流中处于不同的注意生活中。注意生活界定了我们某时某刻与哪个有限意义域发生联系，并将我们不断流动的意识连接起来，在不同意义域之间跳跃。许茨对这一问题的阐释能够解决现实生活中的很多矛盾的存在。例如，欧洲科学危机所呈现的，人们习惯于以科学理性的认知方式去理解阐释科学世界以外的有限意义域，由此就会出现阐释错位，进而取消了其他有限意义域存在的合理性。而许茨的多重实在理论很好地阐释了日常生活世界某些看似悖论的存在实质是最具合理性的存在。这一理论对于本书的研究内容具有重要的支撑意义。

---

① Alfred Schutz, *the problem of social reality*, Martinus Nijhoff/The Hague. 1973. pp. 226–227.

许茨的理论贡献在于肯定了此在世界、现实世界的价值。尤其是对于民俗学，生活世界存在合理性的确立是一个理论前提。虽然胡塞尔的生活世界有时也指日常的经验世界，但是在其理论体系中，作为论述的出发点和最终归宿的还是那个超验的生活世界。胡塞尔首先当然肯定了先于科学世界存在的生活世界，但是这个生活世界具有先验性，仍具有普遍的结构。这种先验本质结构才是胡塞尔真正的哲学研究兴趣所在。而许茨却将日常生活世界替代了这种超验的生活世界。不仅如此，他还赋予了日常生活世界最高的地位，即它是最高实在。他将我们习以为然生活其中的日常生活给予如此之高的地位，使得社会科学研究的地位也得以确立和合法化。这其中当然包括本书研究所涉及的民俗学学科。

3. 民俗学意义的"生活世界"

"生活世界"从一个哲学意义上的概念转化为民俗学意义上的概念是由德国民俗学家赫尔曼·鲍辛格尔完成的，在其著作《技术世界中的民间文化》中他用"生活世界"来界定民俗学的研究范畴和对象，引发了广泛和持久的讨论。① 国内学者对于胡塞尔"生活世界"概念内涵的理解也各有不同，因而对于他们给出的各自民俗学意义上的"生活世界"内涵也有一定的差异。下文将以高丙中、户晓辉和吕微的观点为代表来梳理这种差异，并在此基础上给出本书研究所依据的生活世界的基本内涵。

高丙中对于胡塞尔生活世界的理解是把其等同于经验世界，是被人经验到的或可以被人经验到的世界，是具体的、实际的、直观的，是人们的日常世界，是人周围的世界。同时高丙中将生活世界与科学世界并列比较，在这一比较中，他强调的生活世界是有别于科学理性产物的日常世界，这一世界是人日常思维和经验积极建构的物质和观念世界，是专家现象之外的世界。高丙中将胡塞尔的生活世界概念引入到民俗学范畴，认为生活世界也就是民俗的世界，并将其作为民俗学研究的领域。由生活世界所表述的民俗学的研

---

① 赫尔曼·鲍辛格尔著，户晓辉译：《技术世界中的民间文化》，广西师范大学出版社2014年版。

究范畴其重要特点就是强调了民俗研究的整体性。他提出了民俗整体研究的学术研究方向。高丙中非常赞赏美国学者萨姆纳关于民俗学研究范畴的观点，即注重生活和整体。其中有三点内涵，一是从社会生活的角度观照民俗，民俗不仅是文化的，更是生活的。这一点与高丙中对于胡塞尔生活世界的理解是一致的。二是在此基础上研究方法的更新，即民俗研究应该把民俗与环境、人紧密联系起来，这就是上文所提到的民俗整体研究。三是民俗之民的理解更倾向于个人。高丙中指出：民俗学研究普遍的东西，流行的东西，通常是注重森林，不注重树木，在重视集体共同性的时候，忽视了个体差异。如果我们循着他（萨姆纳）的启示，以个人为起点去讨论集体，民俗学有可能发展到既注重集体的共性，也留意个人的主体性。这样发展对研究现代民俗尤其有益……①

高丙中对于民俗学发展的贡献不仅在于对生活世界民俗学内涵的思考，还在于建立在这一学术价值立场上的研究方法的整体转换。他提出的民俗整体研究的方法为研究展开提供了实质的支撑，民俗整体研究方法的特点可以用系列关键词来体现：生活、社会现实、事件、整体、表演、过程、共时、从个人因素出发、直观的群体、田野作业、个人经验、当代性。概括地说，即是生活、整体、个人。

户晓辉对于胡塞尔生活世界的理解不同于高丙中，所以对于民俗学意义上的生活世界的理解也不同于高丙中。他认为对于胡塞尔生活世界的理解应更加注重这一概念的超越论意义，关键在于生活世界是先验自我即主体主动建构的世界，是超越论的生活世界，是人为自己构造起来的主观世界。这是从哲学意义上的阐释和理解。也正是这一点显示了他与高丙中的差异。高丙中是迅速将哲学意义上的生活世界转换成社会学意义上的日常经验世界，以区别于科学世界，由此来界定民俗学研究领域。而户晓辉将此概念引入到民俗学领域，由此形成的民俗学意义上的生活世界有几个关键内涵，即它是一个由"超越论的我"构造的世界，是实证主义科学所难以理解和把握的世

---

① 高丙中：《中国人的生活世界》，北京大学出版社 2010 年版，第 75 页。

界；它是一个纯粹主观的意义世界；它是一个直接经验或直观的世界，对它的研究要放弃客观科学的方法论，将以往客观的研究对象全部还原为主观的生活世界；对于它的直观，不仅是现象直观，同时也是本质直观。从上述给出的具体内涵可以看出，户晓辉更加注重胡塞尔生活世界概念的哲学内涵，例如先验、超越论、纯粹主观、现象学直观给民俗学研究带来的新的启示、领域和方法。这是从哲学意义上对于民俗学存在价值和独特意义的肯定，对于解决民俗学学科危机有非常好的效果。

吕薇在对民俗学学科危机的反思中，在胡塞尔生活世界的启示下，提出了一对概念，即性质世界和意义世界。性质世界是由形而上学逻辑知识所构造的世界，它规定和给予关于"物"（包括人）的普遍主义和本质主义的"性质"真理。在这个世界中，每个物和人都被置于其逻辑知识体系的一个位置，共同构成形而上学意义上的知识体系。吕微提出的这一性质世界中的知识体系是造成包括民俗学在内的各类社会和人文学科危机的根源。因为性质世界中人也是被给予、被规定的不自由的境地。人是具有自由理性的，是性质世界产生的第一动力，但是人本身，尤其是作为具体的个人在这个形而上学的体系中却失去了自由。意义世界是重新把个人置于自我筹划、自我规定的个体"存在"的主体境地，重新将个人置于自在的、自为的、自主的、自律的，一句话，自由的存在的位置上。换句话说，就是让人重新成为个人，让个体的人真正成为主体的人，让每一个人都拥有绝对的不可让渡的自由的存在权利和存在尊严。而对于民俗学来说，所应思考的问题是：如何让我们的研究对象——民俗中的人不再仅仅是自上而下被规定、被给予的"俗民"，而是作为具体的个体和主体所自我筹划、自我规定的自由存在的个人，就是重建个人的自在、自由存在的"意义世界"。换句话说，就是在形而上学逻辑知识所规定、所构造的"性质世界"之上重新建立起一个超越被规定、被给定的"性质世界"的"意义世界"。人自身存在的意义世界之所以是意义的世界，就在于意义是由个人的存在"自身"（先验自我）在超越经验的存在状况下自我筹划的、自我选择的结果，就意义世界是超越文化的历史与现实而存在的先验的个人世界而言，人的意义世界又是一个充满无限可能性的永恒世界。

吕微所提出的这一意义世界概念和命题其实就是胡塞尔的生活世界，或者更确切地说，是在胡塞尔生活世界概念引导下创造出的专门用来表述民俗学意义上的生活世界的概念。所以吕微的意义世界等同于高丙中和户晓辉的民俗学意义上的生活世界。与他们相比，吕微对于胡塞尔"生活世界"的理解更接近胡塞尔关于由先验自我的纯粹意识所构造的、比"日常生活世界"更具基础性的作为纯粹观念世界和纯粹意义世界（即尚未被科学的"回流"、"沉淀"所"污染"）的"原始生活世界"的理想。①

上述三位研究者对于生活世界的理解各有侧重，却同时在修正和解决当前学科研究中的问题和困境，对于本书研究内容是非常重要的顶层理论概念。本书研究对生活世界这一概念的使用主要是基于以下几个方面的内涵：一是关于生活世界的研究一定以生活为核心。民俗是俗民在生活中的自由和主动创造，同时具体民俗事象或事件不是孤立的存在，而是与俗民的其他生活融为一体，所以关于生活世界的研究一定是关于俗民生活整体的研究，是将民俗置于生活并与生活的其他方面紧密起来的研究。二是对于民俗创造主体——俗民个体的高度关注和描写。俗民是生活世界的积极和主动的创造者，研究者要对其表示出足够的尊重和平等的相待，不是用一种客观主义的方法论和科学理性思维去阐释他们的思想和行为，而是以俗民个体一分子的身份去与之相遇和交流，并将其精神和观念呈现和传播。这其中尤其要提出对于俗民情感、观念和思维方式的尊重和理解。三是在具体的个案研究中，关于生活世界的研究要具体落实到某一个具体的地理空间和确定的民俗事件上来。从这一意义上而言，生活世界就是高丙中所指出的是人周围的世界，是日常的、经验的世界。但是在承认这一点的同时，也应看到哲学意义上的生活世界对于民俗学生活世界的指导意义。户晓辉和吕微更从哲学层面指出了民俗学所研究的生活世界的独特价值。这两个层面的生活世界都是民俗学

① 吕微：《民间文学—民俗学研究中的"性质世界"、"意义世界"与"生活世界"——重读〈歌谣〉周刊的"两个目的"》，《民间文化论坛》2006年9月第3期。

意义上的生活世界。只有在哲学意义的指导下，具体的俗民生活世界中的观察、描写才具有超拔的理性力量，才能实现对于俗民及其生活的真正关怀。

二、关键词之二：俗民

"俗民"是本书研究所需使用的重要概念。民俗学对于生活世界的研究乃是对于"俗民"生活世界的研究。民俗学之"民"并不泛指全体人类社会的所有人，它是具有特指性的名词。那么"民"到底包括哪些人，人在什么情况下被称为是民俗之"民"，国内外学者对于这一问题进行了长久、持续的思考和探索。从目前给出的界定来看，基本上是两种取向：一是根据民俗学所要研究的"俗"的范围来相应的决定"民"的性质和范围，即以"俗"定"民"；二是受到社会其他强势话语的影响，出现了带有比较浓厚的社会学和政治色彩的定义。

最早使用民俗一词的是英国民俗学家威廉·汤姆斯。1846年，威廉·汤姆斯（Willian Thoms）以安布罗斯·默顿（Ambrose Merton）的笔名，向《雅典娜神庙》（The Athenaeum）杂志写了一封信，信中建议用一个"挺不错的撒克逊语合成词——民俗"，来取代像"民间古俗"、"通俗文学"这样一些术语。同时他列举了民俗包括的内容有："旧时的行为举止、风俗、仪式庆典、迷信、叙事歌、谚语等"。[①] 他虽然没有明确界定什么是"民"，只是说是"民众"（the people），但是从其对民俗内容的划定来看，他所说的民众即是乡村文化传统的承载者，主要是指乡村民众。这给研究者形成了一种思维定势，即民众是落后阶层，尤其是偏远地区乡民。之后的研究者仍然在这一思维下继续思考，阿尔弗雷德·纳特和乔治·福斯特对于俗民的认识都未超越他。美国民俗学家多尔逊给出的俗民范围因为城市民俗学的出现而加以扩大，不仅指乡民，而包括城市中的一部分人，尤其是进入城市的乡民及其后代。到了邓迪斯那里，俗民的概念无限扩大化，可以指任何人组成的任何

---

① Dorson, Richard M. ed., *Peasant Customs and Savage Myths*, The University of Chicago Press, 1968, pp. 56.

文化群体。他说:"Folk 可以用来指任何人类的群体,只要这个群体至少有一个共同点。至于这个联系群体内部各个体的共同点究竟是什么,则要看具体情况。他可以是相同的职业,语言,也可以是共同的宗教,等等。重要的是,这样一个因为某种理由而结成的群体必须有一些他确认为属于自己的传统。"① 俗民所包括的范围不断扩大的趋势在国内也存在,钟敬文认为俗民是指以人民为主的全民族,当然全民族的民在其内部还会有阶级、地域、时代、性别、年龄等的差异性。他还说:"不能认为民俗只存在于普通的人之中,其实高级知识分子身上也体现着民俗。"② 顾颉刚在《〈民俗〉发刊辞》中也说:"我们自己就是民众,应该各各体验自己的生活!"③ 俗民界定范围的不断扩大体现的是民俗研究范围的不断拓展。但是仅仅从范围上追求这种数量的增加并不能解决民俗学之"民"的性质问题,相反无限扩大反而会迷失研究方向,模糊学科界限,取消了学科的特质。

俗民界定的另一方向,即受到社会强势话语影响,在国内比较突出,例如中国民俗学自诞生以来就颇受马克思主义社会理论,尤其是阶级话语的影响。在中山大学民俗学者看来,所谓俗民就是平民或民众。他们将社会分成两个阶级,即贵族和平民。而当时他们所热衷于的民间文艺乃是平民文化的结晶。建国之后,中国民间文艺研究会成立,其对民的理解也是阶级立场的。郭沫若说:"民间艺术的立场是人民,对象是人民,态度是为人民服务"。④ 此种意义上的人民在中国当然在数量上占大多数,但是其强烈的革命色彩却会限制我们对于人民多方面民俗生活的平等的态度,就会把非革命化的部分屏蔽在研究视野之外。民的数量扩大并不一定带来研究范围的扩大。其定性更为重要。

不论是哪种方向的界定,关于俗民定义的趋势是俗民包括的范围在不断

---

① 阿兰·邓迪斯:《民俗研究》(*The Study of Folklore*, Englewood Cliffs, N. J.: Prentice-Hall, Inc., 1965, pp. 2。
② 钟敬文:《话说民间文化》,人民日报出版社 1990 年版,第 161 页。
③ 顾颉刚:《民俗》发刊辞,《民俗周刊》第 1 期。1982 年 3 月 21 日,收入王文宝编:《中国民俗学论文选》,中国民间文艺出版社 1986 年版,第 14—15 页。
④ 郭沫若:《我们研究民间文学的目的》,《人民日报》1950 年 4 月 9 日。

扩大，但是问题随之产生，如果俗民即等于全体民众的话，实际上就取消了民俗学研究对象的独特性。乌丙安对于俗民概念的总结和理解，一方面肯定俗民即在人民之中，而且是大多数。另一方面强调了俗民要负载所有民俗文化。不承载民俗文化的人民只是人民，而不能称之为俗民。这一点高丙中也有所论述："民俗之'民'并不等于生活中的人，只有当生活中的人表现出民俗之'俗'时，民俗学家才在这一意义上把他看作'民'。""社会成员在表现'俗'的时候才是'民'，'民'是就'俗'而言的。"① 其实单就俗民的定义而言，本书对于俗民这一概念的使用是基于乌丙安和高丙中所提出的内涵，外延上则指代表大多数的全体人民。乌丙安指出："'俗民'是一个以文化的代表性界定的文化群体，他可以是群体社会，也可以是俗民中的个体，确定它的俗民属性，放在首位的是他的文化代表特色……"② 在本书的研究中，也遵照乌丙安对于俗民类型的划分，按照俗民群体和俗民个体两分法呈现俗民对于女娲文化承载和建构的历程。

三、关键词之三：表演

本书研究主要是在民俗学学科的研究范式下展开，但是对于"表演"一词含义的使用却不仅限于民俗学范畴。事实上，"表演"一词的最早出现是在社会学领域并且对民俗学意义上的"表演"理论的形成产生了重要影响。社会学意义上的"表演"对本书研究内容同样重要和有效，所以这里对于"表演"这一概念含义的介绍将分别从宽泛意义上的社会学和严格意义上民俗学两个层面展开。

"美国表演学派"（American Performance-school）即表演理论，是当代美国民俗学界乃至世界民俗学领域最富影响和活力的理论与方法之一。代表人物是戴尔·海默斯（Dell Hymes）、理查德·鲍曼（Richard Bauman）、罗杰·亚伯拉罕（Roger Abrahams）和丹·本-阿莫斯（Dan Ben-Amos）等，

---

① 高丙中：《中国人的生活世界》，北京大学出版社 2010 年版，第 35 页。

② 乌丙安：《民俗学原理》，长春出版社 2014 年版，第 30 页。

其中又以鲍曼影响最大。他比较系统地阐释表演理论的论文《作为表演的语言艺术》（Verbal Art as Performance），成为至今被引用最多的表演理论著述。但是在介绍以鲍曼为代表的民俗学表演概念和理论之前，笔者先引入一位不论从时间还是理论逻辑关系上都先在的一位美国著名的社会学家欧文·戈夫曼，将首先对其表演概念和理论作一简单阐释。

欧文·戈夫曼的社会学理论被称为微社会学，主要是研究和分析了"戏剧化影响"。他的符号互动理论主要是研究人在他人面前的互动行为。欧文认为："当个体出现在他人面前时，他往往会有许多动机，试图控制他人对当下情境的印象。""他的兴趣总是在于控制他人的行为，尤其是他们对他的方式。这种控制主要是通过影响他人正在形成的情境定义而达到的。他能通过表达自己来影响这种定义，给他人留下这样一种印象，这种印象将引导他们自愿按照他自己的计划行事。"① 社会机构好比一个舞台，人们的社会行为就是社会表演，人们在互动过程中按一定的常规程序（即剧本）扮演自己的多种角色，表演中人们都试图控制自己留给他人的印象，通过言语、姿态等表现来使他人形成自己所希望的印象（称为"印象管理"）；为了实现印象管理，人们运用一些手段（外部设施和个人的装扮）装扮。此种社会学意义上的表演的含义，欧文是这样表述的：特定的参与者在特定的场合，以任何方式影响其他任何参与者的所有活动。这个概念的关键之处在于事件中表演者对于观众的影响，研究的重点在于影响的方式。从外延上看，该概念包括了社会中各种生活舞台中的互动行为，有意或无意的。

关于"表演"民俗学意义上的含义和本质特点，表演学派内部存在着不同的意见。本书以理查德·鲍曼给出的定义为例。理查德·鲍曼是表演学派的代表人物，他的观点也非常具有代表性。在其著作《作为表演的口头艺术》中，他指出，口头艺术是一种表演。很显然，鲍曼是将社会学意义上的表演具体的应用于民俗学重要研究对象，即口头艺术的分析。基于这样

---

① 欧文·戈夫曼著，冯钢译：《日常生活中的自我呈现》，北京大学出版社 2008 年版，第 3 页。

的一种理解和认识，他认为表演的本质"是一种言说的方式"，"是一种交流的方式"。① 这一概念与对字面口头艺术研究的不同在于，它具有双重含义：艺术行为和艺术事件。后者即是指表演的情境。表演理论是以表演为中心，关注民间文学文本在特定语境中的动态形成过程和其形式的实际应用。这一理论被一些评论者评价为代表了一种思维方式和研究角度的转变，是对研究规则的重新理解。之所以对其有这样高的评价，是因为表演理论确实是给民俗学研究在学术价值取向、观念、立场和方法上带来了全新的变革。这不仅仅是研究方法和视角的问题，更是体现了民俗学研究方式的转换。以往民间文学研究注重以文本为中心，脱离了具体文本产生的语境，是抽象化了的民间艺术事象的研究；与之相比，表演理论的特点之一即是对文本生成的特定语境的关注，研究的是特定语境中的民俗表演事件。第二，表演既然是一种交流的方式，在这一过程中形成了文本，表演理论非常重视文本生成过程中的诸多因素的共同作用，并对这些因素展开分析研究。第三，由关注文本再现表演中的传统性和稳定性因素，转为更重视表演的创造性，分析在每一次具体的表演过程中所产生的变异和独特性。第四，不仅要分析表演过程本身，更强调讲述人、特定场合和情境所处的特定地域文化对于表演的影响和创造作用，要求对于表演发生的地域展开民族志考察。由上述分析可以看出，表演理论代表了民俗学的当下性、活态性等新的学科研究取向。因此，表演理论才成为民俗学研究的重要方法，并广泛影响到其他相关学科。

民俗学意义上的关于表演的第二种定义是：表演作为一种特殊的、显著的事件。如果说上文民俗学第一种意义上的表演主要针对的是口头艺术的研究，那么此种意义上的表演主要研究的是"文化表演"。这一观点源自于法国社会学家迪尔凯姆，它主要研究了仪式的社会作用。自此之后，很多社会学家都开始关注社会的特殊事件，把特殊事件的上演作为展现社会最重要的象征的时刻。在民俗学意义上，这样的文化表演事件非常丰富，祭祀仪式、

---

① 理查德·鲍曼著，杨利慧、安德明译：《作为表演的口头艺术》，广西师范大学出版社 2008 年版，第 2、8 页。

庙会节日等等。

四、关键词之四：深度描写

克利福德·格尔茨是美国著名的社会学家，他的以人本主义为基础，对文化现象进行深度的阐释性解释，"对理解的理解"的解释人类学，以象征行动论为中心的文化理论是其主要理论和方法。代表性著作《文化的解释》和《地方性知识》，集中反映了以探索人的行为表现意义的格尔茨风格。

深度描写（thick description）是由美国哲学家吉尔伯特·赖尔（Gilbert Ryle）所创的术语与方法，它是对文化现象或文化符号的意义进行层层深入描绘的方法。赖尔曾举过一个眨眼睛的例子来说明深度描写。格尔茨接受了赖尔的观点，并把"深度描写"运用到自己的研究中。最能体现其深度描述方法的当属"沉溺性赌博"和"论巴厘人的斗鸡"。所谓的"深度描写"，就是对一种文化现象的意义结构分层揭示的方法。与这一概念相关的，也是其思想的核心内容是文化的本质和地方性知识。格尔茨深受马克斯·韦伯思想的影响，也认同人是悬在他自己编织成的意义网络中的一种动物。因此在他看来，"文化是意义的结构（fabric），人类以此解释他们的经历并指导他们的行动"①；"文化是由人们用来进行诸如传递密谋信息并把它们联系起来或感知侮辱并予以回应之类活动的社会公认的意义结构构成的"。② 因此，格尔茨认为文化研究不同于探求真理的求知科学，而是一种探求意义的阐释性科学。那么如何实现对于一种异域文化的阐释？那就是深描。深描以民族志的描述为基础，将所要描述的事件的意义分层阐释。首先是对于他者文化事件的情景化呈现和展示，即"浅描"；然后解释具体事件中人们的行为和言语所蕴涵的深层意义。格尔茨认为任何一种文化都是具有意义的象征体系，这种体系影响和规定着人们的行为和观念及其社会的交往和沟通。在此意义上，我们不能望文生义。深描并不是深度的细描，而是解

① 石奕龙编：《文化人类学导论》，首都经济贸易大学出版社 2010 年版，第 24 页。
② 克利福德·格尔茨著，韩莉译：《文化的解释》，译林出版社 1999 年版，第 14 页。

释性的描述，这种描写和叙述是解释性的。深度描述的作用是把一套复杂的意义层次揭示出来，因为正是以这套意义结构为依据，文化象征符号或象征行动才得以产生，得以被知觉并得到解释。

第四节　本书的基本问题和基本框架

一、本书的基本问题

本书的基本问题是对涉县这一典型社区俗民生活世界意义的呈现和阐释，借此来表达对于俗民日常生活世界的一种尊重、理解，试图在平等的位置上对俗民的日常生活进行较为系统和细致的描述。本书围绕这一研究对象主要针对以下问题展开研究：一是当地俗民对女娲民俗观念和行为的建构属于俗民日常生活的一部分，并与日常生活的其他方面水乳交融，形成整体生活。俗民的这一民俗建构行为体现了俗民特有的思维方式和建构能力。二是以俗民为立足点，考察不同俗民群体和个体在女娲民俗建构中的地位与作用。三是对俗民民俗生活建构特征的揭示。四是基于个案研究的相关理论探讨。主要涉及生活世界这一概念的外延界定，或者说生活世界研究的边界问题；俗民群体的类型、俗民个体的典型性；传统的复兴与成长问题等。

基于该问题研究所采取的分析方法，应遵循以下原则：对俗民日常生活世界和俗民的思维方式应保持充分的理解并对其进行客观科学分析。这种科学分析一定是人文社会科学意义上的科学分析，是建立在对人的充分尊重上的分析，尊重人类对于所处世界的积极建构意义。避免使用自然科学意义上的、以追求规律和真理为目的的科学实证的分析方法。因为，如果用后者来分析俗民生活世界，就会以暴力的方式对待俗民建构日常生活的能力和方式，简单粗暴地指责其愚昧和无知。这当然非常轻松，使研究工作变得简单，而且会显示出文化上的优越感。但是致命的弱点是，这样做会取消研究对象的价值，致使我们的研究变得毫无意义。

二、本书的基本框架

本书共分六章，第一章总论。主要概述本书选题、目的、研究现状以及研究所涉及的主要理论和方法等。其他各章为本书的主体部分。

本书第二章和第三章是以涉县为例，以女娲民俗为核心，对俗民日常生活世界作整体性的呈现和描述。首先展示的是涉县当地独特的人文地理空间，重点介绍的是涉县山川、河流、地貌及其与女娲庙宇分布的关系。人文地理是俗民生活所要日日面对的最基本的生活空间，是其能够感受到最直接的物化的世界，俗民精神生活的建构都是在其基础上孕育生成的。第二，在此基础上，对于涉县地区俗民在历史过程中所创造的民间神灵世界，以及在共时状态中各种信仰类型的共生形态进行梳理、分析和呈现。其目的在于对俗民丰富的信仰生活做一个相对完整和细致的呈现。第三，女娲民俗是与俗民的其他日常生活，衣食住行，与当地的山山水水紧密联系在一起的。当地俗民因为山水地理空间的特点形成了大小不同的祭祀区域，形成了由大到小的圈层结构。祭祀区域的形成往往以当地的女娲庙宇为核心，庙宇以祭祀为重要活动空间，辐射和吸引周边区域俗民加入。由于各区域山水地理和文化的差异，每个祭祀区域就会形成各自不同的特点，在诸如祭祀空间、祭祀仪式、俗民诉求意愿等方面出现不同。本书将涉县全境以凤凰山（中皇山）娲皇宫作为核心看作是一级祭祀区域。在这一区域下，首先按照区域特征划分为十一个较小的祭祀区域，或者叫作祭祀单元；然后将这十一个祭祀单元划分为以村落或若干村落联合形成的更小的祭祀单元，并对成因进行分析。至于其代表性祭祀单元的特点将放在第四章进行阐释。第四，呈现女娲在民间的存在状态，即俗民生活中的女娲。女娲与当地俗民的日常生活紧密相连。当地俗民人生的很多方面，生子、平安健康、道德戒律等都需要女娲的护佑。出于对女娲的这种崇信和依赖，当地俗民在女娲身份的识别上体现出与知识分子视角迥然不同的方式。他们将女娲称为老奶奶，而且还创造了功能和身份不一的若干个老奶奶（即女娲）。这些不同的老奶奶或是体现了俗民渴望寻求与女娲在地域和伦理上的亲近，借此达到更好保护自己的目的；或者体现了俗民对女娲的多功利的诉求。女娲在民间的存在状态，一方面女娲是涉县俗民心目中具有重要地位的女神。这一点尤其在娲皇宫周边地区体现得鲜明。但是另一方面女娲也不是涉县俗民唯一的神，她也不能一统天下。事实上，在涉县的某些村镇，存在其他民间神地位高于女娲的情况，有些村落甚至没有女娲，只存在代替女娲功能的其他女神。在民间，女娲是与诸神共生的。女娲的这种民间存在状态能够更好地说明了女娲及其民俗生活是俗民日常生活的一部分，重要的但不是唯一的一部分。第五，上述俗民对于女娲的建构及其相关民俗行为不仅是俗民现实功利性需求的体现，更是俗民思维方式的体现。俗民日常生活方式中的思维是以经验和传统为基础的日常思维，这种思维既是原始思维的遗留，又有科学思维的融入。俗民在关于信仰生活的建构中，日常思维体现出有别于依靠理性实证探寻客观真理的科学思维。我们将其称为日常信仰思维，关于信仰的思维往往不需要通过统计同一事件发生的概率来总结某种规律或发现真理。在事物的因果链上，因与果之间的联系不是理性逻辑思维意义上的因果联系，而是信仰意义上的因果联系。通过这样的思维方式，俗民理解和把握周围的神秘世界，并获得此在世界的幸福与安全感。

本书的第四章和第五章是论述的核心问题，即从俗民群体和俗民个体两个层面来分别论述俗民在日常生活中的日常行为对于女娲及其民俗的建构过程。

第四章先从俗民群体的角度展开，因为群体的集体行为才是某一习俗形成和传承的主要标志。第一，引入乌丙安对民俗学意义上的群体概念内涵的界定，并与社会学意义上的群体概念相印证。笔者所见国内资料中未有对俗民群体分类的专门研究。笔者认为俗民群体分类可根据俗民群体所代表的不同的文化类型划分；或根据俗民信仰活动秩序划分；也可根据性别、文化程度划分。本章所涉及的俗民群体类型就涉及到上述多种分类方法。根据涉县俗民建构女娲民俗的特点，即祭祀、庙会、神灵是女娲民俗活动中的重要元素，因此本章将重点分析比较稳定的祭祀群体（包括血缘祭祀群体、地缘祭祀群体、神缘祭祀群体）以及松散型的庙会群体。鉴于女性在女娲民俗活动中的突出地位，女性群体也是重点解读对象；文中主要分析不同群体的特征以及他们的个性化的关于女娲的民俗观念和行为方式，重在阐释他们的共同行为建构起并传承着女娲民俗传统。第二，在对具体的俗民群体研究中，面临了俗民群体研究理论缺乏的困境。既往的俗民群体研究更多的是通过多个典型俗民个体来总结提炼俗民群体的特征。这不失为一种有效的方法。但是在某些特殊俗民群体研究中，这样的方法就失效了，例如庙会群体。这一群体的特点是大量的俗民在固定的时间聚集在同一空间内，进入到这一空间后，每一个俗民都被置于庙会民俗事象中，分别承担相应的民俗行为，履行相应的角色和分工。这就不能够选取个别典型人物来代表群体。更为重要的，对于这一群体的研究着力点不是共性研究，而是分析群体内部俗民的民俗角色分工及其作用，所有俗民围绕共同的民俗事象和行为展开活动，共同完成一定民俗内容的呈现。这一点也是本章在具体女娲庙会群体研究中所要着力解决的一个理论问题。

第五章聚焦俗民个体对于信仰习俗的建构行为和意义。俗民个体在习俗的建构性上一方面是通过继承传统来延续习俗；另一方面更为重要的是通过突破传统，基于客观环境的新变和主观心灵对于世界和传统认知的新创造而对传统信仰进行了扬弃和改造，并最终会形成新的传统为后人所接纳。本章呈现的是在当代语境中，俗民个体在共同的民俗活动中体现的民俗观念和行为的丰富性。不同俗民个体基于自身的生平情境对于女娲及其相关民俗有着主观化的理解和体验。本章根据在女娲民俗活动中比较重要的具有民俗意义的典型俗民个体进行俗民个体研究。这些比较重要的类型有通灵者典型个体、普通信众典型个体、知识分子典型个体。通灵者的典型意义在于其身份的特殊性和民俗活动中的独特作用。通灵者是现实世界和神灵世界的联系者、沟通者，是代表神灵说话并为神办事的人，这类人往往在民俗观念和行为的形成方面发挥着发起、引导的作用，同时在民俗活动中，通灵者还是重要的组织者和带头人。普通信众对于民俗生活的建构意义在于，作为俗民的大多数，其共同的、集体的行为是习俗惯制得以形成和存在的方式。不仅如此，不同的信众在民俗生活中，以各自的特点和功能为民俗生活的建构发挥不同的作用。知识分子的特殊性在于其身份的双重性，他既是一个普通的俗民，生活中实践着诸多的民俗行为，又是一个研究者，具有科学、唯物的知识体系。后者决定了知识分子总会以理性的眼光反思其所处的日常生活。在知识分子身上，神灵信仰和唯物观之间就会形成产生碰撞、甚至是矛盾。知识分子必须要对两者进行思考和选择。

本书第六章试图对俗民建构生活世界的整体状态和特征进行思考。俗民建构日常生活的状态，是一个动态构成的进程，即在某一具体的时空下，俗民从出生就被给定了一个世界，俗民认识、把握和与周围世界对话交流的过程中，学习、选择、创造与周围世界包括他人的行为方式及其观念。这个建构过程有两个特点，一是动态性，或者说从来就不存在纯粹静态的民俗规则和观念，习俗惯制是俗民根据周围世界和自身的关系不断调整和再建的状态。二是当下性。俗民对于民俗生活的建构是基于也是为了当下自身的生存而展开的活动，俗民不必形而上的考虑自身的行为与传统和未来的关系，他只需要知道当下他需要什么样的民俗观念和行为就足够了。如果从前辈哪里学习来的内容不足以应付现实问题，那他就会改变旧有的民俗知识，进而发明新的民俗知识，重新获得把握周围世界的能力，与其达成新的和谐关系。

上述问题的阐释其实是一个非常复杂的工作，会引发对一些相关问题的思考。第一个是关于传统的问题。俗民在面向当下进行民俗建构的时候，必须学习和继承从前辈那里留下的传统民俗观念和行为，而不能凭空营造。所谓新的民俗也是植根于传统脉系之中的。这就涉及到了俗民如何在当下的民俗建构中选择传统。第二，在现代文明社会的语境下，现代性对于俗民的民俗建构产生了深刻的影响。那么现代性如何影响了俗民的建构行为也是必须阐释的问题。其中还涉及到了民俗的现代性问题。第三，立足俗民视角看待被发明的传统。这涉及到了伪民俗和传统的成长，以及传统被谁发明，被发明的新的民俗又如何影响俗民使其接受、学习和模仿，形成新的传统等一系列问题。传统的发明中确实存在伪民俗的问题。但是这一问题并不像某些人认为的那么简单。那些被称作是伪民俗的民俗，如果站在俗民的立场，而非学者的视角，就会发现有些脱离民俗生活，生搬硬造的伪民俗并不会进入俗民视野，没有意义；而有的真民俗行为被当作表演展示，在学者是伪民俗，在俗民是真民俗。传统的成长是新的民俗行为不断产生并形成新的传统的过程。传统的成长中涉及到传统被谁发明的问题，从理论层面说，全体俗民都可以是发明者，但是发明能力较强的是通灵者和民间技艺能手。被发明的传统往往通过三种方式影响俗民，一是通过唯物的、科学的手段满足俗民需求，确保俗民相信神的存在；二是通过发挥仪式等活动的心灵净化和情绪感染的作用影响俗民；三是适应俗民新的审美和欣赏习惯，使俗民自觉接受经过更新的民俗行为和表演技艺并支持其存在和发展。

第二章 河北涉县人文地理
与俗民日常生活

第一节 山水之间：涉县的历史、地理与人文

一、涉县建置沿革

涉县位于河北省西南部，晋冀豫三省交界处，西临晋南煤海，东望华北平原，古称"冀晋之要冲、燕赵之名郡"（《明嘉靖涉县志》载洪武三年"重修涉县记"）①。县境位于北纬 36°17′—36°55′，东经 113°26′—114°之间。东西横跨 37.5 公里，南北纵距 64.5 公里。涉县面积 1509 平方公里。涉县纽连冀（河北）、豫（河南）、晋（山西）三省七县（市）：东以青阳山、玉露岭、老爷山为界，与河北省武安市、磁县毗邻，南与河南省安阳县、林州市隔漳河、浊漳河相望；西以黄栌垴、大寨脑、马鞍山、黄花山、四幅眼垴为界，与山西省黎城县、平顺县相连；北界羊大垴、界牌山、左权岭、天晶垴，与山西省左权县接壤。

涉县历史悠久，古称沙侯国。在传说中的上古时候黄帝划野分州时，这里属九州之一的冀州地。考古表明，在中更新世晚期，即发现有人类在此地活动，1994—1995 年发掘的涉县新桥旧石器时期遗址，填补了太行山东南麓地区的旧石器文化分布的空白。在新石器时期，则有寨上小城遗址（位

①　涉县旧志整理委员会编：《明清民国涉县志校注》，中华书局 2008 年版，第 56 页。

于青兰高速公路工地），并有仰韶文化、商文化器物的出土。

从文献看，殷商末年，周武王就曾东征到达涉县附近（黎，即黎国，今山西黎城县，在涉县西，与涉县紧邻。《尚书》有"西伯戡黎"篇。清华简有《耆夜》也记载有武王八年征伐耆国的史事）。但直到东周时期，这里才真正进入世人的视线内。春秋属晋。战国初属魏、后属赵。秦属邯郸郡。

汉始置涉县（亦说沙阳），属魏郡。三国属魏。晋属司州广平郡。北魏时期曾先后并入临水、刘陵县。东魏北齐时期，属司州魏尹。北周移临水县治涉城，属魏郡。隋复置涉县，先后属上党郡、潞州、襄垣郡等。唐初曾更名漠县，属韩州，后复名涉县，属潞州上党郡。五代因之。宋属河东路隆德府。金升为崇州。元初罢州，偏城一带的 13 村划归山西省黎城县，其余划入磁州滏阳县，后涉县复置，属燕南河北道真定路。明初属真定府，后改属河南彰德府磁州。清雍正四年磁州改属直隶广平府，涉县仍属彰德府。民国初属河南省豫北道，后直属河南省。1932 年属河南省第三督察区。1938 年年初，日寇一度侵占了涉县城。八路军一二九师派地方工作团来该县开辟抗日根据地，同年 4 月 28 日收复涉县城。1939 年 7 月，日寇再次进犯涉县城，一二九师和涉县广大军民奋力抗战，于同年 12 月 25 日再次收复涉县城，从此涉县全境获得解放。1940 年年初，建立涉县抗日政府，先后属"冀太四联办"五专署，晋冀鲁豫边区四专署、五专署、六专署，太行行署六专署。同时，原属黎城县第三区的偏城、宇庄一带的 54 村单独设立为偏城办事处，1941 年年初设立偏城县抗日政府。1946 年 5 月，偏城县并入涉县，先后属太行行署三专署、六专署。1949 年划归河北省，属邯郸专署。1968 年，邯郸专署改为邯郸地区，1979 年又改为邯郸行署，涉县均为其属。1993 年河北省邯郸市、地合并，涉县属邯郸市管辖，至 2015 年未变。

中华人民共和国成立后，涉县行政区划几经调整。1984 年春，全县建制 30 个乡（镇），1996 年调整为 17 个乡（镇），设 308 个行政村。2011 年，全县总人口 40 余万。

二、涉县自然环境：山川与地貌

涉县属于太行山深山区，太行山盘亘全境。县城所在，清嘉庆四年（1799 年）《涉县志》中有非常简要的描述："符山峙于北，漳水绕于南，东则有玉露岭之嶙崎，西则有毛岭之险僻。四壁山环，天成城郭。"①

清嘉庆《涉县志》所附"涉县全图"

涉县是典型的石质山区，境内峰峦叠嶂，峡谷纵横，素有"八山半水分半田"。韩王山、五指山、符山、羊大垴等 350 座山峰海拔在千米以上。雄关险隘，形成易守难攻的天然屏障，为历代兵家必争之地。年平均气温 20 摄氏度，年降水总量约 9 亿立方米。无霜期 260 天左右。森林覆盖率 42%。境内矿产资源丰富，现已探明有金属矿 143 处，非金属矿 30 处，主要有铁矿石、锰矿石、钾矿石、石灰石、白云石等。林果资源丰富，正常年份核桃产量 1000 万斤、花椒产量 600 万斤、柿子产量 1000 万斤，这三种果品被誉为"涉县三珍"，在国内外享有盛名。

境内河流主要有漳河及其支流——清漳河、浊漳河，于合漳村附近汇合后称漳河。其中清漳河作为涉县穿越境内的主要河流，其流域面积最大。境

①　涉县旧志整理委员会编：《明清民国涉县志校注》，中华书局 2008 年版，第 648 页。

内全长 113 公里，总流域面积 5060 平方公里，其中山西省汇入面积 3928 平方公里，境内面积 1132 平方公里。河流大部流经山石地区，河水清澈，故称清漳河。另外，境内沟谷较多，属于清漳河流域的季节性河道还有 32 条（另有洺河流域 2 条），流域面积占全县总面积的 80%，其中流域面积在 25 平方公里以上、长度超过 10 公里的季节性河道有 15 条，即石门沟、宇庄沟、木口沟、鹿头沟、偏城沟、唐王蛟沟、偏凉沟、神头沟、枯河沟、小车沟、云平沟、王金庄沟、关防沟、张家庄沟、龙虎沟。这些较大季节性河道，因沟深坡陡、石厚土薄，植被覆盖差，每逢暴雨山洪下泄，洪水成灾，数时之后，洪水断流，山间余溪，为时不长，即变为干河沟。

除了河流，涉县全境还有诸多名泉，例如黑龙洞泉、长生寺泉、柏台寺泉、清泉寺泉、熊耳寺泉、马刨泉等。因为这些泉水的滋养，就出现了与之相伴并依赖泉水而生存的寺庙。这种相生相伴的关系更加说明了河流水系对于当地文化形成和发展的哺育。以熊耳山为例，清顺治十六年志卷八所载《重修圣母庙记》中，非常明确地指出了泉与此处娲皇庙和熊耳寺出现的密切关联：

> 涉邑南十里，山极奇秀，六峰突起，片有悬石，其状如熊，故名熊耳山。其五峰则望海、挂月、石人、起云、朝阳也。下有泉，脉脉出石窦间。泉之上有庙三楹，中塑女神，盖土人因泉立神，有此水即有此庙，岁代远不可考。
>
> ……
>
> 熊耳，天下名山也。其峭拔绝似雁荡，迥然为太行之秀。使无此泉，则僧不可居奇峰。惟石藏于寂寞之峇，此胜不传于天下。信此泉之不可无，此庙之不可不建也。①

又如柏台寺也是类似的情况。柏台寺又名娲皇行宫，位于县城东南 18 公里处的昭义村北、漳河对岸，始建于明洪武年间。此处既建有娲皇行宫，

---

① 涉县旧志整理委员会编：《明清民国涉县志校注》，中华书局 2008 年版，第 254 页。

又是佛教圣地。该寺以古"沙阳九景"之一"柏台晚照"而蜚声远近。寺北20米处有四股泉水，称为"四龙泉圣水"。在此处的清顺治六年《重修圣母殿碑记》中，也有漳河水、泉水与寺庙密切关系的记载：

> 城东三十余里许，层峦峭壁，……上有清泉，下有漳水，周绕
> 环抱，真为宇内奇观。……纠众募缘，新建娲皇殿三间……①

涉县十年九旱，吃水贵如油，308个行政村、430个自然村的40万人的生活饮水全部依赖清漳河地表径流或补给地下水。漳河流经的地方，物产相对丰饶。水在涉县百姓的地位如此重要，衣食要依靠它，灾难也来源于它，因此涉县与水有关的地名非常多，据考察以及根据1984年编印的《涉县地名志》记载，全县因与水、河有关的聚落地名就有67个。这些名称反映了涉县部分历史面貌，反映了涉县历史上干旱、缺水、水灾和河道变迁的情况。

历代县志都对山川地形以及在此基础上形成的村庄流布有过概述。

《嘉靖涉县志》在"形势"目下，说"涉县为邑，襟山带水，东接磁州，西抵山西黎城县，南则熊耳诸峰罗列其前，龙山蜿蜒从北而至。漳水萦带，环绕左右，复曲折五十里至合漳村与浊漳合。此则一邑之形势可见矣。"② 可以把涉县概括为"六山一水"，即韩王山、青头山、符山、熊耳山、清风五指山、龙山和漳水。

《顺治涉县志》在"山川"目下，汇集了韩王山、青头山（又名崇山）、熊耳山，以及鼓山、青龙山、虎头山、龙山、风洞山、玉几山、神山、马鞍山、符山、唐王山等。并将明代对山势的总结进一步完善为"东山叠叠争秀，西岭重重抱奇，南则屏山罗列，北则龙山蜿蜒"（《顺治涉县志》卷之一舆图）。③

---

① 政协涉县委员会编：《涉县寺院》，内刊，第164页。
② 涉县旧志整理委员会编：《明清民国涉县志校注》，中华书局2008年版，第14页。
③ 涉县旧志整理委员会编：《明清民国涉县志校注》，中华书局2008年版，第123页。

涉县山脉道路图（卫星图片）

清嘉庆《涉县志》在"形胜"目下，进一步指出：涉环境皆山，重冈回抱，高峰入云，径路蛇盘，不通轨辙。行崖谷间，后不见前；遇漳水骤涨，人不得渡。其为侧山隘可守者不止一处，盖中州最险之邑也。然自猛虎村入境出壶关口不百里，直通山陕，又秦晋之咽喉而制胜出奇之要道矣。①这里虽然是站在军事战略的角度所总结，但也真实地反映了涉县民众往来交通的特点。在"山水"目下，除了罗列了前志所述的14座山外，又有狮子山、柏台山、玉露岭、杨岐山、仓库山、灵山（八宝山）、台科山等山脉补充。这时期，涉县作为向境外出入的通道，主要是有向南，经神头铺、响堂铺，通往山西黎城县界；向北，经北冈铺、井店铺、窑上铺、石泊铺、猛虎铺，进入武安界。旧路原是自井店至偏店、鸡鸣、西戌、沙河达武安，自康熙末年山西洪洞县刘姓捐资，另修道路，绕开了难以行走的偏店、西戌，改

①　涉县旧志整理委员会编：《明清民国涉县志校注》，中华书局2008年版，第649页。

从窑上、石泊一带通过，形成了这条沿线的铺路。另据该志记载，涉县境内虽然大型河道不多，但由于季节性河流多因山谷形成，因此交通十分不便。其间的两岸沟通主要还是桥梁。嘉庆志"桥梁"目下记载了桥梁27座，大部分是石桥。而更多的地方需要通过，则只能是木桥甚至是一块木板搭成的简易桥。乃至无桥地段涉水而过也是常有的。除了石桥，很多涉水地段的桥梁在夏季大水暴涨时不是被冲毁就是被提前自动拆除，有的地方还需船渡。

以县城外的乐善桥为例，该桥是漳河官渡，夏月河水暴涨则撤去；寒则建桥板。夏拆冬成。往来济渡，官设渡船一只，船户二十四名（嘉庆涉县志）。[①] 由于山川的阻隔，两岸的交流受到极大影响，除了少量的石桥外，大部分河流上的桥都是桥板铺建的。这些"桥板之架毁不时"，对两岸居民而言，仍然十分不便。由于夏天河流量大，常常冲毁桥板，使得船渡非常紧张；而到了秋冬，水流减少，船又没了什么用途。因此桥梁的建造，官府的责任固然，善士好义之人的捐献，也是百姓所希望的事情。

涉县地区的这种山川阻隔交通不便的局面，直到近代仍无改变。由于自然山水的阻隔或沟通，以及人们生活的需要，涉县的村庄分布也有着自己的特殊规律。民国二十一年《涉县志》所载涉县山脉与村庄的分布情形，清晰地呈现了涉县村庄所在地与此山此水的密切关联——

　　……考邑志所载，山凡二十有七，似为详悉，及寻其分合之脉，考其断连之势，不过两大山脉而已。在漳南者，自山西辽县发干，越黎城，顺漳东下而入涉境，为毛岭……。又东逾辽城，为乾（甘）岭，两山对峙，鸟道中开，古所谓翠微关者在焉。又东为猪头崖，抱荫铁甲峪、南五村，逾赤岸、王堡而为积布山（一名风洞）。又东南逾壶关口（吾儿峪），抱荫河头、碧水诸村，绕城南而东下者为杨岐山。又南转而为熊耳，为青头，右界山西平顺，左抱原曲、固县诸村，至招（昭）义，东与韩山分支之东岭相会。中

---

① 涉县旧志整理委员会编：《明清民国涉县志校注》，中华书局2008年版，第675页。

开数武，清漳一线，蜿蜒屈曲，中流而东，盖形势之最险要者。又东南为瓮岭，抱荫大小峰、合漳、白芟诸村，直抵浊漳北岸而止焉。

漳北之山，以符山为鼻祖，其脉自山西辽县发干（即摩天岭），界武安之西南二而入县之北境长亭村，抱荫木井、沙河、西戌、马布诸村，而自水溢河分中、东、西三支。其西出者，越山西之插花区（即雨庄沟），入涉之西境而为杨道脑（羊大垴）；沿清漳北岸，抱荫刘家、新桥、石门诸村而至悬钟为石鼓山。其中出者为将军岭，由陈平、白泉水间复为二：一曰唐王山，抱荫池耳、偏凉、七原、弹音及唐王峧诸村，止于清漳北岸；一为龙山，抱荫凤冈、井店、台村、龙耳诸村，至城北而止。其东出者为白鱼岭，由大泉、银河井之间蜿蜒南下，抱荫八十余村，在城东者为韩山，在禅房者为青阳山，在牧牛池者为桃花山，在岭底者为玉露岭，在甘泉者为炉山、为子母山，类皆高峰遮天，一望无际，由田家嘴而入安阳焉。①

涉县北部山脉分布（卫星地图）

①　涉县旧志整理委员会编：《明清民国涉县志校注》，中华书局 2008 年版，第 964—965 页。

该志对河流的描述也是首次有了清晰的展示，不仅运用了近代科学知识把境内的各个河流的源流经向梳理出来，而且最后点到了河流对农业生产的影响。

漳河在涉县的具体走势，民国《涉县志》也有着清晰的描述：

> 清漳，发源山西乐平县西南三十里少山（俗名沾岭）……越辽县、黎城，南流至郭家村入境。向南八里许，环绕毛岭流至辽城、新桥间，纳源泉河。向东南曲折五里许，赴塔耳庄、猪头崖山下，东流里许。又东南十余里，如弯弓势，抱索堡镇。又东南从石支山（即唐王山）侧受唐王峧旱河，赴温村山下，东流里许。又东南从弹音、槐树岭侧曲折八里许，赴鳌头崖山下。又东南八里许，左环七原、清凉、赤岸、沿头，播为两支，中载滩里村，至城之西南合流，抱城而东，曲折五里许，赴茨村口韩王山下（南受响堂旱河，北受符山旱河）。治北之山，百余里而来者，漳水至此为之一锁。又东南十余里，从庄上、胡峪、石冈之侧曲折赴摇铃寨山下。又东南，北枕连泉，南抱原曲、固县、昭义，赴林旺南两岭山下（一名东岭）。至此南北高山对峙，中开不过数武，漳流几疑无路。乃环山北流，缭绕萦拂，忽开境界，锁玉门，回金龟，浴狮象，转向东南十里许达城镇南，曲折横流，似一玉带。又东南十余里，左抱窦家滩，右倚清风栈，从台庄之北，子母山之南，赴合漳村，汇浊漳而合流焉。
>
> 浊漳，出山西沁县绵山，……越襄垣、黎城，由涉之南界张家头入境，历段曲、白芟、黄路口，至合漳南与清漳合流。依子母山南，过石梯、太仓，由田家嘴出境。……
>
> 又源泉河，发源山西黎城之源泉村，由毛岭向东南四里，至辽城东南与清漳合流。
>
> 其余旱河杂出，遇雨水涨发时，由群山万壑中汇集而成，汹涌奔腾，其势最烈，虽湍急，无源，涸可立待，而其为患则一。故涉

之河流不适于舟楫，而无转运之便，且对于土壤浸蚀力甚大。①

　　所谓旱河，也就是现在所说的季节河。由于山川密布，这些旱河很多，对涉县俗民众来说在接受与传播女娲文化上虽不至于构成大的阻隔，但对百姓的生活以及农业的生产习惯而言，还是有影响的。

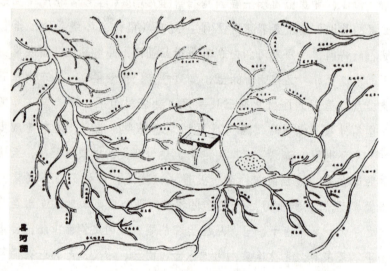

县河图（摘自《涉县志》）

　　其实，对于百姓生活、生产影响巨大，与女娲文化生成关系更为密切的是漳河，尤其是清漳河对于涉县早期人类文明的孕育和农业文明的产生发挥了重要的作用，可以说她是涉县人民的母亲河。涉县至今发现仰韶、龙山、商周、战国、汉文化等古文化遗址 30 多处，其中 23 处都分布在清漳河沿岸的村庄。尤其是仰韶文化、龙山文化等遗址，全部分布在石门、寨上、沿头、南庄、北原、常乐、固新等沿河村庄。清漳河滋润着一代代涉县人。生活在山区的人们，山上种黄豆、谷子和玉米，山下种菜，收成不是看天，全在漳河——能住在漳河边，意味着生活的保证。可以说，清漳河

---

　　①　涉县旧志整理委员会编：《明清民国涉县志校注》，中华书局 2008 年版，第 965—967 页。

是涉县的"命根子"。

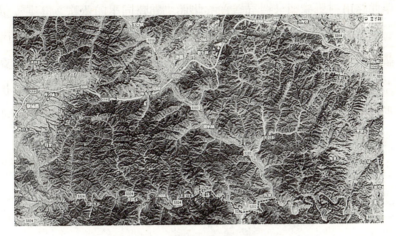

涉县南部山脉道路图

涉县的村落大半依山而居。因此，有的地方，"虽前后相隔里许，而道路不能径达者居多"（民国志·舆地·涉境图村落附记）。民国二十一年《涉县志》在以前旧志的基础上，对村落的里数标注，按照方向分为四正四隅，鳞次相接，"使观者按路排村，一目了然。"[1]

根据志书资料，概括如下。

东路诸村：一共28个村。最近招冈，距城三里，依次为小车、张家庄、满布口……最远为苏家，距城八十五里。

东南路诸村：42个村，最近寨上，距城里许。依次为石冈、连泉、昭义、林旺、西达、白芟……，最远董家庄，距城八十五里。

南路诸村：22个村，最近茨村，距城五里。依次为庄上、卸甲、杨家庄、张家头……，最远为西峧，距城七十里。

西南路诸村：12个村，最近南庄，距城三里。依次为河南店、椿树岭、河头、申家庄……，最远为雪寺，距城二十里。

西路诸村：7个村，最近滩村，距城三里，依次为沿头、会村、岭后、

---

① 涉县旧志整理委员会编：《明清民国涉县志校注》，中华书局2008年版，第971页。

杨家山……，最远为前宽漳和后宽漳，距城二十里。

西北路诸村：42个村，最近上清凉，距城三里。依次为七原、赤岸、常乐、桃城、石窑、郝家、韩家窑，最远为污犊凸，距城五十五里。

北路诸村：20个村，最近为西冈，距城八里。依次为赞凹、下偏凉、庙峧……，其中温庄、白泉水、后寨、陈平、杨家寨，距城均为三十五里。

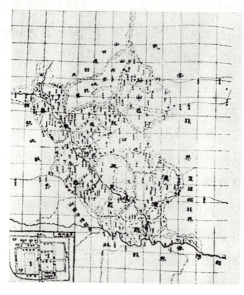

涉县山脉走势图

东北路诸村：48个村，最近为南冈，距城五里。依次为北冈、更乐、井店、偏店、曹家庄、鸡鸣铺木井……，最远为长亭，距城七十八里。

我们主要是通过这种梳理，来进一步认识山水的分布及所影响的道路走向，来把握在俗民中女娲文化的传播路径。

千百年来，涉县以其内在的村庄分布规律，自然而又被理智地约束着，涉县人在此生生不息，代代延续着乡村文明与农耕文化。在涉县有着最大影响的女娲文化，也因此有着自己的传播轨迹和影响圈子，并在传流之中产生巨大的吸引力和文化脉动。

如今，女娲文化的中心是县城西北的索堡娲皇宫，从地理环境考察，女娲文化的流布以及彼此间的交流也受到地理空间的影响。清漳河从西北到东南斜穿县境，沿着河岸的走向，形成了最主要的生活和文化通道；而山脉的蜿蜒却成为切割生活和文化的主要因素。

据当地研究学者郭文锁调查，在涉县，河南店村、中原村、辽城村、井店村、桃城村，王堡村、曲峧村、大港村、北岗村、台村、宽漳村、杨家山村、南庄村等，都有独立的娲皇庙，沙河村、张家庄白头山、弹音村、南关村、昭义村柏台寺、白芟村，则有娲皇行宫。①

尽管有的地方庙宇并不大，但对当地俗民而言，其神圣的意蕴是不言而喻的。若果按照以上的分布画成分布图，则可以看到，这些庙宇都沿着天然的地理通道分布，可以看出涉县山水对女娲文化的有形与无形的影响。

旧志中的涉县山图

涉县百姓千百年来就在这山水之间生存斗争着，形成了自我独特的历史文化脉络。限于本书研究领域的局限，主要是描述百姓在其日复一日的普通生活中，如何建构基于朴素生活之上的自身的文化系统，这里主要与日常生活密切相关的民俗部分。民俗实质就是百姓的生活方式和思维方式，体现在观念中就是他们对于世界的理解方式，体现在行为上就是他们的生活方式。

---

① 牛永芳、贾海波主编，郭文锁执行主编：《涉县娲皇宫》，团结出版社2014年版，第10页。

这一切构成了百姓的日常生活世界（民俗学意义上的）。在第二节，主要描述俗民日常生活行为方式及其文化内涵。

第二节　生于斯，长于斯：俗民的日常生活

在涉县全山区这样艰苦的生存环境中，当地百姓非常执着的建构着自我的日常生活。外国专家当年到王金庄，看到当地百姓能够在如此艰苦的环境中生存下来感到不可思议。事实上，他们不仅能活下来，而且生活的有滋有味，还创造了自己的文化传统。这让外人肃然起敬，也想对他们的生活一探究竟。当深入到他们的生活中后，才会发现他们对自我生活传统的热爱和依恋。作为研究者，除了钦佩他们建设生活的勇气和感动于他们对生活的热爱之外，更需要做的就是将其客观的呈现出来，展示给世人。本节对于俗民日常生活的介绍首先是一种客观的呈现，试图使用一种散文化的语言将俗民原生态的生活面貌描述和记录下来，再融入笔者身处其中获得的某些主观体验，从而揭示其日常生活的情感和文化蕴涵。尽量避免理性的分析判断，尤其是立足于知识分子立场，对于俗民生活进行任意的抽取和切割。学术研究和著作多是庄重、严肃的风格，但是本节的部分段落将会是以叙述和描写构成的散文风格。因为只有这样的语言才能比较完全地将俗民的生活、情感和精神整体的展示出来。通过本节的介绍，读者将会进入到本书研究的生活语境中。对于百姓日常生活的介绍主要涉及到百姓的生产、生活、人生礼俗、节日和信仰几个方面，本节重点介绍的是前四个方面，信仰习俗将单列为第三章详细描述和阐释。

一、深爱着这片热土

涉县境内山多地少，水源缺，粮食生产不是涉县的优势。主要生产玉米、大豆、谷子、红薯等杂粮作物。土壤比较肥沃、粮食生产较为充足的是清漳河谷地，包括涉城镇、索堡镇、河南店镇大部分区域以及固新镇、西达

镇、合漳乡部分区域。原因很简单，漳河这条涉县人民的母亲河流经涉县西南部区域。清漳河两岸土壤肥沃，浇灌良好，热量充足，无霜期长，粮食作物可一年两熟，主要种植小麦和玉米和蔬菜。因为水源充沛，甚至还可以种植水稻。在涉县的采风活动中，沿着漳河边一路走来，笔者根本感受不到涉县是一个缺水严重的山区。与王金庄等地区要打水窖存雨水的情形相比，这里人们的用水简直是奢侈。水沿着公路哗啦啦流淌，还可以看见人工湖和鱼塘，荷叶在池塘里摇曳。绿绿的水稻在水田里一行一行的，把沟里映衬得分外有生气。

涉县虽然地少，却有广阔的百万亩山场，利用山场资源，发展特色农业，是涉县独特的优势。涉县河北省柿子的重点产区，各乡镇均有栽培，主要产区集中在辽城、索堡、鹿头、偏城、西戌、西达、井店、固新、关防等地，涉县栽培的柿子主要有涩柿、甜柿两大类。涩柿20多个品种，主要品种有：符山棉柿、满天红等。涉县柿子的特点是个大、色红、丰腴多汁、甘甜如蜜。有古诗赞曰："色胜金衣美，甘逾玉液清"。

2004年12月涉县被国家林业局授予"中国核桃之乡"。涉县核桃的特点皮薄肉满，色泽金黄，含油率达60%以上。拿在手里一捏，外皮即碎，露出里面金黄的桃仁来。涉县的核桃品种主要有绵核桃、薄皮核桃、小绵核桃等，以色泽鲜、味美、皮薄闻名。尤其是石门、温庄一带的薄皮核桃品质最佳。涉县花椒已经有五百多年的栽培历史，主要栽培品种有大红袍、大花椒、小红椒、白沙椒四种。王金庄的花椒是涉县品质最好的花椒。这类山高谷深、沟壑纵横，独特的自然气候条件为花椒的生长提供了良好的条件。生产的"崇香"花椒素有"十里香"之美誉，其色泽鲜艳、颗粒均匀，以麻味充裕、香气浓郁而名冠四海，是花椒之中的精品，年产量200万斤，占全县产量的1/3。现在，花椒树成了当地农民赖以生存的财富。作为著名的干果产地，涉县又大力发展无公害蔬菜主导产业，被评为"中国果菜十强县"。目前，涉县依靠发展特色农业和现代农业走上了富裕之路。

涉县人最爱吃的饭有两种，一是小米饭，早晚能够喝上一碗涉县小米熬成的小米饭，肚子最舒服了。小米实际上可以做成各种形式，捞饭、焖饭，不是粥，是类似我们普遍吃的大米饭一样。配菜也是当地常见的蔬菜南瓜、豆角或干萝卜条等熬菜，浇在米上，称"南瓜捞饭或菜捞饭"，类似于现在流行的盖饭。小米南瓜或小米白菜一起焖，称为南瓜稠饭或菜稠饭。以小米熬为稀粥，再下入杂面条（以玉米面、杂豆面、白面混合），熟点油，称"一锅饭"。另一美食是抿节。民国二十二年（1933 年）《县志采访稿》载："涉县普通食品，大致以糠面（小米麸面）和玉米面等为之，境内美恶稍殊，上有玉蜀面等占十分之六，糠面占十分之四者；其次有玉蜀面等占十分之四，糠面占十分之六者；其下有玉蜀面等占十分之二，糠面占十分之八者。"① "抿节"主料为豆面、玉米面、小麦面，是一种粗粮细做的面食。将和好的面团放在抿节床上，用手掌抿压而下，成一寸来长的小节，呈扭曲状。菜为当地常见的干豆角、老南瓜、土豆、胡萝卜等。涉县对于传统饭食的喜爱是情感意义上的。涉县人好长时间不吃抿节，会非常想念；去饭店吃一顿抿节，就说不地道，没有以前的好吃了。最为有名的做抿节的饭店是县二招，大家吃抿节都到那里。尽管如此，他们仍然在感叹现在的抿节白面太多，不好吃。笔者吃着二招的抿节，说很好吃。朋友立即说，有时间让人给你做地道的抿节。按照常理，多加白面的抿节应该口感更好，粗粮多了口感要粗。只是过去条件艰苦，是不得已多加粗粮。但是涉县人认为那样才好吃，才是小时候吃的正宗的抿节。这显然已经是情感的味道，而非抿节的味道了。涉县人的饭食虽然简单，也同样是有滋有味的，而且形成了独特的"饭市"。当地学者李亮曾满怀深情地写过当地的饭市，"不论男人女人，都可以端上一个大饭碗，到大街上去吃。女人们坐一团儿，边吃饭边拉家常。男人们一个个蹲在石头尖上，一边吃饭，一边侃闲篇。……生活好些的人家，吃食自然讲究些。最突出特点是有小菜儿就着吃。……小菜儿也就是炒辣椒、山韭菜花，红、白萝卜这类。……因为人们常吃软柿子抹窝子，饭市上就常见到人们稀汤就着糠饼子吃，红红软软的柿子摊在那毛刺哄哄的糠饼

① 涉县志编纂委员会编：《涉县志》，中国对外翻译出版公司 1998 年版，第 830 页。

子上，格外惹眼。"①

二、人这一辈子

人这一辈子活下来可以说历尽磨难和艰辛。生命的历程有危险、有喜悦、有幸福。在人的一生的不同发展阶段，人们设置了很多的礼俗，来表达驱灾祈福的愿望，这就是人生礼俗的由来。不仅如此，在每一年当中又增加了与农业生产和亲情伦理密切相关的节日，来纪念每一个不平凡的时间节点，表达对于生命的热爱和对一方水土与天地的感恩。

每个人的一辈子应该从出生前就开始了，甚至在还没有这个生命的时候，就开始了。这就是从其父母长辈那里萌发的求子的愿望，对于未来生命的一种期盼。在涉县求子当然要去求女娲，女娲保生护命，庇佑着涉县的孩子们。从求子到出生后的戴锁开锁。一个生命的成长就此开始（具体的介绍将在下一节中展开）。长大之后，当然就涉及到了婚嫁，婚嫁的程序繁琐，大致说来就有"六礼"，即提亲、问名、合婚、定亲、择日子、娶亲送闺女、坐席。之后还有叫三日等。在当地人写的诗歌里，鲜活地呈现中当地婚嫁的习俗，其中写《装枕头》："灯红酒绿的黄昏/酬过贺喜的客人/送过闹洞房的乡友/最后有项有趣的活动/是装枕头/三人还得三姓/嫂子带头，一递一把/少不了装进去的是/红枣、花生、核桃、瓜子/新郎问嫂子/为什么装这些/嫂子指着他的鼻子/半夜醒来，掏着吃了/好给咱家生个胖小子/世间的事/总是源于/美好的意象里。"② 婚嫁后自然要生儿育女，又离不开我们的女娲老奶奶。一代一代人在老奶奶的保佑下出生成长。在人生的终点上，还有一番烦琐的仪式寄托着生人对死者的告慰。当地人办丧事的程序按照三天为期计算，第一天为死者丧日，主要安排好死者身上的穿戴、棺材等必备品。第二日，根据主丧安排，将来帮忙的人分工，有总务、礼房、库房、采购、厨师、木工、礼厢，负责财物收支、炊事、打墓、请吹奏班、通知亲

---

① 李亮：《山村饭市》，《涉县民俗》，内刊，2011年版，第165页。
② 王树梁：《红事遗风》，《涉县民俗》，内刊，2011年版，第157—158页。

友、礼仪等事。第三日为封丧日，从是日起至开丧不再哭。开丧出殡的程序：前一天为开丧日。是日，门前挂"引灵幡"。次日发丧。入葬，最后以石封门。当日晚，以酒菜感谢帮忙的乡亲。在整个丧事的过程中，吊丧是非常有特色的部分，当地文人创作的诗歌中写到乡间的婆娘们哭丧的情态："托住墙，眯住眼/辅之以身子的前仰后合/韵调还得圆滑、浑厚、高亢/有点像古戏的老旦慢板/边哭边编着各自的悼词/褒多贬少/只有这时，才显得一个乡女子/才学深浅/思维是否呆滞、敏捷/婆娘们烘托的/悲剧氛围/足见走者生前人缘好坏"。① 哭丧其实表现的不仅仅是生者对死者的哀思，更是一种才华的展示，由此形成了乡间独特的哭街习俗。这其中有代表性的是涉县王金庄、曹家安、拐里、东坡、西坡、刘家、禅房，武安冶陶镇七水岭等地。哭街的形式以王金庄最具特色——

　　老人病危，子女即不让远去。老人去世后，出家的闺女、侄女都要赶回婆家煮麻糖。从灵前一直哭到家门口，乡亲听到哭声就知道老人去世，前来帮忙煮麻糖。麻糖煮好后，闺女提着麻糖回娘家，路上手扶墙，边走边哭。回到家后，将麻糖供在去世老人的灵前。通过闺女沿街哭丧，凡在五辈内的亲戚，如外甥女、外孙女等都要吊丧哭街。街坊邻居，男的上纸，女的吊孝，从灵前开始沿着街哭。故有"有钱难买吊丧人"之说。哭街人的多少，不说贫富贵贱，全说人缘好坏。生前干了坏事，人们会说："作孽吧，死后一个哭街的都没有。"有人这样评价哭街：哭，有悲皆哭，无可非议，但哭者能让观者也同悲，哭得嗓音洪亮，措辞得当，妙语连篇，吐字清晰，不能说不是一种文化底蕴、才能智慧的展示。一个人去世，能引起数十人，甚至数百人哭街，不能不说是一种特殊的哭文化现象。②

---

① 王树梁：《白事遗风》，《涉县民俗》，2011年版，第160页。
② 王树梁、王林定：《中国传统村落王金庄》，内刊，2013年版，第185—186页。

涉县节日及其相关习俗与北方中原地带习俗大致相同。庆贺的节日主要有春节、元宵节、二月二、清明节、端午、七月七、立秋，八月十五、重阳节、冬至、腊八、腊月二十三、除夕。在众多的节日中，最热闹、最能够体现俗民对于生活的热爱的是正月十五元宵节。从正月十三到十八，这几天的时间里，各种娱乐活动纷纷上台亮相，表达了俗民对于生产、安全、祭祀、娱乐等多方面的祈盼和祝愿。涉县当地比较闻名的传统表演有更乐社火、张家庄花灯、台村刀山、固新和神头高台、马布高跷、清凉九曲、河南店烟花等。

附：历代地方志所载涉县民风与习俗——

1. 明嘉靖三十七（1558）年《涉县志·风俗》

涉县，冀晋之要冲，燕赵之名邑。冈峦体势，佳丽雄伟；土俗淳厚，人民朴素；仕以忠义立其节，儒以明经擢科弟；无侈泰剽窃之靡，有端谨沉实之行。

2. 清朝顺治十六（1659）年《涉县志·风俗》

涉民勤于农桑，俭于衣食，有端谨沉实之行，无纵恣骄荡之习。虽其间不无一二犷悍辈，又在良有司化导之耳。月令节期，人间家事，与各州县相同，原无异常。

又："涉民勤于农桑，俭于衣食。今虽时极浮靡，而此邦愿朴如故。人或以不文少之，吾终喜其与古近也。"

3. 清朝康熙五十三（1714）年《涉县志·习俗》

《传》云：礼与其奢也，宁俭；丧与其易也，宁戚。涉地瘠民贫，其间吉凶宾嘉之礼，节序燕享之类，大约以俭约相尚，不失礼本之意。而男勤于耕，女勤于织，其风颇善。但气质悍戾，稍有不合，交相诟谇，攘臂而起；妇人则每有忿恚轻生者。际今盛世，仍不能尽改其习。夫同岂山峻水激，土性过刚使之然欤？若士林中，不愧"耕读"二字，较彼都浮华佻达、绣腿花拳之状，不啻薰莸铢器也。但苦深山邃谷之中，闻见不广耳。总之，一道同风，良非易事，相与化导而转移之，是在有司也。

4. 清朝嘉庆四（1799）年《涉县志·风土》

涉居万山中，地高多风，蛟龙所宅。盛夏时有冰雹，大者如拳如碗，树木、庐稼动为所损，土人谓之"冷子"。视阴云密，骤风水起，用铳炮轰击蛟龙，始畏而不敢逞。里俗好爆竹，四时不绝，有自来也。

林、涉之间人多病瘿，感山气也。或谓水性过寒冽，忌冷饮。

山地瘠，民故无大资，风俗最俭。宴会酒食，粗具数簋；衣服不过土布山茧，无绸缎之华靡。山不产木，屋材难得，虽富家无华构，贫者或穴土而居，有陶复陶穴之风焉。崔后渠言："武、涉并山作也，民多武健。以财自雄，室服相高，武或有之，涉不与也。"

邑无桑麻之利，妇女不蚕绩，亦无华饰，不泽膏粉。出必裹额，盛夏不去，以是为礼。其衣服皆左衽，与南方男妇俱右襟者异。

新春，城市放烟火。树木系绳为九曲，门径纡折，一线蚁盘，稍误辄迷不得出。妇女有秋千之戏。元宵后一日，男妇出游，官府内署任其出入，以为利市。

人家婚嫁最早。闺女十三岁蓄发后，皆编辫髻角，成婚乃解辫换簪。未过门，婿家以六月六送罗，腊月望后花。娶时，用娶女客二人，或姑或嫂。女家送，亦如之。认亲回面，皆以合欢之次日。三日，对九出阁还母家，九日乃返。

病，多不服药，延请师婆跳神。丧事，亦用僧道喇经作功果，不信堪舆，无停柩不葬者（三日曰排三，五日曰排五，稍多排七、排九，视吊客之多少；大户慎重其事，或至经岁）。一年三次展墓（清明，举新火也；中元，尝新谷也；冬至，送寒衣也），杯酒、香烛、纸锞而已，无大祭品也。

西人善贾，涉民慕之，远出逐什一之利，苏杭、关东无不至，然所鬻惟本地椒柿之属，或山右毡物，无他珍异。贫民无所得食，往往出张家口佣作，有数十年不归者，此有为贫使，非本心欲去其乡也。

5. 民国二十一（1932）年《涉县志·礼俗》

岁时宴会，酒食粗具数簋。男女结婚时，行定亲、谢亲、纳采等仪节。婚嫁，行迎亲礼，甚简略，无文彩。丧事，多有用僧唪经，五七即殡；大户慎重其事，或至阅月，并无停枢不葬者。一年两次展墓，于清明，立冬节行之，无大祭品，只用杯酒、香锞、寿面，蒸供而已。

第三节　河北涉县中皇山娲皇宫的历史变迁

河北涉县中皇山娲皇宫是全国闻名的女娲祭祀之地，以其为中心，形成了辐射全县、影响周边地区的女娲文化集中地。本节对其历史演变和建造年代进行梳理。

一、娲皇宫由"庙"到"宫"的演变

关于娲皇宫，现存最早的方志《明嘉靖涉县志》中，山川、风俗、形势、祠坛、寺观、古迹等子目以及"杂志"（艺文）里，均没有任何关于娲皇宫及中皇山的记载。

清顺治十六年县志①，该志卷之一"舆图"记有唐王山，"在县西二十里。山壁间有娲皇庙。每岁春三月，各省男女皆往会，旬月方止。仿古禋禖意，多应。""里社"有"唐王峧"。卷之二建置，"祠宇"有"娲皇庙，在县西北二十里"。附有知县任澄清的诗：层峦高万仞，谁创娲皇宫？……古

---

① 涉县旧志整理委员会编：《明清民国涉县志校注》，中华书局 2008 年版，第 120—280 页。

碑藏蝌蚪，危阁摩苍穹。炼石岂人力？补天赞化工。山灵百世显，祈祝四方同。还有一条"三官庙、娲皇行宫，俱在南关西，张光祖募建，邑人杨其廉记"。

在该志卷之八艺文中，收录了有关娲皇庙的四首诗——

任澄清《晓谒娲皇庙》五绝一首："雨霁风轻三月春，碧山如画净无尘。行行恍入武陵道，扑面桃花爱杀人。"任澄清，陕西盩厔（今名周至）县人，万历十一年任涉县知县。在任五年，曾访问娲皇庙，为关圣帝君庙（在涉县猛虎村）扩建作记，还作《新建迎春亭记》、《熊耳寺建亭凿池记》等。

邑人李熠《春谒娲皇庙》诗："丹梯缥缈白云悠，杰殿崔嵬王气浮。可但（但可）代终膺首出，早闻戡乱壮辰猷。音鸣天籁传瑶琴，祀永神媒佑好述。幽冀骏奔春欲暮，于昭胙敏自千秋"。李熠，生卒年不详，生平不详。根据后面其有《登玉露岭》（次任公韵）一诗可知，其与知县任澄清同时或略晚。《增修涉县志后序》为其万历丁巳（四十五年，1617）八月所作，时任湖广德安府同知，曾任广西永宁州知州。

知县李天柱《娲皇胜迹》诗："山上灵祠古，娲皇胜迹留。补天炼石候，立极断鳌秋。蘋藻千年荐，松萝一室幽。于今太清建，犹切杞人忧。"李天柱，万历二十五年任涉县知县，曾修县志。

涉县令刘璇《登娲皇庙》诗："层层翠巘自开天，呼吸能通帝座前。怪石犹存当日迹，神功千古竞相传。"刘璇，陕西咸阳举人，顺治十六年任（第二年即离任）。

从艺文志中可知，当时的娲皇庙并不算热门胜景，熊耳山寺、清泉寺等才是诗人们眼中的热门风景。但在明代，娲皇庙也列入了涉县八景。清代进一步确定为八景之首。

以上艺文志共录四首诗，加上建置祠宇附录的任澄清一首诗，共五首。除了任澄清的诗中出现"娲皇宫"一词外，其他诗文中均称"娲皇庙"。唐王山、唐王峧一词也是在清初顺治年间出现的。任澄清的诗，从韵上看，使用了"宫"字，但从词义上推断，仍然非现在所说的"宫"之意。特别是他的另一首诗仍用了"娲皇庙"为标题，因此可以断言，在明代尚无"娲皇宫"之说。需要指出的是，这时期，其他地方的娲皇庙有被称作"娲皇行宫"的，如建在城南关的娲皇建筑。

康熙涉县志卷首八景之一"娲皇古迹"

根据现存志书资料推断，明嘉靖时期，对县西北的娲皇庙没有什么记载。到万历中期，知县李天柱应也编纂有县志，并应该有了娲皇庙，并作为县八景记录下来，万历时期这一带已经作为一个风景点引起人们的注意了。

清初这里的山及附近村庄也有了自己的名字唐王山和唐王峧。到了康熙五十三年县志中，"娲皇古迹"已经列入八景之首，地位不可动摇了，与石鼓悬钟、熊耳六峰、青头卧云、柏台晚照、韩山戴雨、漳河落涧、风洞古松一起，确定为八景（《清康熙五十三年涉县志》卷之三疆域"八景"条）。①并绘制了图影。

在"山川"里，有了"唐王山"，其上"有娲皇庙"。"山壁刻释典，

_____

① 涉县旧志整理委员会编：《明清民国涉县志校注》，中华书局 2008 年版，第 422 页。

后载唐文宗'泰和六年丙寅'字迹。传唐王驻跸此山，故名。"在"乡村"里，有"唐王峧。一峰特立，上建女娲阁。唐文宗曾驻跸于此"的记述。

卷之五祠宇，有了"娲皇庙，在唐王山，三月十八日致祭。"不仅如此，还增加了禹庙（在符山）、成汤庙（在井店村）、比干庙（在台村）等城外此类庙宇的祭祀活动。

特别是卷之十三艺文，收入了知县王凤九的《娲皇庙记》，时间为清康熙五年岁次丙午春月。"沙阳唐王山之巅有古娲皇庙"文中并叙述了"玄广深豁，瑶阁弘敞，皇之神妥焉"，描述了娲皇庙建筑的奇伟，"仰视巍楼瑶阁，凌霄汉上矣"。并记入了北齐佛教石刻的具体存留状况、娲皇庙的具体建筑情况，以及给予道人张守初的庙中香供需水地十二亩。①

康熙庚午年（二十九年，1690），庙宇重建，知县杨以兼写了《重建娲皇阁记》："邑西二十里许有神庙焉，创建之故，世远难稽。土人仿古郊禖之意，季春之月相率祈禳于此，各得其所愿欲。自是，西而秦晋，东而青兖，南而豫梁，北而燕冀，不远数千百里，扶老挈幼，享献惟谨，金鼓欢呼之声震动山谷，迄今千有余年，罔或废替。自非灵麻不爽，乌能感人之远且久若斯之甚也？但居崒崒之巅，层楼邃阁直矗云霄，风雨蚀之，霜雪摧之，榱桷栏楹，颓然欲压。"顺治十一年，做了一次大型的修复，后来，"复将倾圮，材木薨瓦，率皆腐败不可用"，因此康熙二十九年又大修一次，"祠加一阁，视曩制更复巍峨"。据《涉县志》整理者考证，本文所说杨以兼并非撰者，而是施银者。撰者为邑庠廪生李素。题目应为《重修造像碑记》。该碑现存娲皇宫。

邑令黄泽、教谕王巘分别为八景题诗。

清嘉庆四年所修县志②，则有更多的内容出现。卷一疆域类之"山水"辑录了唐王山，称其"在县西二十里，一名唐王峧。后唐庄宗伐梁时常过

---

① 涉县旧志整理委员会编：《明清民国涉县志校注》，中华书局 2008 年版，第 574—576 页。

② 涉县旧志整理委员会编：《明清民国涉县志校注》，中华书局 2008 年版，第 574—897 页。

此，因名。山下旧有北齐时离宫。传载：文宣帝高洋自邺诣晋阳，往来山下，起离宫以备巡幸。于此山腰见数百僧行过，遂开三石室，刻诸尊像。及天保末，又使人往竹林寺取经函，勒之岩壁。令［今］山上经像现存。世传唐文宗驻跸处者，误。上有娲皇庙，香火特盛。"（《清嘉庆四年涉县志》卷之一"山水·唐王山"）

卷三政典类之"祀典"有娲皇庙条，"本邑南关、河南店、王堡、北冈等处皆有，以在县西二十余里唐王峧者为盛，倚岩凿险，杰构凌虚，金碧粲然，望若霞蔚。岁以三月十八日为神诞，远近坌集。先是印官往祭，因登陟甚艰，每至必于山下止歇，棚帐之类须附村供应。国初焦令绘乃于山麓建亭三间，茶房一间，名曰休沐厅。典史王之英董其役，李知州四端为记之。"这时，娲皇之祭祀已经纳入官祀，和其他"民祀"在类别上已经分开了。什么是官祀？"以有司例致祭者"；何为民祀？"民间立庙自祭者"。

该志专门对唐王山的来历进行了考证，否定了唐文宗来此说，论证了后唐庄宗伐梁过此说（见卷七杂志类）。

"卷八艺文"类收录的文章更多，在娲皇庙方面，除了前志所录王凤九《娲皇庙记》、杨以兼《重建娲皇阁记》二文外，又增加了清李可珍的《重修娲皇庙碑记》。文本中叙述了涉县娲皇之祀的原委。

> 自明洪武年间以礼官之请，增祀古帝王陵寝，于是始祀于翼城。然天下无地无娲皇也，以彰德一郡言之，如安阳、内黄、林县皆有庙，而尤以吾涉者香火为盛；吾涉之祀亦不一处，而其至灵且显者，尤莫如唐王山。山故为北齐高洋临幸处，行宫在焉。壁间镂石为古佛像，左右四旁皆镌梵经，为一邑胜景。娲皇庙在其上，不知建创所自始。阁碑碣，两修于明，我朝顺治、康熙、雍正间历经修理。每年以三月十八为神诞，有司致祭。自月初一讫二十，启庙门，远近士女坌集，肩摩趾错。

乾隆六十年十二月至嘉庆三年十月，娲皇庙再次整修，"自正殿以及大门、盘路、垣墙，焕然一新，且较前更加坚致严整焉。"①

增加的杨毓崧《重修娲皇庙碑记》则是记述的另一座娲皇庙的修复。这座娲皇庙位于河南店西北偏，也是在清漳河岸，"春暮，野绿溪青，丹碧互映，远近以神诞进香经过者络绎不绝，明禋之盛不亚娲皇山也。"此处的庙宇在康熙己丑（四十八年，1709 年）和乾隆己卯（二十四年，1759 年）分别大修，到了此时，除了正殿仍存，其他的也"不蔽风雨"了。修复"工起于嘉庆元年，告成于嘉庆三年"。"先四围墙垣、大殿、享殿，嗣及配殿、歌楼、住持之室、肃客之堂，无不改建重新。"

到民国志里，娲皇庙列为了古迹篇"坛庙"的首条，且"北齐离宫"也上升为一条。但整个志书中，叙及"娲皇庙"字样的少之又少，仅此而已。不仅诗文皆无，也没有任何其他记载。

由此可知，在地方志文献中，民国以前，娲皇宫并非称宫，只是称庙。

当然，研究娲皇宫，除了地方志文献，还有一个不能忽视的资料，就是历代碑刻。《涉县娲皇宫》一书收录有郭文锁的论文《娲皇宫历代重修主要碑志》。该文统计了"从明万历三十四年到 2006 年政府重修记事碑为止（新时期 1976 年涉县文保所接管后至今的捐资碑均没有列入考究之中）……可供研究的碑石共有 112 块……其中记事碑 45 通，捐资石碑 35 通，功德碑 2 通，地震碑 1 通，山名碑 1 通，其他 3 通，各类字碑 25 块。"② 其中可以补充地方志资料不足的主要碑刻亦可提供重要资料。

万历三十七年王希尧《新建娲皇庙碑记》仍称为庙。崇祯元年张襄野《创建娲皇阁记》第一次有了"娲皇阁"的叫法。顺治六年常希颢《重修娲皇圣母庙碑记》也仍称为庙。康熙五年王凤九《娲皇庙记》称："沙阳唐王山之巅，有古娲皇庙。"康熙四十一年崔慧《建大悲准提庵碑记》，称"唐王山，有阁翼然于山腰者，娲皇圣迹也"。乾隆三年张云倬《重修娲皇圣顶碑记》，称此处为"娲顶"。道光十四年《重修广生圣母碑记》

① 涉县旧志整理委员会编：《明清民国涉县志校注》，中华书局 2008 年版，第 898 页。
② 牛永芳、贾海波主编，郭文锁执行主编：《涉县娲皇宫》，团结出版社 2014 年版，第76 页。

称为"娲皇顶"。

至咸丰年间始称娲皇宫。咸丰三年李毓珍《重修唐王峧娲皇宫碑记》首次把此处称为娲皇宫。同治十年《重修鼓楼志》作"娲皇宫"。光绪三年齐李汝《重修台顶钟楼志》也称"娲皇宫"，光绪十年崔一峰《重修朝元宫各殿碑记》称"娲皇圣母"。

以上各碑记，王凤九所撰碑记在县志中有，杨以兼的《重建娲皇阁记》，也是县志中著录过的。其他碑记为县志所未录，可为补阙之用。其中我们也清楚地看到，从明代到清咸丰年以前，多是称庙，也出现了娲皇阁、娲皇顶等称谓。但自咸丰年开始，娲皇宫的叫法开始出现。涉县当地的研究者郭文锁在《李毓珍与娲皇宫》一文中，也肯定地强调"（咸丰三年）重修后……李毓珍便把这座庙宇更名为娲皇宫"。①

那么，咸丰三年的这次修建为什么突然改庙为宫呢？其根源不外有以下几个：一是入清以来，特别是从嘉庆年间到咸丰初，是清朝社会一个相对平稳的时期，相对于康、乾各朝，皇帝动辄出外巡游的场面不见了，从嘉庆开始，除了到承德避暑山庄外，皇帝没有前朝那种大规模的出行，甚至到了嘉庆后期，原来设立在南巡路途的行宫编制也逐渐被撤销。地方官因此也有了较多的歇息，其治理民众的方法也有了一定的变化，注重用地方的民间信仰的力量来维系和化解矛盾。对民间信仰的发展抑制得到缓解，更多的村社庙宇得到建立的机会。二是我们从这时期的科举上也可看出，科举对民众的吸引力已大不如前，在邯郸一带，这时期考中举人、进士者数量大大减少。有更多的乡村基层的知识分子在村里各种事务中起到更多的作用，建立庙宇即是此之一。三是长期的社会稳定，也给民间储存了更多的财力物力，在乡村公共事务的管理上有了较大的经济支撑。

李毓珍在重新建造娲皇庙诸建筑的时候，还应该受到任澄清诗的影响。前面已说过，从任澄清的诗歌本意上言，其所用的"娲皇宫"一词，主要

---

①　牛永芳、贾海波主编，郭文锁执行主编：《涉县娲皇宫》，团结出版社2014年版，第47页。

还是为了韵脚的需要，并没有主观改变此地建筑名称的意思，他本人在另一首诗中，仍然用了"娲皇庙"一词为题目，而且后来也没有任何的志书和碑刻跟随其采用"娲皇宫"的称谓，直到咸丰三年以前。而李毓珍在重修中受到历史上此地建有离宫的记载影响，又弄混了北齐离宫与道教建筑的界限，把"宫之创建，大约在北齐"模糊为女娲神庙的建筑时间，更为了满足民众信仰的心理需求，从明知县任澄清的诗里得到启发（任澄清的诗就在庙台上镌刻着），从而正式地、且认真地抬出了"娲皇宫"的称谓。因为这时候，索堡女娲庙的规模已经成为涉县境内最大的一处了，其庙会的规模也是最大。官方在传统的城隍庙、社稷坛之外，索堡女娲也是最关注的地方。索堡女娲庙向宫的转变应该说有其必然性，而一场意外的大火灾，也是它由庙变宫的难得机遇。

以上从嘉庆到道光再到咸丰年间，我们可以看出此地是如何从庙到宫，从"不知创建所自始"，到"迄今千有余年"，再到"大约始于北齐"，其流变的时间长度，还不到半个世纪。

到民国志里，娲皇庙是古迹篇"坛庙"的首条，"北齐离宫"也上升为一条。但整个志书中，叙及"娲皇庙"字样的少之又少，仅此而已。更没有"娲皇宫"的只言片语。不仅诗文皆无，也没有任何其他记载。那些矗立于唐王山下的诸多碑刻没有收入民国志中，固然与该志书仍是粗具框架有关，但也要考虑到历次志书均没有"娲皇宫"的称谓，民国志或也因此仍著录为"娲皇庙"，对咸丰年间的文人们的"创举"而有所踟蹰。

其实，在民国建立之前的清末，宣统二年（1910）所立的一块碑仍将其称为娲皇庙（《古中皇山娲皇圣母庙重修碑记》）。尽管该碑记述了该地的神明在民众中的影响已经十分巨大："要之吾涉亦冀州分域也，数百里中敬圣母者，虽村各有庙，悉望是山以为朝宗之所焉，悉觐是庙以致祈祷之情焉。"但在名称上仍取"庙"字，可见咸丰年间的"娲皇宫"之说仍流之不远。

从民间传承来看，尽管官方有着从庙到宫的变化，对普通信众而言，并不重要。民间的"奶奶庙""奶奶顶"的叫法始终是主要的流行语。

二、娲皇庙（宫）的修建年代

关于庙的建筑时间，历来众说纷纭，有汉代、北齐、唐代等不同说法。涉县旧志及现存 7 处明代石刻，均没有涉及到娲皇宫的始建时间。到了清代，康熙庚午年（二十九年，1690），知县杨以兼《重建娲皇阁记》说"创建之故，世远难稽"，"迄今千有余年"，只是个大约说法，于史无据。其"千有余年"也只能推到唐代。

有人以道光十四年《重修广生圣母碑记》中的"由县志考之，自汉迄今七（"一"字之讹）千九百余岁矣"为依据，说这是首次将其历史上溯到汉代。但据我们看来，持有此论者，也同样于史无据。该碑记原文是："唐王山，沙阳之胜地也，山之麓旧有广生圣母在焉。溯其创建始，大约与娲皇顶相继而起，由县志考之，自汉迄今七（"一"字之讹）千九百余岁矣。"本意是说广生圣母之类的建筑应与娲皇顶之类的建筑是联系在一起的，但是此前的地方志中并没有广生宫建于何时的记载，只有上文中所臆测的"迄今千有余年"。

到了咸丰三年，在此大修宫观建筑的知县李毓珍，不仅首次把称谓改为"娲皇宫"，而且提出了"宫之创建，大约始于北齐"之说。

前引清嘉庆李可珍《重修娲皇庙碑记》尚且说娲皇庙"不知建创所自始"，缘何到了道光、咸丰年间突然得到突破，不仅提出了"迄今千有余年"，而且进一步确定为"大约始于北齐"，使得本来在旧志中说得很清楚的"北齐离宫"与"娲皇庙"的关系，到了李毓珍那里，则被搅在一起，错把北齐离宫的建立当作娲皇宫的建立。嘉庆时期李可珍一文，曾专门叙述了北齐离宫的关系："（唐王山）山故为北齐高洋临幸处，行宫在焉。壁间镂石为古佛像，左右四旁皆镌梵经，为一邑胜景。娲皇庙在其上，不知建创所自始。"读此，可以清晰地了解娲皇庙是娲皇庙，北齐离宫是北齐离宫，二者怎么能混同呢？

至于以汉代为此地娲皇庙建立的起点，也是非常荒谬的。虽然汉代庙宇之建立已有之，但涉县娲皇宫是否为汉代所建，除了上面所提到的道光年间《重修广生圣母碑记》中的"由县志考之，自汉迄今七（"一"字之讹）千九百余岁矣"臆测之词外，其他文献均无记载。从实际看，汉末到魏晋时期，佛教传入中国，以邺城为中心的北方地区，是佛教传播的重点区域，特别是在后赵、北魏时候，佛教在此地的影响占据上风。东魏北齐时期，邯郸一带的皇家贵族及民间百姓，均以信佛为时尚，道教即使存在，也是力量微弱的很，此时建立大的宫观，是缺乏历史条件的。涉县娲皇宫一带作为邺城到晋阳（今太原）之间的皇家重要停驻点，所建设的离宫只能是佛教建筑，而不可能是道教建筑。历史上关于离宫是高欢还是高洋所建的辨析，只是些微之差而已，无关离宫作为佛教建筑的主旨。我们知道，佛教在发展中也曾受到多次的打击，其中历史上著名的"三武一宗"灭佛即是其典型代表。在隋唐之前，佛教与道教的争论虽然一直存在，但总的说是佛教强大而道教微弱，但到了北周时期，公元 574 年北周武帝下诏废佛道二教，悉令沙门还俗，实即灭佛教立道教，北地之佛教一时绝迹。这次灭法只毁像破塔烧经，令僧尼还俗，不杀僧人。共还俗僧人 300 万人，退寺院 4 万座。576 年灭掉北齐之后，首先要做的事情，就是拆毁寺院，遣散僧人。从晋阳到邺城，所有佛教建筑也都受到影响，沿途的响堂寺、涉县北齐离宫等，均应在此时停止了大规模的营建。唐代，由于李唐王朝的关系，道教的地位得到了较大提升。佛衰道兴的格局，使得此处的道教建筑有了兴起的条件，娲皇庙才有可能在此落户。由于唐代既崇道又信佛，民间的佛、道并行相容，再由于李唐的渊源在山西，涉县不仅邻近山西，而且在唐代及以后长期受辖于山西（自隋开皇三年复置涉县后，即隶属上党郡，唐武德初属韩州，贞观十七年州废，改属潞州。五代、宋、金皆属山西潞州上党郡），且其作为晋阳（太原）到邯郸一带的孔道作用并没有改变，甚至还大大加强了，因此，涉县兴起道教建筑是不难想象的，但就而大规模的建筑群而言，仍然是可能性不大。

从明代资料看，涉县"娲皇圣顶"在明万历时期已经成为县八景之一，应当说这是该地地理环境较好，又处在涉县到山西辽县的通道上，居清漳一侧，靠山傍水，加上在山腰的北齐佛教遗迹，如果山上建立了庙，是不难形成较好的文化景胜的。但不能说列入了县八景就一定规模大。县有八景、十景，乃至十二景、十六景，是明清县志的文化特色之一，但不是说必须景观宏大。实际上，很多所谓县景，并非体量多么大，只是小景观而已，甚至有不少只是充数而已。涉县道教规模并不大，从明代设立的宗教机构也可以证明。嘉靖志记载了涉县设有"僧会司"，没有"道会司"。僧、道二会司是明初即设立于县的宗教管理机构，以广平府为例，在明广平府所辖九县中，各县均设立有僧会司，而设立道会司的只有邯郸县和成安县，此外，府所在的附郭永年县不设立机构，而由府设机构管理。说明只有邯郸县和成安县的道教信徒较多，其他县份人数不多，所以不专设机构。① 涉县也应属于此类。清顺治十六年涉县志在"公署"内仍有"僧会司"机构，并载"在县内妙觉寺"。这和嘉靖志所述"在县治西北隅崇明寺"已有所不同（从分析来看，此时的僧会司，应还是明代的机构，该志很可能是依万历年间所编写的志顺录的）。这个资料曾侧面证明涉县在明代道教不是很兴盛的，娲皇庙的规模应是不大的。清康熙五十三年志则在"公署"下不仅录入了僧会司，而且还增加了"道会司（在清凉观）"，这说明到了清代，涉县的道教确实有较大的发展。这时期的娲皇庙，应该是规模逐渐增大了。尤其是山下的宫观建筑应有了一定的规模，并有了驻观的道众。到了清代，娲皇庙的建筑群开始形成。咸丰年间，经过李毓珍的重建和扩建，娲皇宫建筑群成为今天的规模。

三、关于"古中皇山"碑时代考辨

古中皇山碑，在东山崖壁上，有人断为北齐时所刻②。其实，从文字分布看，四个字并没有均匀分布，"古"与"中"离得非常近，反映出刻者的随意性。从字体看，也不是北齐时期的魏碑体，而是楷书体。因此说是北齐所刻，缺乏根据。文字所在的碑体，额顶雕龙，并有佛龛，有坐佛和菩萨，其为记事碑的可能性大，为山名碑的可能性极小。且在一块有佛龛的碑上，

---

① 明·陈棐修：《嘉靖广平府志》（宁波天一阁藏），上海古籍书店1963年版。

② 牛永芳、贾海波主编，郭文锁执行主编：《涉县娲皇宫》，团结出版社2014年版，第31页。

刻上道教文化的"古中皇山"字样，显然是矛盾的。这恰好证明，碑体在年代上和石壁刻经或佛教石窟有关，而"古中皇山"的镌刻则是在后来。因为没有现场查勘，暂不下断语，但说其为北齐所刻则基本可以否定。该碑上的较为成熟的楷体，对在唐代得到大发展的楷书来说，是十分正常的，这也从另一方面说明，这里的"古中皇山"之称谓、山上出现娲皇庙建筑，不会超过唐代，很可能是晚唐的产物。

第三章　俗民的信仰生活与女娲

第一节　俗民的信仰生活：民间诸神与祭祀空间

俗民日常生活中，占有重要地位并处于顶层的是其精神生活。

精神生活是俗民在长期的生活中，从周围经验世界中获取的信息中提炼形成的对世界的看法以及对人类生活的理解，信仰是其中的核心部分。自有人类文明开始，或者说在人类文明逐渐形成的过程中，早期人类就已经开始思考关于自身与世界关系的问题，那时人类的思维还处于未开化的蒙昧状态，但是仍然试图以自己的方式去理解和阐释周围的世界。这就是列维·布留尔提出的早期人类具有的原始思维。运用原始思维，早期人类对世界建立初步的解释，这其中最重要的就是泰勒提出的"万物有灵论"。在此基础上，人类为自己建立的神灵世界不断扩大，最终形成体系庞大而复杂的神灵谱系，渐次产生了原始宗教。在原始宗教的基础上，人类社会出现了不同的教派，诸如基督教、佛教等。

在中国，除了这些具有严密组织和明确教义的宗教之外，还有处于民间的、松散的，缺乏明确的组织性和教义的民间神灵世界，通常称之为民间信仰。民间信仰其实就是俗民的信仰生活，俗民根据日常生活所涉及到的方方面面，设置了数量众多、功能齐全的神灵世界。它构成俗民日常生活的最重要的部分。例如在《涉县民俗》一书中，这样写百姓的神灵信仰，"民间信神久有，旧时以万物皆有其神而敬，如天地有神，山、河、路有神，即使厕所也有茅神。人之生死富贵祸福全由神定，故衣、食、住、行，无处不求神保佑。常见有商人敬财神、木工敬鲁班、戏子敬老朗、医生敬孙思邈、养牲口敬马王、放羊敬山神、喂牛敬牛王大帝、建房敬土地、扬场敬风神、求雨敬龙王、求儿敬送子观音等。还有家中供祀的'天地三界十方万灵真宰之位'、'门神老爷之位'、'财神'、'灶王'等等。"① 在现代文明社会，神灵世界正在渐渐淡出主流社会，居于社会思想核心的无神论统统将其斥为封建迷信活动。在代表官方写作的相关著作和资料中至今仍然持有这样的态度，"旧时村村有庙，敬神活动极盛。民国二十九年（1940年）后八路军共产党破除迷信，多数神庙被拆，严厉打击迷信骗人、骗钱行为。人们对迷信害人的认识有了很大提高，除个别在背地活动外，敬神多已停止。1985年后，部分农村塑神盖庙宇，迷信活动日盛。"② 与之不同的是，本书所持有的研究立场是要对俗民以自我的思维方式建立起的信仰生活予以充分的理解和尊重。本节所要做的工作并不是要站在一个学者的角度以科学思维去指摘和评价俗民信仰生活的愚昧，而是以平等的态度将这一信仰世界尽量完整的呈现给世人，甚至不做更多的阐释，呈现本身就已经表明了一种态度。这里笔者主要以涉县地域空间为例，分别从全县和村镇的角度来描述俗民长期营造的神灵世界及其祭祀空间和祭祀活动。另外，除了民间信仰外，当地俗民还接受和容纳了制度化宗教，即佛教、基督教和道教等。这些制度化宗教教义同样被俗民所接受，但是大都经历了被世俗化的过程。这一过程及其与民间信仰的复杂关系并不是本书探讨的问题。笔者只是呈现给世人多元信仰文化在民间共生的状态，以便对当地俗民的信仰作一个较为全面的展示。

一、涉县民间诸神及其寺庙

涉县境内各种庙宇繁多，县城有城隍、关帝，分布各地的有：真武、宣武、黑龙、白龙、五龙、龙王、河神、火神、财神、山神、禹王、药王、牛

---

① 康喜英、杨振国编：《涉县民俗》，内刊，2011年，第93页。
② 康喜英、杨振国编：《涉县民俗》，内刊，2011年，第94页。

王、马王、皮疡王、关爷、奶奶、五道、土地、成汤、比干、吕仙，及各类仙姑庙等数百处。各村建庙据信仰立，其庙规、庙制也不相同，有占地几十亩和小不到半间之区别，俗称"大庙""小庙"。1978 年文物普查，更乐大庙，井店成汤庙，老爷庙村之老爷庙，固新宣帝庙、龙王庙，索堡娲皇宫，河南店娲皇庙，合漳玉帝庙被列为县重点文物保护单位。1982 年，索堡娲皇宫升格为省重点文物保护对象。

从涉县古志记载中可以了解涉县全县在不同时期存留下来的庙宇情况。这些庙宇基本反映了涉县民间，以及官方在不同时期祭祀的神灵及其庙宇。据清顺治十六年《涉县志》所载，当时受到官方和民间祭祀的祠宇有 30 多处。"尝考舜之至裡六宗，武之怀柔百神，祭祀之典，古帝王尚矣。我涉僻壤，户口之熙洽，万物之生成，所赖阴扶而默佑之者，神也。故于祠宇志焉。"[①]

迎春亭：在虎头山下。万历四十五年，知县任澄清创建。

社稷坛：在县西北一里。知县刘启坤修。

山川风云雷雨坛：在县东南一里。刘知县修。

邑厉坛：在县北门外。

八蜡庙：一在山川坛东，一在更乐村山。

城隍庙：在县石碑坊东。

风洞庙：在县西十里风洞山岭。柏林丛茂，人无敢代［伐］。

龙王庙：在县北二里。

皮场王庙：在虎头山下，每岁三月三日立会焚香。

真武庙：在县治西北隅。

四圣宫：在北关街。

关圣庙：一在北门内，一在南关。

禹王庙：在县北符山上。土人祭风、雨、水、旱灵应。

娲皇庙：在县北二十里。

---

① 涉县旧志整理委员会编：《明清民国涉县志校注》，中华书局 2008 年版，第 147 页。

成汤庙：在县北二十里井店村南。金泰定四年，邑人刘满建。

比干庙：在县北五十里符山社台村。

崔府君庙：一在县北十五里，一在县东南玉泉社。自唐迄今，历代加封"灵慧齐圣广祐王"。

利应侯庙：在县北龙山社。

三官庙、娲皇行宫：俱在南关西。张光祖募建，邑人杨其廉记。

观音阁：在西关。善人张一第自建立。

东岳庙：在清凉村。

药王庙：在上东村。

李卫公祠：在县东北六十里符山社。

又据清嘉庆四年涉县志载，庙宇分为祀典和民祀两部分。所谓祀典部分，即官祀。

祀　　典

社稷坛：在城西北一里。明万历十年，邑令刘启坤修。春秋二仲上戊祭祀。

风云雷雨山川坛：在城南一里。明邑令刘启坤修。

先农坛：在城东。祭并同。

厉坛：在城东北一里。清明、中元及十月朔三祭。

城隍庙：在大街东黄门坊街。岁以四月十五日祭。朔望，有司诣庙行香。据明嘉靖二十九年知县许文献记，盖洪武初建，经正统、成化、正德至嘉靖间，凡四修。其敕封"灵应伯"，则万历二年邑民王荣先［光］、成士春等以神屡显异上请得封。嗣后历修年月，俱有碑记在庙中。

关帝庙：在学宫之西。先是庙一在北瓮城，一在南关，后又别建于县治东十字口，皆规制狭小。至雍正十三年，知县梁旼乃即学西隙地创建新庙，轮换之象与文庙相埒，以春秋仲月及五月十三日祭。总督王士俊有记。各村所奉不具载。

八蜡庙：在山川坛东。以春秋上丁日祭。更乐村亦有之，其祭以三月初七日。

刘猛将军祠：在迎春亭左。雍正十年建。今圮。每祭，于〔八〕蜡庙行礼。

土神庙：在县治大门东。

马王庙：旧在北关，今改祀于治东马号。……以春秋上戊日祭。

火神庙：在南关东。乾隆五十四年建。

漳河神庙：在南关西。始建无考，乾隆元年重修，以六月二十四日祭。别有庙在原曲村，明万历间建，任令澄清记。相传：神，河内修武县人，姓张，名导，字以明。以建和三年为巨鹿太守，漳水汛滥，神治之有功，民嘉赖之，因祀为"漳河神"。有古碑在巨鹿古城铜马祠侧，述其事甚悉。

风洞庙：在县西十里风洞山。祀风神，其祀以四月初五日。亦称龙王庙。

娲皇庙：本邑南关、河南店、王堡、北冈等处皆有。以在县西二十余里唐王岈者为盛，倚岩凿险，杰构凌虚，金碧粲然，望若霞蔚。岁以三月八日为神诞，远近坌集。先是印官往祭，因登陟甚艰，每至必于山下止歇，棚帐之类须附村供应。国初焦令绘乃于山麓建亭三间，茶房一间，名曰休沐厅，典史王之英董其役，李知州四端为记之。

节孝祠：在学宫西偏。雍正五年奉文建。春秋致祭。

民　祀

禹王庙：在县北符山。里人三月十三日祭风、雨、水、旱，甚著灵应。

成汤庙：一在县北二十里井店村南，金泰〔大〕定四年，邑人刘满建；一在县北八里北岗村，不知何时始建，其重修则明泰昌时也。

比干庙：在台村。里人三月二十八日祭。

利应侯庙：在井店村。祀晋大夫狐突。至元十三年，邑人张伯原等因旧庙倾毁改建，真定路涉县儒学教谕颜之启记。

李卫公庙：在县北六十里符山。号"护国灵泽王"，封典无考。明隆庆初，驿传道杜辂出俸金，委武涉二邑鼎新殿宇。万历四十六年，住僧关清鸾加修葺。国朝康熙四十年，道人何清、居民郭玉石等又募缘重修。

崔府君庙：在县东南玉泉社。府君讳珏，字子玉，祁州人。唐初尝为滏阳令，有异政，死而为神，历代崇奉。元成宗时，加封"灵惠齐圣广祐王"。有墓在武安和村西北，涉民尝赴祈祷。宋咸平间，有刘海者创议立庙。

韩文公庙：在神山。

陈襄节祠：又名忠节祠。在北关。祀宋西和州知州邑人陈寅。

药王庙：本邑凡四，一虎头山，一河南店，一南庄，一马布。相传：王，姓韦，名汛，道号慈云，唐时人也。

皮场王庙：在虎头山下。神，姓张，名森，汤阴人，以驱杀皮场镇蚕毒，民德之，为立祠。自汉历宋，累封王爵，额曰"惠应"。河北所在有之。土人祭以三月初三日。

龙神庙：在北关外西。

广生祠：一名先禖庙。在城隍庙东偏。明万历三十一年，邑臬掾张九章及侯相王世昆等创建，李知州秉谦记。又一在唐王山。

东岳庙：在县西三里清凉村。

真武庙：在县治西北隅。本元武七宿，宋真宗避讳，改为真武。靖康初加号"佑圣助顺灵应真君"，俗谬传为"净乐王太子"。庙，明时建。

三官庙：在南关西。奉天、地、水三官。本道家之祀，里俗效而祀之。

山神庙：在韩山。

圣母庙：在熊耳山石泉上。有屋三楹，中塑女像。相传庙古于寺，不知其何神也。明嘉靖丙申，有僧重修，金碧烨然。副使高汝行为记。①

民祀中，还有很多是对地方官的怀念与追思：如阳公祠（在城隍庙二门内。祀明令阳冲。教谕蔡铭记）、李公祠（在北关。祀明邑令李嘉臣。邑人李秉谦撰碑记）、刘公祠（在北关。祀明邑令刘启坤。有德政碑，邑人李

---

① 涉县旧志整理委员会编：《明清民国涉县志校注》，中华书局 2008 年版，第 686—689 页。

栋撰）、苏公祠（在南关外。祀明本郡太守公茂相。久圮）、刁公祠（在南关外。祀明邑令刁良。圮）、蔡公祠（在北关外。祀明邑令蔡思续）、任公祠（在北关外。祀明邑令任澄清）。

在县域范围内，可以看到俗民所创造的诸多神灵和祭祀空间，众多的神灵和庙宇覆盖了涉县全境，诸多庙宇连缀起来就编织成一张信仰的大网，形成了网格式结构。还要看到，这个网格式结构包含的庙宇不仅仅是指县志记载的神灵和庙宇。分布在涉县山山水水之间，且未收录到县志中的神灵和庙宇的数量要远远大于被记录下的。因此，这张网格式结构可以在划分出更小的网格。在县域更小的区域内，同样能够形成更密的网格结构。例如以一个自然村落为空间范围，从一个村的神灵和庙宇存在的数量来看这个网，就会发现更细密的网格结构。这里以西戍镇西戍村为例——

吕祖祠：修建于 20 世纪 90 年代，初位于昭福寺内，占地 1.5 分，内设吕祖神像。2004 年，吕祖祠迁于大寨垴半山中。有正殿五间，内塑三圣像，东西屋为药王祠，西屋为财神、关公祠。

南大庙：庙址在今西戍大街供销社院内（镇政府东）。大庙三间，前有大殿，南殿供南海观世音菩萨，北殿供龙王神，东殿供狼神，西殿供黑沙神。院中大殿多为天旱求雨时给龙王唱戏之场所。解放战争时期是太行区党委旧址的一部分。

菩萨阁：在西头第一道阁上，三间大殿内塑菩萨像。下街第二道阁上的观音堂，以及关帝圣君庙，同为清同治年间重修，立有石碑一座。

关帝圣君庙：位于东头正东，有庙房三间，门对正街，在第一牌坊处。内供关羽。现已重修，内塑关羽金身。

玄帝阁：在东头向北拐处，阁上三间庙宇，始建无考。清雍正六年二月重修。内塑真武大帝披发赤脚像，两边一个桃花女，一个老周公。

南海大士观音庙：在东头拥军宾馆旁，小庙三间，正对北街，塑有南海大士观音，赤脚骑麒麟。

关帝庙：在东地场内，塑关羽像。

五道爷庙：在恬母桥路北。

关帝庙：在官道东头，西面正对村街。

天帝台：在西道头一个丁字街上，供天帝。

三官庙：在西道巷第二个丁字街上，供三官爷。

眼明台：在西道二道丁字街西，有眼明奶奶庙。

奶奶庙：在东道郝家台上。

奶奶庙：在东道郝家池西南边，原有三间，现已无庙。

五道爷庙：在东道郝家池引壁上供。

佛太爷庙：在昭福寺西佛太爷垴上。

马王庙：在符山矿王帽山右边岭下。

禹王庙：在西戌小学东。

五谷神庙：在七一厂大门口处，已无址。

土地庙：在园子沟水头起。

山神庙：在符山矿区内。

尼姑庵：在西戌小学东。

关帝庙：在黑铁岌。①

以上合计已达 23 座，即便如此，也未能将西戌村俗民所供奉的所有神灵呈现出来。涉县全境共有 308 个行政村，所供奉神灵和庙宇的数量就非常可观了。俗民日常生活的神灵庙宇之多令人惊讶。另外，涉县因为地域原因，佛教、道教发达，据考现存寺院，以唐、明两朝兴建最盛，到清末，县已有三大寺、八中寺、七十二小寺之传。据涉县志收录有著名的寺庙有：清泉寺、昭福寺、长生寺、柏台寺、静因寺、熊耳寺、洞阳观、会仙观、太清观、更乐吕祖庙等。

据《涉县志（1991—2011）》记载——

佛教在汉代就传入涉县，民国时期，涉县佛教走向衰落。1990 年开始逐渐恢复。1998 年，县政府开放开法寺、清泉寺、南柏台寺、昭福寺。

---

① 杨荣国、王矿清等：《中国涉县女娲祭祀文化》，河北人民出版社 2013 年版，第 100—101 页。

2001 年，开放长生寺、觉慈寺。2005 年，经县政府批准开放真觉寺、定觉寺、大悲院 3 座寺院。2011 年经市民族宗教事务局批准开放鹿耳寺。佛教主要流传于西戌、河南店、固新、索堡、合漳、西达 6 个乡（镇）。2011 年境内有教职人员 13 名，其中比丘 7 人，比丘尼 6 人，经县政府品准开放的寺院 11 处。

涉县道教起于宋代，民国时期道士活动日趋减少。1990 年后，民间信仰道教群众又逐渐增多。考虑到信教群众进行正常宗教活动的要求，2004 年、2005 年县政府先后开放涉城镇城隍庙，西戌镇吕祖庙两处宫观。[①]

除此之外，还有涉县境内还有天主教和基督教——

天主教在清光绪二十五年（1899 年）由武安传入涉县，1990 年，全县有教徒 120 余人，到 1996 年，全县天主教徒增至 400 余人，主要分布于上温、下温、王堡、桃城、马布、史部等村。涉县天主教信徒较少又比较分散，没有专职神甫，传教工作由武安市南阳邑教堂神父邢广全代管。县政府根据实际情况，先后开放索堡镇曲峧村、河南店镇王堡村、涉城镇北关村、龙虎乡南郭口村、合漳邢史部村 5 个活动场所。2006 年 3 月，在邯郸市天主教区的统一调配下，代管涉县传教工作的邢广全调到成安县，魏县籍神甫武春良负责涉县天主教的传教工作。

1980 年，受河南省和河北省成安县个别基督教徒的影响，涉县开始有基督教（又称为耶稣教信教者）。原曲村首先开始发展，后逐渐发展到上清凉、下清凉、中原、赤岸、索堡等村。主要传教方法是地区牧师到涉县讲经、释经，教徒在家聚会唱歌、祈祷。2011 年，全县有基督教徒 5500 余人，各乡镇均有分布。[②]

在对涉县民间神灵世界的分析中，首先要搞清楚的是民间神的来源，诸多的神灵都是来自于哪里。其次，要搞清楚的是众多神灵中，哪些是俗民比

---

① 河北涉县地方志编纂委员会编：《涉县志（1991—2011）》，中华书局 2012 年版，第 296 页。关于涉县道教起源，本书认为应在唐代。

② 河北涉县地方志编纂委员会编：《涉县志（1991—2011）》，中华书局 2012 年版，第 296 页。

较看重和偏爱的神灵，其原因是什么。

民间神灵基本是三种来源，一是来自原始宗教神；二是来自于宗教神；三是出于俗民自造神。第一种，来自于原始大神。女娲就是非常典型的例子，由原始大神衍化为民间女神老奶奶。在先民的神话中，女娲是作为大母神的形象被塑造的。在先民看来，女娲作为大神，是无条件存在的，是先于世界万物存在的。她无所不在、无所不能，享有至高无上的神圣地位。在后世的衍化中，女娲不再是大神，而是慈祥的"老奶奶"。百姓事事依赖这位老奶奶，女娲则化身为庇佑子孙的"万能神"，满足人们多方面的功利诉求。这时女娲的神性显然不同于原始宗教时期的神性。女娲在先民心目中是先于万物存在的大神，是需要无条件信仰的人类祖先。但是，在民间信众心中，作为"天地全神"的女娲其神性的内涵更多的是为百姓办事的"能力"。第二种来源是对宗教神的吸收改造。这里以娲皇宫佛教、道教神被世俗化的过程为例。朝元宫大乘殿的佛教维那神，在民间，人们把她说成是妙庄王的三女儿妙善。民间传说中，因为她誓不嫁人被父亲逐出家门，后得道成仙。一日，妙庄王病危，她化作道人为父亲看病，说："这个病有两种治法，一是吃亲生女儿的眼和手，二是到清华寺求清华道人医治。"在家里的大女儿、二女儿都不愿为父亲献出手和眼。妙庄王无奈，只好去清华寺找清华道人，道人就把自己的手和眼给了妙庄王治病。妙庄王一惊，原来清华道人就是自己的三女儿妙善。看着失去手和眼的女儿，他痛苦难当，大声喊："还我女儿全手全眼。"这句话被人们听成了千手千眼，就为其建造了千手千眼塑像。这个神奇的传说将佛教维那神塑造成了一个孝顺的人间女子，而且更为有趣的是，故事本身体现出了民间信仰中儒释道三者杂糅的情况，本属佛教的千手千眼佛，其前身竟然是一个道士，她因为孝道而受到百姓的敬爱。在佛教神中，同样受到这种世俗化改造的还有娲皇宫山上二石洞中的两位菩萨：菩萨迦叶和安禅。民间百姓缺乏佛教知识，并不知道两位菩萨的正确称谓，就按照自己的理解将两位菩萨分别称为眼光奶奶和蚕姑奶奶。眼光奶奶是医治眼疾的神圣，她医治民间眼病，施舍神药，有求必应，灵验万方；蚕姑奶奶保佑百姓家里的蚕宝宝健康成长，有一个好收成。第三种来源是俗民自造。民间信仰除了吸收改造宗教神之外，还有大量的自创神。俗民造神的能力是非常强的，他们会根据自身的实际需要，把自然事物、杰出人物、精灵古怪等等都当作神来崇拜。在涉县的民间造神运动中，最为突出的例子是对涉县知县李官的神化，这是典型的对于清官的一种崇拜和敬仰。百姓把李官作为神来看待，还有一个重要的原因，就是李官当年曾经积极组织重修娲皇宫。

在众多的神灵中，俗民偏重和喜爱的神灵一类是与山、水有关。涉县漳河两岸因有水患之忧，多供奉漳河神和山神，东北部地区多山且缺乏水资源，多供奉山神、龙王。涉县水灾、旱灾多。根据涉县水利志记载：明嘉靖四十三年（1564）直至清光绪二十年（1894），330 年中，出现较大水灾 15 次。据河南省图书馆藏书资料记载：1581 年至 1945 年，这 365 年中，曾发生较大旱灾 36 次，其中明万历九年至十三年（1581—1585），康熙二十八年至三十一年（1689—1692），民国三十一年至民国三十四年（1942—1945），均为连续 4 年干旱。① 涉县水源贫乏，"首苦乏水"。民国十六年（1927）《分省地志》对涉县的缺水有较为翔实的记载："……此村无井，借用彼村者，往往以争汲至讼。远水之村，每逢抗旱，取汲于数十里之外，冒赤日度绝壑，斛升头供爨煮，甚至有累数日不盥手面者。地高水少，西北一带尤甚，往往有掘地数十丈无水者，天时亢旱，远至二十里外驮载，居人至以水为宝……"② 有时候庙宇的兴建纯粹就是因为水的缘故。在一篇清同治十三年《重修黑龙庙序》碑记中，有这样的记述：河湾路南有庙，翼然则列于清流上者，龙洞庙也。……五龙常隐斯洞，故号曰"龙洞"。龙洞之庙不在乎山水之胜，而在乎洞，因洞立庙，以为群龙休息之所也。……至于负者歌于途，行者休于树，前者呼，后者应，伛偻提携往来而不绝者，天旱取水之人也。……"③ 第二类是与战乱匪祸有关。本章第四节提到的井店镇老爷庙村对与关帝的信仰就属于这类情况。第三类是与疾病有

---

① 牛千飞、张耀义编：《涉县水利志》，天津大学出版社 1993 年版，第 13—14 页。
② 牛千飞、张耀义编：《涉县水利志》，天津大学出版社 1993 年版，第 47 页。
③ 牛千飞、张耀义编：《涉县水利志》，天津大学出版社 1993 年版，第 106 页。

关。本章第四节提到的更乐镇吕祖信仰就源于吕祖治病灵验。第四类，对于女娲及其系列女神的信仰则与涉县地区生活条件艰苦、人口繁衍艰难有关。旧时，涉县战乱，瘟疫流行，加之旱、蝗等自然灾害经常发生，致人口大量死亡和流迁多变，人口发展是"高出生，高死亡，低增长"。北魏天赐元年（404 年），曾因户不满百者罢县，并入临水。隋、唐时，人口较前有增，然户仍不过万。"唯金元之际，以户至万余，升县为州（崇州），号为殷盛"（清嘉庆四年《涉县志》）。① 明洪武二十四年（1391 年）全县每平方公里平均只有 12 人；清嘉庆二年（1797 年）才上升到 87 人。

二、涉县民间神的代表——女娲

在涉县俗民所营造的神灵世界中，女娲是其中一位重要的女性大神。清嘉庆《涉县志》载李可珍《重修娲皇庙碑记》："娲皇祀以彰德一郡言之，如安阳、内黄、林县皆有庙，而尤以在吾涉者香火为盛……"② 涉县因凤凰山上的著名建筑娲皇宫和女娲的神话传说，自古以来就是女娲信仰的典型社区。涉县女娲文化有其独特之处，在笔者专著《女娲在民间》中将其概括为七个方面的特征，第一，在涉县对于女娲的崇拜已经形成了信仰圈。信仰圈的形成是某一大神在一定区域内影响力的标志，也是俗民信仰的组织结构方式。河北涉县以中皇山娲皇宫为核心形成了女娲信仰圈。女娲是涉县地区的主神，形成了大小不同的以"社"为单位的祭祀女娲的组织，具备了信仰圈形成的五个基本要素。第二，独奉女娲。在涉县，女娲保留了其在远古时期形成的独立女神的地位。虽然在当地流传的神话传说中也有女娲兄妹成婚繁衍后代的情节，但很多当地人都没有将兄妹婚中的兄长与伏羲联系起来，有的则干脆不知道伏羲是谁。或许由于对血缘亲的伦理禁忌，或许因为女娲独立造人神话本身所具有的绝对主导地位，这种后起的故事显然并没有融入当地的信仰。第三，源于女娲炼石补天神话，使女娲崇拜中就具有了一

① 涉县旧志整理委员会编：《明清民国涉县志校注》，中华书局 2008 年版，第 679 页。
② 涉县旧志整理委员会编：《明清民国涉县志校注》，中华书局 2008 年版，第 895 页。

种特殊的崇拜内容，即石崇拜。第四，俗民对于女娲的诉求越来越多，女娲负责的事情就越来越多，最终女娲成为"天地全神"。第五，女娲在民间已经被世俗化了，早已经不是远古大神，而是亲切的老奶奶，她在民间像人一样生活，与百姓共在。第六，自古以来形成了独特的祭祀女娲的七道社朝顶仪式。第七，在娲皇宫以女娲为中心形成了一个神仙群落。鉴于涉县地区女娲文化的独特性、典型性和在全国的影响力，本书对于涉县俗民信仰民俗的考察主要是以女娲崇拜及其相关习俗为切入点。通过考察和阐释当地俗民建构的女娲民俗生活的特点来部分呈现俗民日常生活，尤其是精神生活的风貌。

1. 以女娲庙宇为核心形成的多级圈层结构

涉县地区女娲庙宇很多，除了最重要的娲皇宫以外，在各个村庄还分布着众多大大小小的女娲庙。这些女娲庙在称谓上分为娲皇庙、娲皇行宫、娲皇殿等。比较重要的有，城关镇中原村娲皇庙、索堡镇曲峧村南沟西顶娲皇庙、索堡镇王堡村娲皇庙、辽城乡石门村娲皇庙、河南店镇河二村娲皇庙、合漳乡段曲娲皇庙、井店镇二街娲皇庙，此外，在涉县周边还有山西黎城县城南娲皇庙、山西潞城县魏家庄娲皇庙。娲皇行宫有西戌镇沙河村娲皇行宫、张家庄云头山娲皇行宫、合漳乡大港村娲皇行宫、索堡镇弹音村娲皇行宫、固新镇连泉村娲皇行宫、城关镇南关村娲皇行宫。娲皇殿有固新镇柏台寺娲皇殿、城关镇北岗村娲皇殿、井店镇台村娲皇殿、神头乡后宽嶂村娲皇殿、神头乡杨家庄村娲皇殿。众多庙宇的出现是当地女娲信仰兴盛的体现。全县以这些庙宇为祭祀空间和核心，形成了大小不同的祭祀单元，这些从大到小的祭祀单元就形成了层级圈层结构。这里以娲皇宫为原点，按照东、西、南、北、东南、东北、西南、西北八个方向，根据地域空间的大小，可以划分出大小不同的四个层级的女娲祭祀单元。第一层，也是最大的圈层是以娲皇宫为中心的县域祭祀单元；第二层，是以某一重要女娲庙宇或行宫、殿为核心形成的区域性祭祀单元；第三层，是村级女娲庙或行宫形成的村级祭祀单元；第四层是家庭祭祀单元。现将各个圈层包括空间范围概括如下——

首先，以中皇山娲皇宫为核心形成覆盖涉县全境及周边地区的女娲祭祀空间范围。这里称之为县域祭祀单元。

其次，涉县全境围绕分布在各地的女娲庙宇又相应地形成了较小的祭祀地域空间，其影响力和覆盖范围要小于娲皇宫但是却大于村级庙宇。这里称之为区域性祭祀单元。主要有：（1）以王金庄青阳山女娲庙为中心，涵盖原张家庄乡、王金庄乡及现井店镇所属的村庄，还包括与武安市接壤的部分村庄。（2）以神山娲皇庙为中心的祭祀圈，涵盖更乐镇所属村庄。（3）以青塔黑龙洞女娲庙为中心的祭祀圈，涵盖原青塔乡、现偏城镇所属的村庄，还包括与山西省晋中市和河北武安市接壤的部分村庄。（4）娲皇宫后山以唐王峧沟为中心，涵盖了隶属于索堡镇的白泉水、温庄、磨池等九个村庄。（5）以弹音娲皇行宫为中心，涵盖本村及周边部分村庄。（6）以曲峧女娲庙为中心，涵盖了隶属于索堡镇的曲峧、王堡等村，还包括与山西长治市黎城县接壤的部分村庄。（7）以河南店娲皇庙为中心，涵盖神头乡、河南店镇所属的村庄。（8）以符山女娲庙为中心，涵盖鹿头乡、偏店乡、西戌镇、木井乡、龙虎乡等所属的宋家庄、西戌村等多个村庄。（9）以辽城女娲庙为中心，涵盖辽城乡所属的辽城等二十多个村庄，甚至包括与山西晋中市左权县接壤的一些村庄。（10）以白芟娲皇庙为中心，涵盖合漳乡所属的村庄，甚至包括与河南省林州市接壤的一些村庄。（11）以柏台寺娲皇行宫为中心，涵盖固新镇、西达镇所属村庄。

第三，村一级的女娲庙宇，覆盖范围和影响力基本限于本村。例如，张家庄、台村、南艾铺村、圣寺驼村、木井村、王堡村、西戌村、东戌村、赵峪村、沙河村、上窑则村、石坡村等有小型女娲庙或行宫。

第四，最小祭祀单元是家庭祭祀。庙宇基本不存在，女娲以牌位形式接受供奉。这在涉县家庭中普遍存在，其中娲皇宫后山唐王峧沟村落中几乎家家户户供有女娲牌位。

在每个祭祀单元内，尤其是村级祭祀单元或者区域性祭祀单元，一般都会有以通灵者身份出现的女娲在本祭祀单元的代言人或者说是负责者。他们充当俗民与女娲神之间的媒介，俗民要想找女娲求拜，除了到庙宇中外，还可以找这些人。女娲如果想向百姓传达什么事情，也是通过这些人来传达。这些人往往因为给百姓"治病消灾"，在民间具有一定的声望和号召力。本书第五章俗民个体中提到的通灵者均是某一区域或村落的负责者。负责者的具体情况将在第五章作介绍。负责者获得合法身份的方式不是谁任命的，而是女娲老奶奶"采"的，意思是被老奶奶相中的。被相中后干也得干，不干也得干。被采中的人往往会先身上难受或者发疯，于是找通灵者看，通灵者就会告诉被采中的人：是老奶奶相中你了，你得替老奶奶办事。这样被采中的人顺理成章成为新的代言人，而且身上的"病"也好了。这个行当的人不是师徒相传，也没有门派。至于每个人能干多长时间取决于很多因素，一般情况下不会有人主动提出不干，因为这是要受到神的惩罚的；更多的原因是因为个人身体、年龄等因素。

每个祭祀单元除了有若干个负责者，还有各自的祭祀仪式和组织。最重要的祭祀，所有俗民都要参与的是每年三月女娲庙会期间的"上社"。只要条件允许，各个祭祀单元，主要是村级和区域性祭祀单元就会办社。共同性的流程是三月十八那天先在各自的村庄和标志性祭祀地祭祀后，又到索堡娲皇宫祭祀追祭，路远的地方可以在几天内完成整个祭祀过程。当然，各个社在祭祀队伍的构成等方面会有不同，形成了各自的特点。最典型的村庄是曲峧、白泉水、弹音、沙河等村。另外，平时的祭祀活动就是初一、十五或者重要节日；家庭祭祀是长年供奉。

2. 涉县女娲层级圈层结构形成原因

（1）中皇山娲皇宫作为历史悠久的女娲祭祀空间，发挥了重要的辐射和凝聚作用

古谓之中皇山的地方，女娲祭祀在这里兴起的具体年代并不可考。唐以降，女娲祭祀逐渐走向繁盛，规模越来越大。在涉县中皇山上的摩崖刻经处第十一品末行之北下部，有唐朝游人题记，为八行行楷体朱书，每行 13 至 19 字，内有唐大中十三年（公元 859 年）、乾符六年（公元 879 年）到此游历的记载，及"广明元年（公元 880 年）三月十八日潞州苏宗到顶礼记"等记述，说明此时不仅有了娲皇庙，而且已有三月十八日神诞日的祭祀活动。但是女娲祭祀活动不论是官方还是民间都曾经中断过一个时期。公祭至清末由于战乱而中断；民间上社从 1940 年至 2001 年停办。2002 年，涉县民

间女娲祭祀活动才重新举办；2006 年，涉县举行首届女娲公祭大典。至今每年三月的民间庙会上，都要举行民间祭祀，即"朝顶"仪式。

可以看出，在清代后期的娲皇宫出现之前，涉县已经有规模不等的女娲祭祀。之后，女娲祭祀更加隆重，庙会规模更大。以娲皇宫为祭祀空间，以庙会祭祀等诸多民俗活动为内容，吸引了周边区域的善男信女。因此，中皇山娲皇宫作为信仰核心区，其辐射和凝聚的作用是非常大的。

（2）县域祭祀单元辐射范围跨越现有县界，行政权力对其形成具有统一作用

在上述祭祀单元的划分中，可以看到，处于涉县境域边界的祭祀单元往往包括了非涉县境域但是地域上又紧密相连的其他市县区域。这其中主要是和武安、河南、山西等地形成的地域上的接近。这种地域上的接近必然带来文化上的趋同。例如以王金庄青阳山女娲庙为中心的祭祀群体就包括与武安市接壤的阳邑等村庄；以白芟娲皇庙为中心的祭祀群体包括与河南省林州市接壤的一些村庄。以曲峧女娲庙为中心的祭祀群体包括了与山西长治市黎城县接壤的部分村庄。以辽城女娲庙为中心的祭祀群体，包括了与山西晋中市左权县接壤的一些村庄。这种状况形成的一个非常重要的因素是不断收缩或拓展的行政权力在发挥作用。从有史记载的材料来看，历史上涉县的行政区划曾经多次变更。涉县在金元时期为崇州，属真定路（河北）。至元二年（1265 年）废州，除将偏城一带 13 村划入黎城县外，其余划入磁州滏阳县（今磁县）。次年，原涉县划入滏阳县地域复置涉县。后涉县又废。明洪武元年（1368 年），涉县复置，属真定府，次年改属河南彰德府磁州。清承明制，雍正四年（1726 年），磁州改属广平府，涉县仍属彰德府。中华民国废府撤州，涉县属河南省豫北道。民国十六年（1927 年）直属河南省。民国二十一年（1932 年）属河南省第三行政督察区专员公署。民国二十八年（1939 年）底，涉县抗日政府成立。民国二十九年（1940 年）初，将划归黎城县的偏城 13 个村析出，与宇庄一带村庄共计 54 个村组成偏城县。民国三十五年（1946 年），5 月，偏城县并入涉县。

1958 年 11 月 29 日，因撤销武安县，设立武安矿区，原武安县所辖的阳邑、贺进、活水、徘徊、马家庄 5 个人民公社划归涉县。1960 年 4 月，涉县的贺进、活水 2 公社又划归武安矿区。1961 年 7 月恢复武安县，以原武安县并入邯郸市武安矿区和涉县的行政区域为武安县的行政区域。

上述史料表明，涉县在行政区划上与山西、河南，以及武安发生过非常复杂的归属或隶属关系。这会在历史变迁中促成文化的统一和融合，形成文化趋同。由此才会出现涉县女娲祭祀单元超越现有县域不断向外延伸和辐射的情况。

（3）"灵"无处不在

娲皇宫作为规模较大、影响力巨大的祭祀空间在周边俗民心目中享有很高的威望，不管周边别处有多少女娲庙，人们还是相信这里才是女娲的家。但是，可以看到，俗民在承认娲皇宫的权威地位的同时，又在县域境内修建着其他大大小小的女娲庙，围绕这些女娲庙形成了区域范围较小的祭祀单元。究其原因，有两个彼此相连的重要因素。一是旧时作为深山区，交通不便，百姓到娲皇宫祭拜女娲是非常困难的事情，尤其是居住在深沟，距离娲皇宫较远的地方更是如此。而且，即便是好不容易到达娲皇宫，也是人山人海，在三月庙会期间，求拜女娲也非常不便。《涉县志》中亦有"岁以三月十八日为神诞，远近坌集……"。清嘉庆《涉县志》载："我朝顺治、康熙、雍正间历经修理，每年以三月十八为神诞日，有司致祭，自月初一讫二十启庙门，远近士女坌集"，"每年以三月十八为神诞，有司致祭"等记载。[①]在短短的时间内，大量的俗民涌入娲皇宫，尤其是娲皇阁空间狭小，难以承受大量百姓的进入和祭拜。在邯郸县发现的关于碧霞元君庙重修碑记《乐家堡圣母庙碑记》中，碑记作者汪曾垣就提到，百姓去泰山祭拜碧霞元君多有不便，路途遥远，而且同样存在人潮拥挤的局面："人如蜂蚁、进尺退丈，竟日不得前，惟望门稽首、徘徊太息而去者。"因此，根据百姓的信神观

---

① 政协河北省涉县委员会文史资料委员会主办：《涉县文史资料》第 3 辑，内刊，1994年，第 218—219 页。

念：“圣母之灵也，灵故无不在。在泰安犹在邯郸，在邯郸亦犹在泰安也。”于是，“邯邑之人惟恐跋涉山川竟日不得见圣容，望门稽首徘徊太息，故特新其旧址，且踵事增华，以求福于圣母。”由于上述原因，就导出了第二个原因，就是“灵故无不在”。中国民间百姓坚持认为，既然是神之灵无处不在，只要心诚，在哪里修庙祭拜都是一样。于是，在涉县就出现了分布在全县各处的大大小小的女娲庙。享受最高权威的娲皇宫女娲，并根据百姓“圣母之灵也，灵故无不在”的信神观念，又被分出许多比其地位低的真身来帮助其管理辖区，进行分片管理。娲皇宫女娲权威高，管理的“片”大，是必须要供奉的，但是因为接受祭祀的单元大、人多，难免照拂不到每个人。于是俗民希望等级较低庙宇中女娲因为管理的区域较小，能够发挥更细致更周到的护佑功能。因此，即便是供奉同样的神灵女娲，俗民认为享受小范围祭祀的女娲使他们更容易受到直接和具体的护佑。或者说，百姓是从世俗社会的管治方式和官员等级来理解神灵世界的：神灵好比人间的官员，人间的管理是根据所统领区域的大小由高到低的划分，即便是同一神灵也是如此。

（4）地域接近中与神灵形成的亲近的伦理关系

为了增强敬神的有效性，得到更好的庇佑，各个祭祀单元还试图在较小的祭祀单元内形成某种特殊的内涵，来拉近与女娲的距离，寻找一种伦理关系上的亲切感。不同祭祀单元会以各种方式来强调自己所供奉的女娲与别处的不同，为此民间将女娲分成了诸个真身，有三个奶奶、七个奶奶，甚至是十一个奶奶的说法。女娲只有一个，那就是居住在娲皇宫的大奶奶，其他地方供奉的都是女娲的妹妹，即是二奶奶、三奶奶等。这是广泛意义上的女娲，但又不是女娲本身，是“灵无处不在”的结果。俗民在供奉这些奶奶时，总是希望找到自己与所供奉的奶奶之间的某种特殊联系。例如弹音村村民极力强调本村是女娲行宫，是娲皇宫里的大奶奶出宫巡行时休息暂住的地方，所以，信奉的是大奶奶。言谈之间表现出一种因为与大奶奶的这种特殊关系的优越感。他们还给笔者讲述了一件事件，2002年重新恢复上社的时候，小曲峧最先在旅游局的帮助下开始筹备上社，小曲峧管事的张银锤给弹音村的汤香平讲了一件稀奇的事：他们准备做一面旗，旗上准备写“娲皇圣母"四个字，但是在很多电脑上都打不出这四个字。为什么呢？据汤香平的解释，小曲峧供奉的是三奶奶，根本不是娲皇圣母，只有娲皇宫的大奶奶才是娲皇圣母，所以就打不出来。汤说，他们弹音村办社去打旗上的字，就能打出这四个字来，因为他们供奉的就是大奶奶娲皇圣母。在弹音村人的心目中，娲皇圣母是大奶奶的专用称呼，其他奶奶是不能用的。关于当地俗民对多个女娲的建构将在下节中详细介绍。在采访中还了解到，大多数当地俗民是承认娲皇宫女娲的权威地位，但是这仍然不能降低俗民在更小范围内形成祭祀单元的热情。这类现象说明了俗民敬神观念中地域的接近与相关的重要性。

第二节　俗民生活中的女娲

对于俗民生活中的女娲民俗研究是有别于第一节中提到的所谓涉县女娲民俗的七个基本特征。涉县女娲民俗的七个特征固然是对民间女娲信仰生活的提炼和反映，但是本节也是本书所要努力尝试去做的，是用俗民的视角去观察俗民的日常生活，或者是客观地呈现而非用所谓学者的学术眼光去分析俗民的生活。对于他们在民俗生活中表现出的观念、思维方式保持一种尊重，以平等的态度去发现他们的价值。如果站在这一立场的话，俗民所建构的女娲民俗生活就会呈现出与上文论及的七个特征不一样的面貌。本节将首先展示俗民人生中与女娲发生密切关系的内容，即俗民在哪些方面需要女娲这样的女神存在，女娲的存在到底支撑了俗民的哪些生活观念。然后从两个方面介绍和分析俗民女娲民俗生活与学者眼中的不同之处：一是民间日常思维对于女娲身份的模糊以及独特的建构女娲身份和功能的方式；二是在俗民的日常生活中，女娲与诸神共在。

一、俗民人生与女娲

俗民在日常生活中建构起庞杂的民间神灵世界，这里要探讨的是，在诸多神灵中，女娲对于俗民的生活意义是什么？俗民生活的哪些方面需要女娲来支撑，由此后者成为俗民生活中不可分割的一部分。

人的一生其实都需要神灵的看护和保佑，所以围绕人的每一个关键期就会产生与此相关的民俗行为和神灵信仰。这就是所谓的人生通过礼俗。在本书第二章第二节中笔者较为详细地介绍了婚嫁和丧葬礼俗。这里，重点提及的是求子礼俗、诞生礼俗、保育礼俗。因为这些习俗都与女娲有着密切的关系，俗民在保生护命方面最需要女娲的帮助。围绕着上述礼俗，在涉县就形成了诸多相关的民俗事象，例如求子习俗有吃子山、拴娃娃、撒米等；诞生保育礼俗有戴索儿开锁。在俗民人生的结婚、丧葬等方面未见有与女娲有关的习俗存在。如果仅仅从这一角度来看，女娲在俗民的日常生活中似乎并不是非常重要的，只是在生育方面显示了其作为女性神的特殊功能。但是，如果深入到俗民的生活就会发现，女娲的影响几乎处处都在，他们已经离不开女娲了。在涉县女娲已经成为"天地全神"。之所以如此，很显然是因为俗民对于女娲的方方面面的依赖。女娲在民间的职司很多，首先如上文所述，她是"送子娘娘"，是护命保生的生殖神。当年女娲抟土造人，创造了人类，成为始祖母，民间也就顺理成章地将女娲看成了生殖神。女娲本人，虽然不再抟土造人或挥泥点成人，但也不是高枕无忧，她总是惦念着天下苍生的苦乐，关心着人间的悲欢离合。哪家人久婚不育，哪家膝下缺子少女，孤老寡弱，她都历历在目。于是，她改作送子娘娘。凡对一世行善、尽孝之人，都送子偿报，使之门旺族盛，香火不断。而孩子出生后，还可以把孩子的生辰八字祷告于女娲，求得一块长命锁戴在孩子的脖子上，让孩子在女娲的保佑下成长。河北涉县就流传着"女娲送子"的传说：传说秦家庄的秦老汉夫妇年近四十无子，求女娲赐子，给个蛤蟆蝌蚪也行。女娲赐给了他们一个看似相貌丑陋如蛤蟆，实则貌比潘安、才学出众的俊朗少年。这少年还娶了一位貌美的千金小姐，最后过着幸福的生活。[1] 其次，女娲还负责庇佑家园，成为消灾祛难的子孙保护神。无论人们遇到什么灾难，都会祭拜女

① 李亮，王福榜编著：《女娲的传说》，大众文艺出版社2000年版，第19页。

娲，祈求庇佑。例如，不少地区都流传有"雨不霁，祭女娲"的风俗。第三，女娲还是子女幸福生活的建设者。在文献记载和民间传说中，她造六畜，制笙簧，作高禖，定寿数，规划制订了人类社会秩序，为子女的幸福生活操碎了心。第四，女娲还是教子女清白做人的家长，负有管教子孙的重任。在河北涉县，许多人相信做了坏事是会得不到女娲娘娘的护佑的，道德败坏的人连去朝顶仪式上祭拜女娲的资格都没有。能否得到女娲娘娘的肯定，成为人们道德判断的一个准则。在河南西华县，一群妇女还找到女娲，寻找破坏龙王神像的凶手。① 女娲对于人们的行为，有积极的鼓励，有消极的惩戒，还有严厉的审判。在人们的深层心理积淀中，从保生护命到护佑人类、道德训诫，女娲对于俗民生活具有支撑意义。置言之，俗民是在用对女娲的崇信形成对于人、自然以及周围世界的认识并建构起生活的精神观念、行为规则，协调人与人的关系，建立起和谐的生活家园。

以女娲为代表的女神崇拜对于俗民生活的意义，实质是俗民对母性精神的赞美和依赖。正是在这个层面上，俗民离不开女娲及其女神。西戌吕祖庙的牛道长在谈到俗民崇信女娲或者奶奶类型的女神时说道："女娲造人，是不能否定她的。否定她，就不知道了自己从哪里来的。女娲文化其实就是母性文化，人们为什么信女娲，就是因为女娲是母亲的代表。从古至今，人们遇到问题的时候，首先想到的第一个可以庇护自己的就是母亲。女娲就是母亲，就是母爱的象征。所以人们对于女娲的祈求不仅是求子，还有诸多的方面。人们生活的很多方面都需要母亲的照顾。"②

二、到底有几个女娲？

去涉县之前知道当地有一个女娲，到涉县之后，你会很快了解到当地人把女娲分成了三个，而且并不把女娲叫作"女娲"，而叫作"老奶奶"。三个女娲分别称呼为大奶奶、二奶奶和三奶奶。三位奶奶是姐妹关系。这里需

① 杨利慧：《女娲溯源：女娲信仰起源地的再推测》，北京师范大学出版社1999年版，第154页。

② 此段话是根据对牛道长的采访录音整理而成。

要说明俗民对于"老奶奶"一词内涵的理解。一般意义上，俗民把民间一切女神，有名字的没名字的统称为"奶奶"，实质是女神的意思。在涉县除了这种一般意义上的理解外，还特指女娲，称为女娲奶奶。两种情况同时并存。

大奶奶、二奶奶、三奶奶这种按照大小区分不同女娲的叫法并不能够说明不同女娲奶奶的身份特征。于是民间就出现了多种解释。第一种解释是说三个奶奶分别是道教女神三姐妹云霄、琼霄和碧霄。这种说法其实是缺乏逻辑性的，是概念混淆。三个奶奶本来都是指女娲，这三个女神和女娲没有丝毫的关系。作为研究者不免心生困惑。然而这种说法在当地还十分流行，俗民自己本身并不觉得有什么问题，也解释不清楚。如果非要他们解释，民间的混沌思维就会立刻发挥作用，答案就会是：云霄、琼霄和碧霄其实就是女娲，是女娲的化身。民间思维就是这样，在他们认为无关紧要的问题上，即两者的区别和联系，往往是将她们生硬的扭结在一起。第二种说法是现代社会随着娲皇宫的重新修建之后出现的说法。娲皇宫著名的三阁楼内供奉的三位女娲被俗民称之为三位奶奶。据当年参与重修娲皇宫的陈水旺讲，娲皇宫三阁楼内在"文化大革命"前供奉的是什么神灵并无记载，新时期重修娲皇宫时谁也说不清楚该供奉什么神灵。娲皇宫脚下的村民只能说出两层阁的名称，清虚阁和补造阁。时任文保所所长的程耀峰与其他工作人员商议，根据女娲的神话故事，分别在楼内的三层体现了不同的女娲神话主题，一层清虚阁，体现的是女娲与自然灾害作斗争的神话主题；二层是造化阁，体现的是女娲孕育人类的功绩；三层是补天阁，顾名思义反映的是女娲炼石补天的神话内容。娲皇宫重修完毕后，大批俗民前来祭拜，面对三层阁内造型各异的女神塑像，心中不免要对其进行区分。前来祭拜的俗民并非人人知道重修娲皇阁的经过，更未必知道女娲的神话功绩；或者说即便是知道了，也未必愿意去遵循这种说法。他们有自己的区分方法，于是将不同层内供奉的本是一个的女娲区分为三个，即一层为大奶奶、二层为二奶奶，也称为二阁奶奶、三层为三奶奶或为三阁奶奶。三位奶奶仍是姐妹关系。西戌镇沙河村自称是女娲的娘家，在采访的过程中，村中负责女娲庙管理的人还声称他们村是二阁奶奶的娘家。但是这种说法并不流行。第三种说法就更为复杂，女娲不是分成三个奶奶，而是七个奶奶，甚至是十一个奶奶。大奶奶自然是居住在索堡娲皇宫的女娲。而居住在涉县地区其他女娲庙的女娲被认为是女娲的诸多妹妹，在地位上要低于娲皇宫的大奶奶。这种情况出现的原因在上文有所交代，这里不再赘述。按照当地的说法，这些分布在涉县各个地方的女娲奶奶按照由大到小的顺利依次排列如下：索堡娲皇宫为大奶奶，中原村女娲庙为二奶奶，曲峧村南沟西顶女娲庙为三奶奶，王堡村女娲庙为四奶奶，桃城村女娲庙为五奶奶，石门村女娲庙为六奶奶，山西黎城县城南女娲庙为七奶奶。七个奶奶的不同之处主要在性情上，民间的说法是大奶奶宽容大度，也最具威望，二奶奶、四奶奶、五奶奶、六奶奶和七奶奶性情随和，唯独三奶奶脾气暴躁，其他奶奶都要让着她。这种说法的出现往往是为了满足区分不同地域供奉同一神灵女娲的需求而产生的。七个奶奶之间仍是姐妹关系，为了区分不同，俗民按照人的特点在性情上做了区分，并未在等级上加以划分。除了这种按照大小将女娲区分为不同的奶奶外，还有按照神灵功能将老奶奶区分为若干个的情况。例如，在娲皇宫子孙殿内共有九尊神像，中间供奉广生圣母，圣母左边是眼光奶奶、忌风奶奶、保姆、送子爷爷。右边依次为糠疮奶奶、水痘奶奶、奶母、催生奶奶。圣母左右的八位神像，七位奶奶和一位爷爷都是老奶奶的化身，是俗民围绕求子活动展开的想象，希望老奶奶在哪些方面帮助自己，就将神灵所具有的该方面的功能人格化。按照这一思路，俗民还能创造出更多的老奶奶来。

俗民在老奶奶这一称谓下对女娲的区分，在研究者看来是糊涂的、不可理解的，但如果站在一个客观的立场上，我们就发现俗民在其日常生活中早已经形成了认识和区分事物的方法和标准。这一标准更愿意将女神、女娲看作是人，而非是神。即便将其看作是神，也是充满了人间烟火气的世俗化的女神，而非原始宗教中的神秘威严的大神。上述两种区分不同女娲的标准均是遵循了这一原则。

更让研究者感兴趣的是，俗民对于老奶奶是谁并不是很关心，事实上在老奶奶这个称谓下，包含了许多女神，不只是指女娲。甚至在涉县大力宣传女娲之前，距离娲皇宫只有二里地的石家庄村中的俗民都不知道顶上的女神是女娲，他们还是习惯于称呼老奶奶。其实在娲皇宫内，女神也不只是女娲一位，像子孙殿的广生圣母、歇马殿内的碧霞元君、三阁楼内的一层的九天玄女等等都包含在内，俗民都将她们称为老奶奶。恰恰在学者想努力辨识的问题上，俗民采取了漠不关心的态度。这非常容易被指责为愚昧无知，但是如果站在俗民的立场上来看，这些奶奶是谁又有什么关系呢？只要有求必应，满足他们的愿望，他们就供奉她，爱戴她，管她是谁，从哪来的呢？这些跟他们的生活无关紧要。如果仅仅用俗民的糊涂和愚昧来解释显然是太肤浅了，不仅表现为一种精英主义的霸权思想，更显示出学者浅薄的一面。要看到，俗民在其非常关心的问题上，其思维就表现出令人惊讶的精密性。我们不禁要感叹俗民在这方面的聪明才智，例如从功能上对女神的人格化问题。在某些地方，可以按照功能将老奶奶区分为十六个甚至更多个。其功能详细分解的程度让我们感受到了俗民的思维精密，也体会到了神灵对于俗民的真正意义。除此之外，俗民还会采用各种方式拉近与老奶奶的关系，例如上文沙河村的例子就是如此。另外，在青塔乡黑龙洞建有一座女娲庙，也是涉县重要的祭祀庙宇，庙里供奉的女娲被百姓称之为龙洞奶奶。取名源于两点，一是庙宇就建在黑龙洞泉水的上面，两者已经成为一体；二是庙宇所在的村子就叫作龙洞村。这种依据地名给老奶奶命名的方式是第一次见到，简单朴素的取名字的方式也体现了俗民的智慧所在。取名龙洞奶奶，意在是自家神灵，自然拉近了与老奶奶的距离。老奶奶对于当地的护佑自然会直接和具体，也达到了俗民信神的目的。

俗民不断从功能上细化女娲的数量，又从地域的区分上建构起七个，甚至是十几个女娲，表现出俗民日常思维的一种精密性。这种对女娲功能和身份不断细化的思维与理性思维的精密相比，显然缺乏必要的、严谨的逻辑，但是却满足了人们的敬神需求，实用功利主义的价值观在起主导作用。不仅如此，在功利主义价值观的指导下，俗民日常思维还会表现与上述不断细分相反的方向，即高度的综合。在南艾铺村的村庙中，就挂有"全神奶奶"的旗子。"全神奶奶"是什么意思呢？就是所有的奶奶，意指是供奉所有的奶奶。这种情况出现的原因是由于俗民造出了功能和身份不同的奶奶，且数量庞大；又因为创造这些奶奶的人，其原因往往有很大的主观随意性，所以诸多的奶奶也很难按照某种逻辑关系整合在一起。在民间的敬神活动中，凡是被创造出来的神灵都是不能得罪的。在奶奶多到分不清、记不住的情形下就出现了供奉"全神奶奶"的情况，一个牌位就把所有奶奶请到了身边。本来非常复杂的事情又被俗民轻松化解，也同样达到了敬神的目的。这到底是学者心目中认为的愚昧无知，还是他们的智慧之处？

三、女娲与诸神共生

在关于涉县女娲文化及其娲皇宫的宣传中，女娲被看作是涉县一位影响力巨大的女神，全境内涉县百姓都崇信女娲。女娲的这种权威性在我们的实地调查中也确实深有感受，不仅在娲皇宫可以明显看到女娲的权威地位，即便是在涉县的山山水水的村落之间，仍然能够感受到这一点。涉县全境分布了大大小小多少女娲庙恐怕当地人也难以说清，穷尽式的统计更是不可能。单从上文所述的十一个祭祀单元就能大致估量出女娲庙宇的庞大数量以及女娲在当地俗民心目中的地位。笔者在这里想进一步追问的是，在民间社会中，俗民为自己创立了神灵繁多、功能齐全的神灵世界，那么在涉县女娲和这些神灵的关系是什么，是否就像我们所看到的那样，女娲在涉县的任何地方都拥有像在娲皇宫一样的至尊地位？在涉县的山水之间，女娲和哪些神灵有着更加密切的关系，哪些地方还存在女娲权力的真空地带？哪些地方俗民对于其他神灵的信仰程度要超过女娲？笔者相信，这些问题的探索将有助于深化对女娲民间存在状态的认识，也由此能够更加细腻地呈现俗民的日常生活世界。

1. 女娲民间存在状态之一：一统天下

提到涉县就会想到著名的娲皇宫和女娲，这是涉县其他民间神灵难以具有的地位。女娲之所以享有如此之高的地位，是因为她在俗民心目中是一位非常灵验、能够很好地护佑百姓的女神。在漫长的历史岁月里，围绕女娲，涉县还形成了内涵丰富的女娲民俗文化。女娲"一统天下"的主导性地位在娲皇宫神灵群落中体现得最为鲜明。这里即以娲皇宫神灵群落为例来呈现女娲与其他神灵的关系。

涉县中皇山娲皇宫除了供奉女娲之外，还有很多的神灵与女娲共享百姓香火。朝元宫创建于清康熙四十一年（1702年），原名大悲准提庵，光绪十六年改名为朝元宫。朝元宫天王殿供奉弥勒佛、四大天王；大乘殿供奉维那神，之下为文殊、普贤、地藏、白衣四大菩萨；而在三官庙内供奉的是"三官"——天官、地官、水官。天官，即紫微大帝；地官，即清虚大帝；水官，即洞阴大帝。除此之外，朝元宫还有华佗庙，供奉的华佗被尊为药神。

停骖宫歇马殿内供有三位神像，居中娲皇圣母，紫霞元君、碧霞元君分列左右。紫霞元君传为黄帝的御前侍女，后成仙，驻于恒山，主掌北国滋生万物。碧霞元君，全称为"东岳泰山天仙玉女碧霞元君"，民间俗称为"泰山奶奶"、"泰山老奶奶"。元君为应九气而生，受玉帝之命，证位天仙，统摄岳府之神兵天将，并照察人间一切善恶之事，能保佑农耕、经商、旅行、婚姻，能疗病救人，尤其能使妇女生子、儿童无恙。

广生宫子孙殿里供奉的是广生圣母，据说她是《封神榜》中周文王姬昌的妻子，相传她生了九十九个孩子，加上捡来的雷震子，共一百个。姜子牙封她为广生圣母，掌管人间的生儿育女，碑文载"广生者，必多送子"。

娲皇阁石窟内供奉的九天玄女，是仅次于西王母的女神。另外还有为百姓熟知和喜爱的吕仙祠中的吕洞宾。

上述神灵因为在不同方面能够满足俗民的敬神愿望，因此在不同年代和时期，被俗民在此地建庙立像，同样享受着人间的烟火。不管神灵起源自哪里，也不管是宗教神、民间神还是自造方神，总之他们同女娲一样，都在发挥救世济民的作用。大乘殿的维那神，乃是神通广大的观音菩萨幻化的千万种形象之一，早已被民众赋予了送子和救苦救难的神职。娲皇阁女娲身后的通天神台上的九天玄女，是一位扶危救难的女神。通天神台上刻画的是她造化人间的各种姿态。不仅如此，有的神灵还具备同女娲一样的送子功能，朝元宫天王殿的弥勒佛，笑口常开，手中布袋被称为送子袋，其意义显而易见；还有广生宫的广生圣母反映的是女娲送子护子的功能，完全可以把她看作是女娲该职司的代言人。停骖宫里的紫霞元君、碧霞元君之所以受到供奉也是源于其送子护子的功能，而且还有人将其与女娲造笙簧置婚禖的传说粘连起来，以这种紧密的关联性来获得百姓对她们的认同。这个传说的基本情节是这样的：女娲抟土造人、炼石补天后，百姓生活渐渐安定，但是女娲想让百姓生活得更幸福，于是发明了笙簧，还创建了婚姻制度。紫霞元君从南天取来一个笙，碧霞元君从北天取来一簧，女娲把簧纳入笙中，做成了笙簧。女娲吹起了笙簧、乐声悠扬，顿时让天下的男女心情舒畅，幸福快乐，彼此之间产生了爱情，人类就自行繁衍种族了，从此过着幸福的生活。尽管如此，上述神灵在娲皇宫的地位均在女娲之下，在俗民的心中，地位也不及女娲。俗民来到这里，当然要跑遍所有的庙，敬拜每一个神灵，但是他们最想去见的还是高坐于娲皇阁内的女娲。在涉县采风时，笔者遇到一件事情，颇让人感受到女娲在百姓心目中的地位。当时正值山上娲皇宫维修，不能上去，只能在山下祭拜女娲。广生宫里有一位老人一直询问这里的工作人员陈水旺，老奶奶（女娲）从山上请下来了没有，牌位在不在殿里，似乎是有事。陈说，请下来了。老人最后走的时候磕了个头。这件小事足以说明，虽然在广生宫里坐着的是广生圣母，但是如果没有了女娲老奶奶，她的神性也要有所消退的。无须再举出更多的例证，女娲在涉县娲皇宫神灵中的主导地位是显而易见的。某些当地的自造神就是因为弘扬女娲的功绩而被俗民敬为神灵，李官就是一个例子。李官，山西崞县人，名毓珍，号璞亭，道光十五年任涉县知县，咸丰三年农历三月被捻军刺伤身亡。相传他为官清正，体恤民情。传说一天深夜，他微服私访，在一碾坊外听到老两口说话，只听老太婆说："都说李官好，我看好个孬。他当官自在，咱呢？穷得连头毛驴都没有，咱老两口都是快要死的人了，还在半夜推碾子。"第二天，李官把老头叫来，厉声道："你好大胆，夜里竟敢辱骂本官。"老头一听，想这李官可神了，就如实相告。李官说："好吧，看你还老实，罚盐一斤，速速取来。"话说老头前边走，李官派人后面跟，看到老人直奔盐铺，买了盐，又直奔衙门，把盐呈上。李官命差役当面过秤。差役称过，盐只有八两。李官命人把盐商叫来，指着老人问："认识他吗？"盐掌柜一看，这不是刚才称盐的老头吗？吓得立刻叩头求饶："小人知罪，小人知罪。"李官说："既然知罪，为何平日缺斤短两？欺诈百姓，罚打四十，买驴一头，送到老人家去。"从此，涉县行商风气好转，百姓无不称颂。李官不仅能惩奸商、济百姓，为官清正，而且还十分珍惜祖先留下的珍贵文化遗产。咸丰二年，娲皇宫失火，山上山下几乎片瓦不留，火后，李官亲自主持恢复，并制定了十条保护娲皇宫的章程，深得民心。他死后，群众为他立碑建祠塑像。娲皇宫建有纪念李官功德的功德碑——《钦加知州衔邑侯李大老爷印毓珍功德碑》。

还可以从神话传说中其他神灵的形象看出女娲在涉县被爱戴的情况。在涉县流传的众多神灵的传说中，关于女娲老奶奶的传说都是歌颂其护佑百姓功德的主题，女娲被描绘成慈爱善良的母亲。例如白冰玉辨贞传说、娲皇酒送子传说等等。涉县不仅流传这些传统女娲显灵的传说，而且作为革命老区，涉县还有女娲帮助百姓躲避日本鬼子扫荡的传说。抗日战争时期，在石家庄村，石花堂老人的父亲当香劳（香劳，是祭祀活动中的一种职司）那一年，日本鬼子来到石家庄村扫荡。村里人得到消息，急急忙忙收拾好家往山上跑。石花堂当时家里只有一面房子，他父亲用三簧锁把屋门锁好，就带着全家也逃到了山上。日本鬼子进村，到他们家里，看屋门锁着，就用大石头砸开了门，看见屋里放着一顶老奶奶的轿子，拔腿就走，自动撤退了。当时老百姓躲在山上，能够非常清楚地看到鬼子从村里排着队撤了出来。老百姓都说冥冥之中是老奶奶显了灵，才保佑村子躲过了一场灾难。当时还非常小的石花堂老人也认为老奶奶很有本事。俗民就是这样，女娲在他们的心目中永远是可依赖的母亲，他们会不断建构类似的传说，彰显老奶奶的神性力量。但是在关于其他神灵的传说中就会有诙谐调侃的成分，写出神灵类似人类的某些缺陷，例如"城隍爷枉法"讲的是城隍爷因为贪图钱财冤枉好人的故事。还有大家熟悉的关公是一位颇具威名的大英雄，他在《三国演义》中封金挂印千里送嫂，但在涉县流传着他"割头换相"的故事，说他娶了两个媳妇，西家的身材好，可脸长得丑，东家的脸蛋漂亮，可是狭胸削胯水桶腰，关公老爷就施展割头换相术，把俩人的头颅和身体换了一下子，西家好身材换上了东家漂亮的脸蛋，成了大美女，东家的丑上加丑，关公从此长在西家，再也没去过东家。这个故事，算是有些颠覆关公的形象。

2. 女娲民间存在状态之二：与诸神的共生

因为女娲在涉县的巨大影响力，使得外地人认为涉县全境无处无人不在信奉女娲，女娲在任何一个地方都具有至高无上的地位。这完全是外地人的主观想象。其实，只要离开娲皇宫，深入到俗民生活的村落中间就会发现情况并非如此。事实上，在涉县某些小范围的区域内，会出现其他神灵的影响力超过了女娲的情况，例如台村的碧霞元君；有的区域甚至没有供奉女娲，而是在该区域更为重要的其他民间神享受香火，例如老爷庙村的关帝信仰；还有一种情况，即其他女神信仰代替了女娲信仰而具有了相当大的影响力。

井店镇台村的村中大庙中，居中供奉的是碧霞元君，而女娲只是在侧位，两位女神共享俗民供奉。据村中老人李土太讲，他们村的人多信碧霞元君，每年村中都会为碧霞元君举行盛大的祭祀仪式。碧霞元君的祭祀活动是规模最大的，全村人都要参加。每年的农历四月十八日是碧霞元君的生日，俗民就会在此前后举行盛大的祭祀活动，唱戏庆生，俗民都来庙里进香祈福。每年的正月十五，还要抬圣母像"转街"。而根据多年在娲皇宫工作的台村人陈水旺讲，每年三月的娲皇宫庙会，他们村中的人去赶庙会祭拜女娲的人数还不到全村人口的一半。这种情况也符合村中碧霞元君和女娲同时供奉，而碧霞元君地位要高的实际情形。如果把两位女神在台村的地位和影响力与在娲皇宫的情况做一比较，就会发现两者是截然相反的。上文曾提到，娲皇宫也供奉有碧霞元君，但是地位远在女娲之下，且不说身居高山之上的三阁奶奶，即便在山下的歇马殿里，也是女娲居主位，而碧霞元君居侧位。台村距离娲皇宫也不过十几里地，就已经出现了女娲地位不及其他女神的情形。

井店镇老爷庙村因村内有关帝庙而得名。古时候该村地名叫虎北口，是西通秦晋东达燕赵的要道，因为此地"沟谷僻野"，所以"时有劫路事"。

明正德九年，山西一富商夜行于此，遭匪人拦截，危急之时，听到空中传来刀器响声，匪人闻声而逃。富商知道是关老爷显灵，于是在此修建一石庙（无梁殿），内供奉关公，以感谢神灵护佑之恩。清乾隆十五年，井店名人刘锡才夜宿于此，听异响，认为地名不吉利，于是改为老爷庙。村中敬奉关帝的原因显然和当地的地理位置有关，因为村子处于交通要道，又崎岖难行，安全成为当地人首先考虑的问题，因此勇猛忠义的关帝就成为护佑神的首选。

更乐村环村墙长九里余，设东三门、西三门、南两门、北一门，九门均建关帝庙，一为挡风聚脉，二借神威镇邪护村。为祈求菩萨保佑平安，十二个巷口都建观音堂，因此，更乐又有"九门九关巷，一十二座观音堂"之说。在村中心的大庙建灵泽王殿，祈求风调雨顺、五谷丰登；建碧霞元君殿和广生圣母殿，求子孙繁衍，人丁昌盛；神山建叭蜡庙，以去除病虫害；前街建三财阁，求财发富；北池东建魁星阁；神山建文峰塔，祈求文化繁荣。此外，还有天地庙、三岗庙、文王庙、山神庙等，各占风水宝地，各司其责，共同保护全村人民安居乐业。但村里并没有女娲庙。

在诸多神灵中，吕祖和祭香奶奶在更乐影响最大。更乐镇吕祖庙位于更乐村东南约两公里的台科山前，始建于清康熙十三年（1674），占地三十五亩，石碑二十一通。建筑八十六间，有三组建筑组成，为八仙之首吕洞宾之行宫。传说吕仙每年农历四月十一日至十五日来此仙居，行医采药，普度众生，故而至今仍有农历四月初一开庙门之说。因传说吕祖一粒丹药医好池口巷李鉴之哑疾，又名"一粒祠"。传说，本乡有一农夫名李鉴，天生孝顺，嗜习敬神。幼失怙恃，哭母至哑，依其兄嫂成人。康熙年间，李鉴在地里耕耘，遇到一黄衣道士，问此地何名，李鉴不能言，道人以一粒丹药让李吞下，立即能语。转瞬道人不见，隐似大仙吕洞宾。为表示感念之情，遂创建吕祖庙。"台科山前度李鉴，一粒仙丹哑能言"，至今一直被当地百姓传颂。每年逢农历四月十一至十五庙会期间，游人更是接踵而至，香火缭绕，鞭炮四起，愿戏、电影，通宵达旦，热闹非凡。从"一粒祠"的治病传说中看出，吕祖影响巨大的原因是由于吕祖在为百姓治病方面颇为灵验。在采访的过程中，当地人表达的第一个意思也是吕祖治病特别灵验。吕祖治病灵验的传说体现了旧社会农村百姓生活贫困，无钱治病，求神仙治病的情况。吕祖信仰在涉县也有很大的影响力，治病保健康也是俗民需要的神灵功能。神灵各有自己的功能和主要职责，在不同地区又各有各的影响力。当然这并不是说更乐人就不需要女娲保生送子的功能，而是由其他奶奶替代了。更乐村无女娲庙，而建有碧霞元君庙，而且除了碧霞元君外，村里还供奉了其他女神，例如上文提到的广生圣母，这些女神实际上起到了女娲同样的功能。上文曾经提及俗民对于女神的身份并不像学者那样的区分，对于女神是称呼为碧霞还是女娲，这都不是他们关心的，在他们看来都是老奶奶，都能够完成相应的职司和功能，这里不妨称之为奶奶信仰。在更乐村，其他女神代替了女娲，行使相应的功能。

三年一次的祭香大会在更乐村是全村最重要的祭祀活动，为奉祭香奶奶而举办。明清和民国时期盛行，三年两头祭，祭香时要抬架行神，以十二个巷排十二行庆贺。其排列顺序为"棍旗枪、棍旗枪、帷的黄伞接五方，后跟苗的社，銮驾贺标枪"。此时各巷所有的十样景、拳术等全体出动摆社，最后神驾、黄伞蔽日，乡首、善者排行捧香跟随，僧乐伴奏，依序排社游行，直到池坪集中表演。还有人将祭香大会改编成歌谣，歌谣内容包括老香社、各祭香社、活动程序、祭香开始上巷头道棍社、大小东巷头道骑枪社、南池东巷二道棍社、池西巷二道旗社、上池南巷二道枪社、下池南巷围子社、红街巷黄伞社、又上巷五方旗社、前街巷标枪社、北池东巷苗子社、后街巷武职士社、洪福寺和尚、请神、游行第一天、第二天、第三天、第四天、祈求、众评共二十三节，详细介绍了祭香的兴起、举办、十二道社、祭祀程序等内容。这里笔者感兴趣的是祭香奶奶的身份。歌谣中提到了百姓的说法："祭香奶奶她是谁，碧霞元君坐殿中。有的说法不相同，有把天妃圣母称。"据村中老人张陆苗讲，祭香奶奶应该是妈祖。谈到这里为何兴起妈祖信仰，张清泰认为是因为这里天旱少雨，妈祖是海神，能够带来丰沛的雨水。了解了祭香奶奶的身份和功能，就自然不难理解祭香大会如此隆重的原因。

上述村落存在的情形，或是女娲与其他女神共处但地位降低，或是被其他男神取代，或是功能被其他女神代替。这种情况的存在很容易让人们质疑女娲在涉县神灵世界的权威性。客观上讲，对于女娲在涉县的存在状态，既要肯定她在涉县神灵世界体系中的权威地位，但同时也要注意到在某些个别区域的特殊情况。其实，不论在村落神灵中有无供奉女娲，俗民对于女娲所代表的职司和功能是有着强烈需求的。因此尽管村中因为特殊环境，对某一神灵的需求要大于女娲，例如老爷庙村，但是这并不等于取消了女娲的职司，即便没有女娲的存在，也会有其他的奶奶来行使女娲的职司；另一方面，笔者也曾经提到，俗民需要的是老奶奶信仰，只要有相应的女神来满足他们的愿望，绝大部分的俗民就不太关心到底是女娲还是别的女神。

可以得出这样的结论：女娲的权威性和影响力并不代表她是俗民的唯一神。她也只是涉县民间神灵世界的一员，她与其他神灵共生共处，成为俗民生活中必不可少的精神依赖。如果从俗民的立场上来看：俗民在日常生活中需要对于女性力量的崇拜，即女神崇拜，也可称之为老奶奶崇拜。这种崇拜并不十分在意老奶奶的具体身份和称呼，只要能够满足俗民的需求即可。至于对老奶奶中的具体某一位的信仰当然要取决于其灵验程度，但是这不是唯一的原因。地区村落的信仰传统、具体神灵的代言人即通灵者的组织和办事能力都会对此造成实际影响。在具体的案例中看到，村落主要信什么神，取决于俗民的信仰需要和神灵的灵验。如果当地产生了神灵显灵的事件并保佑了俗民，该神灵在当地的权威性就得以确立，例如老爷庙村的关帝信仰。其他神灵也只能作为次一级的神灵存在。如果这个情况延续保持了下来，就会形成传统，并且还有节日、祭祀、庙宇等可见可参与的文化元素来不断强化这一信仰。村民有时未必知道当地为什么信某一位神，但是会告诉你，老辈儿传下来就是如此，可灵了。还有一个原因，就是某一具体神灵的代言人，即通灵者如果能够为俗民办更多的事，他的语言和行为就具有更大的号召力，这类人以神的名义发布的言论就会广泛被传播和接受，随之也会不断扩大该神的影响力。俗民对该神的依赖实际是对通灵者的依赖。

四、俗民日常信仰思维特征

从哲学的高度看，思维是人类从整体上把握世界的特有方式，是一个时代、一个民族、一个群体内在文化精神的体现。人类把握世界的任何一种基本方式——艺术的、宗教的、科学的、伦理的、哲学的，实际上都是以各自不同的思维方式为底蕴的。根据人类把握世界的不同方式，可以把思维分为科学思维、艺术思维、哲学思维、宗教思维及日常思维等。

东欧新马克思主义的代表人物赫勒将生活世界分为日常生活与非日常生活，并由此区分了日常思维和非日常思维。这里要指出的是，本书所指的日常生活世界是民俗学意义上，与赫勒所提出的日常生活有相通之处，笔者也是在这一意义上找到了两者的联系。两者的共同之处在于，"都将日常生活世界理解为一个凭借给定的模式和重复性实践与重复性思维而自在地运行的领域；一个凭借传统、习惯、经验以及血缘和天然情感等因素加以维系，以过去为定向的领域；一个人们以非批判的、理所当然的和自在自发的姿态所占有的熟悉的，但却是自在的和未分化的领域。"① 本书是针对于俗民日常生活世界的研究，对于日常生活世界的研究必然涉及到俗民在日常生活世界中的思维，即日常思维。"日常思维是日常生活的思维层面，它是以人的自在性存在方式为基础，是指停留于既定思维规定的给定性思维。包括日常经验、传统习惯和常识三个层面。"②

俗民在日常生活中并不是总是遵循科学思维或者理性思维，而是在其长期的日常生活中对于多种思维方式的综合，其中包括原始思维的遗留、理性思维的融入等，我们称之为日常思维。日常思维与非日常思维的区别在于其重复性、给定性、自在自发性。这里我们并不对日常思维进行系统探讨，而是针对本书研究中凸显出的俗民日常思维某些特点进行分析探讨。日常思维也具有诸多类型，有习俗性思维类型、情感性思维类型、信仰思维类型。本书主要是对俗民日常信仰生活部分的研究，在信仰生活中的思维体现出不同

---

① 贺苗：《日常思维生成论》，人民出版社2013年版，第52页。
② 贺苗：《日常思维生成论》，人民出版社2013年版，第53页。

于处于文明社会主流的科学思维的特点，而这些特点往往被看作是愚昧糊涂的，进而被看作落后的东西加以抛弃。在这种情形下，特别有必要对俗民信仰生活的日常思维即日常信仰思维的特点进行呈现和分析，还原其本来的思维路径，理解其缘起和作用。日常信仰思维是俗民在处理日常生活中与信仰有关的部分时，所体现出的思维方式。它既具有一般日常思维所具有的共同特点，又具有其特殊性。俗民日常信仰思维与一般日常思维的共同之处在于都是凭借经验和传统来给定的，在执行的过程中是不需要进行反思和质疑的，作为俗民之一（当然也包括很多自认为不是老百姓的科学家高级知识分子）的我们在日常信仰生活中只需要遵循传统和经验就可以处理好自身与周围世界的关系。例如，每年春节都要放鞭炮，作为俗民每年重复性的进行这一活动，但是并不需要一定去追问这么做的理由。但是日常信仰思维又具有其特殊性。其特殊性主要表现在信仰思维主要处理的是俗民所处的现实世界与彼岸世界的关系，是看得见的世界与看不见的世界之间的关系。在处理这一关系时以及对这一关系的认识上，就会表现出超逻辑的思维方式。

俗民日常信仰有两个非常著名的原则，一是"心诚则灵，有求必应"；二是"宁可信其有，不可信其无"。这里，笔者将对这两个原则进行现象和逻辑分析，以求能够描述出俗民日常信仰思维的心理或逻辑路径。同时比较其与原始思维的联系与区别，以及在人类思维不断向更高级转化的进程中，理性思维的发达对于日常信仰及其思维的影响。在对原始思维的继承和理性思维的融入的状态中，日常信仰思维呈现出自身特有的面貌来。最后探讨功利化信仰诉求是日常信仰思维的最初动因和最终的目的。

1. 原则之一：心诚则灵，有求必应。

到涉县采风，听到最多的就是关于通过拜女娲愿望得以实现的故事。诸多的灵异故事体现了当地百姓对于女娲虔诚的信仰。"心诚则灵，有求必应"是俗民遵循的敬神原则，也是诸多灵异事件能够出现的原因，或者说，"心诚"是事件之所以灵异的思维观念的预设。其实按照概率来计算，大多数情况下百姓的敬神愿望实现的是很少的，但是这并不能改变百姓心诚则灵的思维观念。在涉县采风时，笔者曾问当地人这样的问题：如果人们向女娲许愿，但是愿望没有实现，人们会认为女娲不灵吗？被采访者陈水旺老先生说，有人如果向女娲求愿没有得到实现，人们认为是求愿者自身的问题，或归因于命运，或归因于求愿者的道德瑕疵，抑或是求愿者触犯了禁忌。百姓都不会认为是女娲不灵验。敬神的关键在于"心诚"，"心诚"其实就是无条件的"信"，相信神的存在并把自己全部交给神，然后就会有求必应。"心诚"与"灵"这两个要素之间，存在一定的因果关系，此关系以逻辑思维来论证，是神"灵"，我才"信"，即"心诚"；神"不灵"，我为什么要"信"？要"心诚"；即"不信"。但是日常信仰思维却将两者的逻辑关系倒置，即只有"心诚"才能"灵"，"心不诚"则"不灵"。何谓"心诚"？就是相信神秘力量对现实世界的影响和控制，相信彼岸世界的存在。把所有事件的发生，尤其是特别的事件归结于神灵的作用。那些所谓不灵的事件被视而不见，抛出在计算范围之外。不灵的事件虽然很多，但都是因为当事人的原因，所以不算"不灵"，相反，恰恰证明了神的存在。抛除这些不灵的事件，那些灵验的事件自然是"心诚"的结果。因此，神就会百分之百的灵验，因为不灵事件和神无关，是信仰者自身的问题。一个俗民个体如何学习和建立这一思维方式和精神观念呢？一方面可以从传统中接受这一观念和思维方式，例如古老的关于女娲显灵赐福的传说能够印证这一思维方式和观念的正确性和合理性。如果传统过于久远，未可尽知和确信，还可以从周围的世界中获取体现这种思维和观念的现象，例如近现代的显灵事件，尤其是发生在俗民身边的灵异事件会有效的强化这种思维观念。"心诚则灵"的思维观念一旦形成，就会根深蒂固，俗民即会以这样的思维方式确立自身与神灵的关系，得到的结果自然是有求必应。

事实上，按照逻辑关系推理，"灵"是"心诚"的充分条件，但是在这里，"心诚"成为"灵"的充分条件。这种逻辑关系的倒置真正体现了信仰思维的独特性，即在信仰的世界里，有一个必须崇信的绝对存在，即那个看不见的神秘世界。在这一点上，日常信仰思维与原始思维有着紧密的思维共通性，都是对人类生存世界的整体观照，是人类的集体的生存历史和记忆。更确切地说，日常信仰思维源于原始思维，保有了原始思维的很多思维特质。首先是对集体表象的记忆及其在处理此岸/彼岸世界关系中发挥的重要作用。按照列维·布留尔对于集体表象的定义："这些表象在该集体中世代相传；它们在集体中的每个成员身上留下深刻的烙印，同时根据不同的情况，引起该集体中的每个成员对有关客体产生尊敬、恐惧、崇拜等等感情。它们的存在不取决每个人；其所以如此，并非因为集体表象要求以不同于构成社会集体的各个体的集体主体为前提，而是因为它们所表现的特征不可能以研究个体本身的途径来得到理解。"① 日常信仰思维在其思维活动中，与基于集体表象的原始思维一样，也是对人类历史中积累起的集体精神、集体意识、集体表象的继承、实践。集体表象在俗民的信仰观念中占据非常重要的作用，俗民在春节活动中，贴春联、放鞭炮，更乐意去这么做、更容易模仿的原因是集体表象的共同记忆在发挥重要作用。俗民在日常活动中，始终相信神秘力量的存在，并对这一力量抱有情感态度，正如布留尔所指出的："原始人的集体表象与我们的表象或者概念有极深刻的差别的，……假如用一个词来标记那些在不发达民族的智力活动中占有如此重要地位的集体表象的这个一般特性，我就要说这种智力活动是神秘的。……'神秘的'这个术语含有对力量、影响和行动这些为感觉所不能分辨和觉察的但仍然是实在的东西的信仰。"② 而且这种表象不是纯粹"智力方面的或者认识方面的现象"，"恐惧、希望、宗教的恐怖、与共同的本质汇为一体的热烈盼望和迫切要求，对保护神的狂热呼吁，——这一切构成了这些表象的灵魂"。③ 这种集体表象同样在俗民日常信仰活动中发挥作用。笔者调查对象王福榜曾经这样描述俗民祈求女娲赐子和看病的行为：百姓想要孩子去求女娲老奶奶，等到有孩子了，就会说是老奶奶给的孩子，而不说是自己生的。其实不求也能生孩子，生孩子的原因在于男女交合，而非神灵。但是百姓不这么认为。百姓有病了，也去吃药，也去求女娲老奶奶，病好了，不说是吃药的原因，而说是女娲老奶奶给看好的。俗民在这里表现出与原始人一样的对于神秘力

---

① ［法］列维·布留尔著：《原始思维》，商务印书馆 2007 年版，第 5 页。
② ［法］列维·布留尔著：《原始思维》，商务印书馆 2007 年版，第 27—28 页。
③ ［法］列维·布留尔著：《原始思维》，商务印书馆 2007 年版，第 27 页。

量的崇信，并把怀孕生子、生病等事件的原因对接于神灵。布留尔在其《原始思维》著作中曾就原始人的怀孕和生病事件的看法做过分析，其结果正如上文所述，将其都归结于神秘力量，而对事件的真正原因，即我们称之为的自然原因即便了解也漠不关心。原始思维对因果关系的理解是一种直接的因果关系，即在神秘力量和所发生事件之间直接建立联系，而忽视我们所认为的原因，在原始人看来只不过是神秘力量实现其目的的手段罢了，或者只能称之为发生事件的前件。作为"真正原因"存在的神秘力量是超空间的和超时间的，即"不为一般的知觉方法所看见和感知，这一事实不允许在时间上和空间上来确定这些力量，而且常常也不允许把它们加以人格化"。[①] 在看到日常信仰思维与原始思维的联系时，也要看到两者在因果逻辑关系上的不同之处，现代俗民日常信仰思维除了具有原始思维的特点之外，还具有现代逻辑思维的加入。上文所论述的"心诚"与"灵"之间的逻辑关系，虽然被倒置，但是仍然按照逻辑关系运行和推理。也就是说，现代俗民对于神秘力量的崇信是有逻辑关系上的思考的，即"心诚"，是无条件地把自我交给神，才能获得神的护佑。而原始人对于神秘力量的崇拜是原生性的，是先天被给予的，是原始人一出生就存在其中的，原始人更缺乏跳出信仰反观信仰的反思能力和逻辑思考。从这一点而言，现代俗民的信仰思维是不同于原始思维的，显示出文明进化进程中，不断发展的逻辑思维对于俗民信仰观念和思维的影响和融入。信仰思维其实是不排斥理性思维的，而且有时会表现出严谨的逻辑思考。在下文对另一个原则的分析中，这一点会更加鲜明。

2. 原则之二：宁可信其有，不可信其无

有两类事件能够分别从相反的方向强化俗民对于神灵灵验的认知和体验。一类是赐福灵验事件。女娲老奶奶显灵，满足了俗民的诸多愿望。这类事件起到正向鼓励和引导俗民接受"心诚则灵"的观念。另一类型的事件惩戒性的灵验事件。因为俗民某些过错，女娲老奶奶显灵，降罪于人间。此

---

① ［法］列维·布留尔著：《原始思维》，商务印书馆 2007 年版，第 405 页。

类型事件是从负向上告诫俗民"心不诚"的后果。如果说，前一类事件不能让俗民感受到神的灵，某些人会认为好事的降临与神无关，而是其他因素发挥作用。那么，后一类事件则会让"心不诚"的俗民以恐惧的情感感受到神的灵。自古至今，涉县当地都流传着许多因为不敬女娲而受到惩戒的灵异事件。这些惩戒性的传说大量存在，例如某匠人因为嫌给钱少而不愿上山为女娲庙会垒锅灶，而去干别的赚钱的活，结果第二天在给人家垒墙的时候从墙上掉下来摔死了。知情人认为这是因为他不去给老奶奶砌锅灶而造成的。一次惩戒性事件足以让一个俗民个体记住一生，并深刻影响其行为。例如在当地有这样一个真实故事：娲皇社重新为女娲举办上社时，遇到了资金筹措难的问题。当地旅游部门本来答应给村里资金支持，但中途变卦又说不给了。这惹恼了当时负责上社的石水元。石水元生气地说，没钱不办了！当时就坐车返回村里，不料在回来的路上，车竟然给翻了，但是人还安然无恙。尽管如此，所有的人，包括石水元都认为这是女娲显灵了。女娲看他不想办法给办社，生气了，所以要小小地惩罚他一下，这才有惊无险。至此，石水元再也不说不办社了，反而表示不管遇到多大的困难，都要把社办下去。不能否认这些惩戒性灵异事件是真实发生的。问题的关键在于，俗民和原始人所具有的一个共性之处，即将匠人之死、出车祸与神灵直接联系起来，而忽视匠人之死和出车祸的自然原因，或者即便是知道也并不认为是根本原因。

俗民敬神的思维方式将偶然的事件看作是必然的，并且将本不属于同一因果链上的"因"——得罪神灵与"果"——出现事件放在一个因果链上，硬性形成因果关系，这才是俗民理解的"灵"。因为事件的"真实"发生，加上特殊的因果关系成为"灵"，就不得不使得俗民"信"。另外，还有一个原因，信仰生活中的日常思维认为一个事件是必然还是偶然并不是科学思维意义上的。科学思维认为事件的必然性要来自于发生的概率，概率越高就越可能体现事物发展的规律性。也就是说那些零星出现的事件是不能抽象出什么定律的。其实俗民其他方面的日常思维也有这个特点，比如好多经验型的知识都是这样产生的，例如早雾晴、晚雾阴、节气歌等等。但是在信仰生活中的思维却不是这样的，偶发的一次性事件，尤其是惩戒性的事件，足以让俗民相信神的存在，而不会像其他方面或者科学思维那样需要大量的类似事件重复出现来总结某种规律。这就是说，神存在是不要经验和科学的重复发生和反复论证和抽象的。

于是在大量惩戒性事件"真实"发生的生存环境中，对于很多信仰还不是非常虔诚的大多数俗民（这种俗民在文明社会其实是大量存在，既接受了无神论，又对神灵的半信半疑），就会对神灵的存在和信仰进行逻辑判断和价值判断。判断的结果就是"宁可信其有，不可信其无"。这是一个选择判断式，选择的是"信其有"。从句子的意思来理解，这种选择不同于心诚则灵，是一种被迫的接受，而不是主动的融入。为什么大多数俗民不是虔诚信徒，却仍然选择信其有？看似简单的一句话中，则包含了非常严谨的逻辑判断和价值判断。"我"选择"信其无"，如果神灵存在，"我"就会因为不敬神产生过错进而遭受惩戒；"我"选择"信其有"，如果神灵存在，"我"就不会遭受惩罚，还可能获得一定的好处。因此，"我"自然会"宁可信其有，不可信其无"。这句简单的话中其实显示了俗民所具有的理性思维能力和价值判断能力。这也是日常信仰思维不同于原始思维的特性。这不禁让笔者想到非常著名的帕斯卡尔的"打赌说"，即关于上帝是否存在的"赌注"问题。关于上帝，无非是两种可能：可能有上帝，也可能没有上帝。那我们就打赌吧，假设没有上帝，另外一种是有上帝。我可以信上帝，我也可以不信上帝。假如没有上帝，我不信上帝，我说它不存在，这个事情固然对我来说没有什么损失，但是，即使我说它存在，我也依然没有一点损失。本来就没有嘛，谁让我损失？然而，假如有上帝存在，倘若我信其有，我就会受到奖励；但是，倘若我不信其存在，我就有可能蒙受损失。所以，关于信仰不是实证的问题，而是选择的问题。这种选择就包含了极为精密的逻辑分析判断，最终还会有价值和利益的抉择。当然日常的信仰活动与宗教比较而言，功利性极强，因此，其价值和利益占有更加重要的地位。"宁可信其有，不可信其无"不仅表现出严谨的理性思维，更表达了俗民对于躲避灾难、获取利益的渴望。

概括地说，俗民日常信仰思维既具有原始思维的某些特质，又具有文明社会高级思维表现出的严谨的逻辑推理判断。前者主要表现在对以"集体表象"为核心的神秘力量的崇拜，神秘力量和奇异事件的直接因果关系的建立，对自然原因的漠视等等；后者主要是严谨逻辑思维的加入，信仰成为一件可以进行逻辑推理的事情。这种推理有时候表现出极强的严谨性，使得他者无可辩驳；而有时却又表现出某种特殊性，即因果推理的倒置等等。信仰思维源于原始思维，但并不排斥理性思维，在多方的交融中，日常信仰思维获得了自身的特质。这一特质从上文两个原则即可以呈现。俗民按照这样的思维方式建构起自己的日常信仰世界。

当把俗民日常信仰思维耐心地解读，比较清晰地呈现其思维路径之后，我们发现草率、不加研究的指责是多么肤浅、好笑。俗民在处理自身与周围世界关系时，包括看不见的世界，所表现出的思维方式是清晰和严谨的。第一条原则是将自我完全交给神灵，从而获得庇佑，适用于虔诚信徒；第二条原则是信其有和信其无之间进行选择，充满了严谨逻辑推理。此条适用于大多数非虔诚俗民。这两个原则包含并充分反映出的俗民信仰思维方式和特点。

最后一个问题是俗民此种思维的最终指向是什么？俗民选择哪种思维方式一方面来自于对传统思维方式的继承，比如对于原始思维的方式的存留和使用；但是另一方面源于自身现存环境的生存需求。信仰生活属于俗民的重要的精神生活，作为精神层面的信仰仍然要以追求幸福、平安、健康、富足的生活为目标。因此，俗民的信仰生活是具有极强的功利性的，这一点是学界公认的。因此，不管是对原始思维方式的无意识运用，还是理性思维的主动加入，都是要试图和看不见的世界建立良好的关系，从而获得更好的护佑，达成上述生活目标。这就是此种思维方式的最终指向。其实功利化的诉求不仅是最终目标，还是日常信仰思维产生的最初动力。最初的生活愿望促使俗民去寻找连接现实世界和神秘世界的桥梁，这种桥梁是神秘的，也是理性的。在完成思维的建构的同时，俗民也建构起自身的精神生活世界，获得了对周围世界的把握。日常信仰思维是具备现实价值的重要的思维方式，是值得文明社会主流尊重和平等对待的思维类型。

第四章　典型俗民群体研究

　　立足俗民的日常生活世界研究，要始终以关注、描述和阐释俗民主体的精神观念、习俗行为、角色、功能等方面为核心。第二、三章主要从整体的角度，以女娲习俗为例，描述了俗民在特定区域中，对于自我精神生活的建构，尤其是重点考察了俗民建构精神生活的独特现象和方式，并深入到思维层面阐释现象和方式背后的俗民思维特质，理解和把握俗民思维路径及其原因。本章与第五章试图从两个方面，即俗民群体和俗民个体来对俗民的精神观念、习俗行为作进一步的呈现和阐释。本章俗民群体的研究视角，主要源于在习俗观念和行为的形成过程中，群体行为是前者是否形成的一个重要的标志性的参照物。也就是说一种行为是否成为习俗，关键在于其是否被某一群体共同实践并重复发生。因此，对于习俗的研究首先是对群体行为的研究。当然，立足俗民群体的习俗研究还有一个重要的不同，它不是研究某一群体在实践着什么习俗行为，而是研究群体在建构着什么习俗行为；在建构的过程中，不同的俗民群体承担了什么样的角色和发挥了什么功能。另外还要对某些俗民群体的整体存在形态进行分析。概而言之，本章意在研究俗民群体作为一种建构习俗的重要力量，在习俗的形成、传承和发展中发挥了怎样的作用，其自身又形成了什么样的存在形态。

第一节 俗民群体研究的意义及其分类

一、什么是俗民群体

1. 群体和社会群体

"群体"，在《现代汉语词典》中的解释是："（1）由许多在生理上发生联系的同种生物个体组成的整体，如动物中的海绵、珊瑚和植物中的某些藻类。（2）泛指本质上有共同点的个体组成的整体。"由此可以看出，"群体"一词的含义既有生物学意义上的，也有社会学意义上。人类群体的形成当然有生理上的原因，但是更为根本的原因还在于社会学意义。词典解释"群体"一词含义的关键点在于群体内个体都具有某种共同点，只有基于某种共同点，群体才能形成。

古代思想家荀子曾说"人之生不能无群"，人只有"群"才能显示出人的智慧和力量，"力不若牛，走不若马，而牛马为用，何也？曰：人能群，彼不能群也。"① 不仅如此，群也是人类必须选择的生活方式，只有这种生活方式才能促进人类发挥集体的力量推动社会走向文明。因此，人们总是生活在一定的社会群体之中。社会群体是社会学上常用的概念，其内涵有广义和狭义之分。广义的社会群体，泛指一切按一定的社会关系结合起来进行持续活动，并有着共同利益的集合体。例如，以血缘关系结合起来的群体；以地缘关系形成的群体；以业缘关系形成的群体等。狭义的社会群体，指由持续的、直接的交往联系结合起来的具有共同利益的人群。社会群体具有三个方面的特征：一是以一定的社会关系为纽带。不同性质的社会关系构成不同性质的社会群体，例如血缘群体、地缘群体与业缘群体等。如果没有一定的社会关系作为纽带，孤立的个体再多也无法形成群体，而只是群集，例如走在街上的人们就只是群集，而非群体。二是具有共同的目标和持续的相互交

---

① ［唐］杨倞注：《荀子》，上海古籍出版社2010年版，第94页。

往活动。在共同目标的凝聚下，所属群体成员围绕目标展开长时期的集体行为。三是具有共同的群体意识和规范。个体能够自觉意识到自我所属的群体及其群体规范，并以此将自我和其他群体的个体区分开来。社会学家戴维·波普诺从三个方面来概括社会群体的特点，一是群体的结构程度；二是群体的亲密程度；三是群体在社会中的差异程度。① 波普诺的第一点，强调群体的结构特征，即要有共同目标，围绕这一目标群体成员要有明确的分工与合作关系，扮演特定的角色，按照一定的程序展开活动。第二点，群体的亲密程度是指群体内成员有强烈的群体认同感，能够在群体内获得感情支持、安全感等，通常的首属群体就具有这样的特点。第三点，群体的差异程度体现了社会学对于社会等级的划分即社会分层问题。本书研究所涉及的俗民群体概念与上述社会学意义社会群体概念在外延上有重合的部分，某些社会群体也是俗民群体，但是其内涵有着很大的不同。在下文将在两者的比较中凸显俗民群体的特定内涵。

2. 俗民群体

俗民群体是民俗学学科使用的概念，这一概念的首次使用者是美国民俗学家阿兰·邓迪斯。他用群体来解释俗民，并对其特点进行了说明；"在理论上，一个群体必须至少由两人以上组成，但一般来说，大多数群体是由许多人组成的。群体中的某一个成员，不一定认识所有其他成员，但是他会懂得属于这一群体的共同核心传统，这些传统使该群体有集体一致的感觉。"② 从这段话可以看出，他认为俗民群体形成的关键点在于有一些群体认为属于自己的传统。这个传统因素一是一个群体的认同感因素，二是一个群体共同分享的因素。

与社会群体这一概念相比照，俗民群体在外延和内涵上有着不太相同的方面。乌丙安先生在《民俗学原理》一书中认为，"民俗学的群体结构，常常正是社会学所不认可的那些大量的自发的，哪怕是短暂的、结构松散的、

① 转引自乌丙安：《民俗学原理》，长春出版社2014年版，第38页。
② 阿兰·邓迪斯：《世界民俗学》，陈建宪、彭海斌译，上海文艺出版社1991年版。

无组织的，甚至是互不相认的所谓人群的聚合。"① 因为，组织结构上的松散，并不影响习俗惯制的严密惯例。从外延上看，民俗学视野中的群体的外延更广泛。民俗学之所以非常看重上述无组织的、暂时的群体，是因为其负载着丰富的民俗内容。根据这一点就可以给出俗民群体的一个定义，所谓俗民群体，泛指通过一定的民俗关系结合起来进行共同活动的群体。这类群体的主要特征就是拥有共同的民俗文化，这种共同的民俗文化成为纽带将俗民联系在一起。民俗学对于俗民群体的认定主要依据也是这一点，关键是群体负载民俗文化的质量和程度。因此，从内涵上讲，社会群体非常关注的群体的结构程度、紧密程度和差异程度反倒不是俗民群体特别在意的方面。当然这些内涵也会构成俗民群体这一概念内涵和研究的部分内容，并不是要将其摒弃掉。事实上，俗民群体在具体分类上很多时候还需依赖这些内涵，以至于出现了俗民群体在外延上与某些社会群体是相重合的。这在下面的问题中将会详细阐释。

二、俗民群体研究的意义

1. 俗民群体对于民俗文化的意义

俗民群体对于民俗传统的继承、保持、延续和创新都发挥着重要作用。首先，俗民个体总是在某一俗民群体内完成其对传统民俗的认知、学习和实践过程。个体的习俗化行为是在群体内习得的，民俗养成教育也只能通过这种方式得以实现。其次，俗民群体本身的民俗养成也是民俗得以产生和延续的载体。这是作为整体和众数的俗民的行为意义。民俗事象的形成不是某一个或少数人的行为，也不是突发的、偶然的和一次性的行为，而是某个群体内的所有或绝大多数的人的集体行为，是必然的、反复出现的行为。这种重复的集体行为就会形成"惯例"，惯例被群体认可并长期坚持下来就成为俗民群体的集体行为模式，即"习俗惯制"。习俗惯制一旦形成反过来就会对俗民群体形成指引和制约。群体内新生个体也要学习、模仿、实践习俗惯

---

① 乌丙安：《民俗学原理》，长春出版社 2014 年版，第 37 页。

制。例如在涉县娲皇宫有一种向女娲问事的占卜形式：垒石子。向女娲问事的祈求者会用山上的石子一层一层地叠加垒高。如果能够垒成自己心中所想的层数，自己所求之事就能够实现；如果不能够垒成，则心中所想之事就不能实现。在通往娲皇宫的十八盘道的两边到处都可以看到用各式各样石子垒起来的小石堆。这一行为首起于哪个人或者哪群人已经不可考，重要的是来娲皇宫问事的俗民都愿意以这种形式来与女娲交流沟通，以此来判断女娲对自己所求之事的态度，逐渐成为非常普遍的占卜习俗。

2. 俗民群体研究的意义

西方社会学家吉登斯提出"双重解释学"，指出应该从宏观与微观两个层面把握俗民的行为实践。① 对于俗民群体的研究就是要从宏观层面来把握俗民的行为实践对于民俗文化形成的作用。俗民群体既然承载着传承、保有和创新民俗的重任，那么对于群体的研究就有助于我们理解俗民在日常生活中，是如何创造自己的民俗生活；是按照什么样的秩序和规则展开日常的民俗活动；群体内部以及群体与群体之间形成了怎样的关系和结构。对于上述问题的研究可以有两种视角，一是只考虑在单个神灵信仰活动中的群体关系与结构；二是全面考察某一区域内所有神灵信仰活动的群体关系和结构。两种考察视角下的俗民群体特点将存在着一定的差别。正如笔者在本书中反复申明的主张，当我们跳出抽象的民俗事象，开始关注俗民主体的时候，上述问题恰恰是需要迫切回答的问题。遗憾的是，虽然相关理论已经提出了多年，但是对该理论的进一步探讨和丰富却是少之又少。在个案研究上，多数研究者也还停留于对于某个文化圈的整体民俗风貌的介绍，有些学者虽然将研究重点转向俗民，但是仍然是对某一文化圈俗民群体的整体分析，均缺乏对某一文化圈俗民群体特征的更为具体的研究。例如涉县以女娲为核心的俗民群体研究就面临这种情况。现在我们需要的是对涉县这一女娲文化圈内的俗民群体进行结构、特征等方面的更为细致的呈现和分析，由此真正发现俗

---

① ［英］安东尼·吉登斯：《社会的构成》生活·读书·新知三联书店 1998 年版，第72 页。

民主体对于民俗文化建构的重要价值。

三、俗民群体的分类

民俗学意义上的俗民群体分类必须要遵循的原则是看其所承载的民俗传统，但是国内还未有专门的关于俗民群体分类标准的研究。社会学关于社会群体的分类标准有一定的借鉴意义，但是因为两个学科对于群体内涵的界定不完全相同，因此，并不能简单地将俗民群体看成是社会群体的一类。虽然在进行俗民群体的实际分类中会借用社会群体分类中的某些概念，例如家庭、家族等血缘群体、村落、邻里等地缘群体，俗民群体的形成也以相应的社会群体为基础，某些群体也会因为承载了高质量的民俗内容而成为俗民群体，但是两者的立足点是不同的。例如同是血缘群体，社会学关注的是血亲关系中人与人之间的角色和分工，而民俗学关注的是在民俗传统中以血亲关系为基础的群体在承载民俗文化内容时的特点、作用等。

俗民群体分类的标准可以有很多。（1）可以根据俗民群体所代表的不同的民俗文化类型划分，划分出基于不同地域文化形成的俗民群体。在中国民俗学的研究中，对区域民俗的研究往往通过划分不同的民俗文化圈来区别，如东北民俗文化圈、长江中下游民俗文化圈、中原民俗文化圈等等。与此相应的是，处于不同文化圈的俗民就会形成代表特定区域民俗文化特质的群体。（2）因为性别不同、文化程度不同，俗民可以划分出不同群体，这些群体之间会在承载、实践、创造民俗文化的方式上体现出差异性。因此，还可以根据性别、文化程度进行俗民群体划分。

本书研究主要是俗民信仰群体。在俗民的信仰生活中，神灵、祭祀、庙会是重要的民俗元素，在进行具体的分类时，首先按照祭祀将处于涉县女娲文化圈的俗民群体分成三个类型并阐释其特征。在具体的分类中，笔者发现，单一女娲信仰活动和多神信仰活动下，上述俗民群体所形成的结构和彼此的关系是有差异的，下节将分别作出说明。第二，除以祭祀为纽带形成的群体外，涉县女娲信仰活动还有一些代表性群体必须加以关注。首要的是女性群体。女娲信仰是女神信仰，女神信仰在女性信徒心目中具有重要的地位。因此，引入性别民俗研究的理念，考察女娲或女神信仰中特殊性别群体，即女性群体，研究重点在于呈现女性群体在信仰活动中的角色和功能。第三，因为庙会和庙宇的聚集效应，就会产生乌丙安所提到的暂时的、松散的、但是却承载了大量民俗内容的庙会群体。因此，对俗民群体的研究也围绕着以下三个群体展开——

第一，祭祀群体研究。对于俗民群体信仰生活的研究，其中最重要的就是祭祀，因此，以信仰生活为基础的俗民群体研究一定要以祭祀作为考察俗民群体内部关系的重要纽带。也就是说，当俗民围绕祭祀活动形成关系的时候，他们都形成了哪些次一级的群体，这些次一级的群体的特点和形成原因是什么。群体与群体之间形成了怎样的关系。整个祭祀群体具有怎样的特征等等。上述问题将在第二节中进行探讨。

第二，女性群体研究。在涉县，虽然在信仰人群的男女比例上并未表现出特殊性，但是女性信奉者却拥有某些特权。女娲信仰的最重要部分也多与女性相关。因此，女性俗民群体是本章需要考察的第二个俗民群体，主要关注女性的性别身份对于她们参与信仰活动产生了哪些重要影响，她们是如何以自己的方式参与到相关的民俗活动中并发挥重要的民俗文化承载和传承作用。

第三，庙会群体研究。庙会群体是俗民为完成每年固定时间的民俗活动而自发聚合起来的群体。对于庙会的研究在民俗学中司空见惯，但是对于庙会群体的研究却是少之又少。两者之间的区别在于前者只看到民俗事象，后者是关注民俗事象的实施者即俗民是按照怎样的关系和规则展示民俗事象的。对于庙会群体的研究关键在于考察和分析俗民群体在庙会的各类习俗中自发的分工和配置的角色，俗民在相应的分工和角色中履行相应的习俗化行为。

第二节　俗民祭祀群体特征

对于俗民祭祀研究如果着眼于神灵的数量和功能，就会发现该类活动的杂乱无章和不可理解。研究界也多以俗民神灵崇拜的功利性和混沌性来解释，认为这是由于百姓的愚昧无知而形成的文化状态。笔者认为此类研究仅仅指出俗民信神活动的蒙昧性是不够的，还应该深入分析俗民在祭祀活动中自发或自觉的聚合方式以及因此形成的群体结构特征，以此会发现看似芜杂现象中的秩序性。

涉县地区女娲信仰在当地民间神灵崇拜中居于主导地位，在全国也具有很强的影响力。俗民围绕女娲形成了一定的祭祀秩序，这种秩序非常典型地体现了广泛存在于民间祭祀活动中的规律和特点。因此通过对女娲祭祀活动中俗民形成的祭祀群体研究，深入分析由此反映出的俗民群体祭祀结构特征，将有助于学界更好地理解和认识俗民在民间祭祀中的组织结构。

还需补充的是，对俗民祭祀群体的考察可以将其放入单神信仰中，也可以着眼于多神信仰体系下的群体。两个角度所呈现出的俗民祭祀群体特征在本质上是相同的，但又各具特色。鉴于本书以女娲信仰为研究对象，因此对于俗民祭祀群体的考察也要此为立足点，即以单神信仰下的祭祀群体研究为主。但是这也并不意味着研究不涉及多神信仰。本书第三章曾经努力呈现和反复论证的问题之一是女娲与涉县其他的民间神灵的共生关系。俗民在信仰女娲的同时也会供奉和祭祀其他民间神。因此，对于女娲祭祀群体和活动的分析不应该从这一信仰生活中抽象出来，而应还原其本来面貌，即从多神信仰的角度看待女娲祭祀与其他民间神祭祀的关系。本节将以一个村落为例来说明这一点。

一、俗民祭祀群体类型及其特点

本书第三章对女娲庙宇分布及其祭祀空间范围作过详细的展示，即将涉县重要女娲庙宇以娲皇宫为原点，按照东、西、南、北、东南、东北、西南、西北八个方向，根据地域空间的大小，划分出大小不同的县域祭祀单元、区域性祭祀单元、村级的祭祀单元和家庭祭祀单元四个层级的女娲祭祀单元。以上述庙宇分布和祭祀单元为依据，俗民在女娲祭祀活动中自发或自觉地形成了各类祭祀群体。这其中有根据地域接近和相关形成的地缘祭祀群体，有因血亲关系形成的血缘祭祀群体。另外还有一类祭祀群体是因共同祭祀女娲而组成的神缘祭祀群体，是在单神信仰下基于地缘、源于神力形成的祭祀群体。

1. 地缘祭祀群体

（1）单神信仰体系中的地缘祭祀群体

上文提到的县域祭祀单元、区域性祭祀单元、村级的祭祀单元可归为地缘祭祀单元。地缘祭祀单元的特点是多层级圈层结构。多层级圈层结构是指根据上述祭祀单元所具有的祭祀空间和规模由大到小依次形成的多个圈层。这些大小不同祭祀单元中的俗民就会以单元内某一祭祀地为核心，围绕祭祀活动，形成大小不同的祭祀群体。这其中，由于娲皇宫的权威性，县域祭祀单元空间范围最大，覆盖涉县全境，相应的祭祀群体的人数最多，也最容易形成号召力，组织大规模的祭祀活动，例如每年的三月庙会祭祀。区域性祭祀群体的形成源于某地的女娲庙宇，包括的空间范围小于县域祭祀单元而又大于村级祭祀单元，边界模糊，变动性大。村级祭祀单元空间边界最为清晰，即自然村落的区域范围，形成的祭祀群体即是全体村民，也可能包括部分周边村庄的村民，传达出俗民作为长期生活在一起的群体对于该空间概念的认同，俗民从内心接受该空间长期形成的文化习惯和集体意志。例如沙河村自认为本村是女娲的娘家，每年的农历三月十七，村里的人都要到娲皇宫迎接女娲回家吃饸饹，这一天村里家家户户要吃饸饹。村里称呼女娲为老姑，这在涉县其他村镇和区域是没有的。因此村级祭祀群体最具凝聚力，群体数量较为稳定，是由村落俗民共同组成的，祭祀活动的组织性也更强。

关于地缘祭祀单元和群体，除了上述以核心祭祀地向内形成圈层结构外，还存在向县域外的延伸和联合，形成更大的祭祀单元和祭祀群体。娲皇宫不仅形成了县域俗民祭祀单元，因为影响力巨大，还形成超越省市的更大地域范围的祭祀单元，例如山西和河南等地，尤其是山西东部与涉县接壤处，当地俗民每年三月庙会都会大批来到娲皇宫进行祭拜。这使得娲皇宫的女娲所照拂的范围愈加广大，祭祀人数愈多，祭祀单元不断扩大。这类祭祀单元和祭祀群体的特点显然不同于县域内地缘祭祀单元和祭祀群体。县域内地缘祭祀单元是遵循祭祀单元越小，神灵的护佑就越具体和直接；而跨地区的地缘祭祀单元是祭祀单元越大，神灵的权威就越大，护佑功能就越强。跨地区的联合祭祀投射出的是俗民这样的心理：即从空间的广度和祭祀的人数上寻求一种聚合，以期达到增强保护有效性的祭祀目的。因此，在某一地区，以一个神灵的核心地为基点，就会同时向内和向外形成逐渐缩小和扩大的祭祀单元和祭祀群体，这就构成了地缘祭祀单元和群体的圈层结构。

（2）多神信仰体系下的地缘祭祀群体

多神信仰体系下，地缘祭祀群体呈现出更为复杂和独特的面貌。这里以村落祭祀群体，即涉县井店镇台村为例来说明，在同时供奉女娲和其他民间神的村落中，村落俗民群体又是如何形成不同的祭祀群体，除了按照空间的接近性不断缩小祭祀群体之外，又存在哪些特征。

涉县井店镇台村地处太行山东麓，为晋冀豫三省交界处，相距周边山西省长治市、河南安阳市、河北邯郸市均在百公里左右。距涉县老城 7 公里，现已划为新城区，总面积 3 平方公里（只是村庄面积，不含土地），总人口 1 万余人。台村本是一个自然村，因为人口越来越多，区域越来越大，分为台东、台西、台南、台北四个行政村进行管理，可谓"秦晋要冲，燕赵名村"。自然村台村内部又分为十二个巷口。该村始居姓氏不详。现在有樊、程、陈、侯等姓。据该村樊姓祠堂碑记载："……祖居山西平阳府洪洞县更旺村人氏，有大明高皇（即洪武）元年（1368 年）迁居河南彰德府涉县台阳村符山里三里入户……始来者樊祥。"北券石碑载："村势如台地而曰台阳村。"约在明万历年间，始称台村。台村大庙是台村最大的庙宇，供奉着碧霞元君和女娲，也就是奶奶庙。从古至今村民们逢年过节都要在庙上集会祭典。这里要说明的是，台村以碧霞元君为主神，而女娲则是次一级的神灵。对于碧霞元君的祭祀活动是规模最大的，全村人都要参加。除了村中大庙及其盛大祭祀外，在台村还存在着很多庙宇，这些庙宇因为其影响力的大小，享受着相应的不同规模的祭祀。这就形成了不同祭祀空间和俗民祭祀群体。

台村庙宇分布与祭祀空间特点：首先是村一级的，由村委出资或者全村人捐资，享受全体村民共同祭祀的庙宇，即村级大庙。上文提到的台村大庙，位于村子的北口；另外在村子的其他三个方向还有三座庙，分别是西面的马王庙、东面的东庙和南面的龙王庙。这四座庙分别把守着村子四个方向的入口，称为四门四关。其次，按照"片"形成的，由某一片村民捐资兴建并享受"片内"村民祭祀的庙宇。这样的庙宇建筑规模和祭祀人群要远小于村一级的，有吕祖庙、玄帝庙、关帝庙。"片"还有更小的划分，比上述庙宇更次一级的是大圣庙和十祖庙。还有小于巷口的"片"，例如仙家庙。第三，基于村内社区划分单元"巷口"。台村共划分为十二个巷口，每个巷口都有众多的庙宇，例如三教堂、观音堂、阎王堂等等。第四，祭祀群体更小的，享受一个家族祭祀的庙宇，例如蒋家堂、卢家堂。第五，最小祭祀单元是享受一个家庭祭祀的神灵。庙宇基本不存在，神灵大都以牌位形式接受供奉，供奉神灵有财神、全神，白娘子、许仙等各类"仙家"。另外还有超越自然村的庙宇，享受多个村落的祭祀，例如当地玉皇大帝庙，是由七个自然村凤岗、台村、庙峧、前池、后池、前寨、后寨共同筹资兴建并共同供奉的。

可以看出，村落多神信仰体系下的俗民群体同样也形成了多层级圈层结构的大小不同的地缘祭祀群体。但是与单神信仰不同的是，诸多祭祀群体并不是围绕某一个神灵形成，而是围绕不同的神灵的形成了非常有秩序性的祭祀群体。这些群体形成了复杂的钮结关系。这在下文中进行阐释。高一级的祭祀群体往往祭祀的是影响力达于全村的神灵，即村中大神；而次一级的祭祀群体，比如巷口，祭祀神灵的影响力往往限于相应的祭祀群体，其他群体很少参加。这里我们很难界定，神灵的权威或者神力的大小与所对应的祭祀群体是否成正比关系。同是吕祖庙，有的只属于巷口或者"片"范围内供奉的，也有的是享有联合村落祭祀的。不同神灵之间权威和神力的对比更是混乱。所以，如果着眼于神灵就会感觉俗民敬神的无序。

2. 血缘祭祀群体

上文提及的女娲祭祀中的家庭祭祀群体属于血缘祭祀群体。另外，在村落多神信仰体系下，还应有一个血缘祭祀群体，即家族祭祀群体。在对女娲信仰群体的考察中，笔者在涉县未发现以家族为单位供奉和祭祀女娲的情况。

如果说，地缘祭祀群体是从空间范畴内寻找或增强神灵护佑的有效性，那么，血缘祭祀群体就是在血亲网络中寻求这种有效性。其他不管何种类型的祭祀都是由相应空间范围的成员共同组成，对于所有的俗民是敞开的，是相对开放的。但是在血缘祭祀单元中，不论是家族祭祀群体还是家庭祭祀群体，都表现出相对的封闭性。家族祭祀的成员往往限于家族成员。家庭祭祀群体是最小的祭祀群体，成员仅限于在一起居住的家庭成员，它排斥或拒绝非家庭成员的介入。大家都供奉女娲，也是各供各的，互不相干。有一种特殊情况，村内专职神职人员家内的祭祀是开放性的，允许外人参加。其主要目的在于布道或者赢利。

3. 神缘祭祀群体

神缘祭祀群体的构成形式为"社"，是以祭祀神灵为目的的松散组织。涉县民间每年在女娲神诞日，就会"起社"，组织相关人员进行祭祀活动，当地人称之为"上社"。从清康熙年间后，上顶朝拜的有七道社，分别为：曲峧社、石门社、七原社、温村社、索堡社、桃城社和唐王峧社。社的主要成员由香客，即俗民构成。领导核心称为"社头"。"社"有基于村一级成立的，也有几个相近村落的联合。质言之，神缘祭祀群体是在某一空间范围内以神灵为核心的祭祀组织群体。这里以涉县娲皇社为例，来说明在神缘祭祀群体内部，群体成员形成了怎样的分工和合作关系，来共同承载和完成祭祀女娲的民俗行为。

娲皇社，也叫唐王峧社。娲皇社由唐王峧组成，每村都有人参加，活动的主要角色分别为：香劳（也称大香劳、座社的）、维首、执事、跟香、寿长。在上社活动中，他们各负其责、各司其职。香劳：主要负责筹集摆社、朝奉所需米粮。香劳必须是由村里富裕而又有威望的人来当，一年更换一家。传说要当香劳，要准备三石六斗麦子磨面，或者三石粗粮和两石细粮（每石300斤）。磨面时必须蒙上牲口的眼，并用白布把牲口身上缠住，防止驴毛掉到面里。在活动时，戏班、大执事、维首、外地跟香都要在香劳家吃饭。维首是负责征集钱粮、指派香劳、策划活动、掌管文书及账目等全面管理工作的人。维首必须是有经验、有能力，在群众中有威信的人，可以连任数年。各村基本上有一到两名维首。在摆社活动时，只有两名维首负责，哪个村负责办社，哪个村推举一名维首，外村再选一名维首。执事，凡来上社朝奉的统称执事。执事有大小、文武之分。大执事是社里各组小头目，或者说是主要成员。这些人穿黄马褂，戴毡帽或凉帽。如：拿令旗的，打大鼓的，举大旗和大伞的，抬辇的，报马的等一些职责比较重要的人；小执事是普通执事，只穿普通衣服，如：举彩旗的，打小伞的，举纬的，抬鼓的等。武执事，是拿兵刃的，如：执金瓜、钺斧、大刀等一些人。除此之外，凡不拿兵刃的都称文执事。跟香，就是跟在大队伍后面的上香者，也称香客。香客有外地的，也有唐王峧的。寿长，寿长就是香劳指派的帮手，帮助操持账目、财务及日常事务，和管家类似。

在社中的诸多角色分工中，香劳是一年一换，因此就出现了香劳的职位交接，交接仪式隆重严肃。每年三月初二，娲皇社主要成员协商下一年候选人，香劳在平时就物色好接班人，但一村庄不能连续办社，所以香劳一定要选别村的。经香劳提议，大伙同意后，一起带上酒菜到下一任香劳家里，现任香劳待摆开酒席后，说圣母托梦，下年由某某接任香劳（实际是预先订好的，而且香劳一职谁也愿意干），然后一起来到娲皇宫举行交接。地点在山上拜殿举行。前一任香劳从身上解下黄包袱，经烧香祈祷后，交予下一任香劳。黄包袱究竟包的什么，历来是个谜，只有第一个包的人知道。黄包袱每年要加包一层，但不能把原来的解下来，只能层层包下去，实在太大时，经香劳、维首同意方可去掉几层，但最里边一层谁都不能解开。第二年一切事务都由新香劳安排。原来的香劳第二年得协助新香劳办事，直到办完第二年才算卸任。除此之外，寿长虽然不是一年一换，但是任职需由香劳和维首共同决定。一般由香劳安排，经维首同意后才能担当。寿长不受村庄、年龄、身份、地位限制，也可连任数年。可有一个条件，寿长行使权力时，没有维首同意是不行的。

祭祀活动当日，娲皇社摆社队伍呈长龙阵势排列，由维首在村口统一指挥。指挥头戴红缨帽，帽上有花翎，身穿清朝官服，脚穿粉底靴，手拿令字旗、小令牌指挥。一切来上社人员都要听指挥，只有跑马人可以前后走动。其他执事各执器具分左右两路排列，左右为一对，中间留开报马跑道，有两匹以上的马来回奔跑，传递号令。骑马者头戴凉帽，上穿黄马褂，身背黄包袱，腰系红腰带，足蹬薄底白靴，背插令旗，马身上披有串铃、红缨，全副武装，在队伍中间前后走动。在社的周围或后边，有民间的社火，如抬歌、小跷、簧扛等等。

俗民祭祀中这种结构化的特征也被一些研究者所注意，例如纳钦对蒙古村落信仰的研究中也发现俗民神灵信仰的多层性，发现不同神灵所享受的祭祀群体大小是不同的，有的是全村人，而有的仅仅是家庭或者宗族。但是因为其侧重点仍在神灵，而未对俗民的这种结构进行细致研究。[①] 笔者立足俗民，将其形成三种祭祀群体进行逐一分析，从中可以看出，最为重要的是地缘祭祀群体，神缘和血缘祭祀群体严格来说是基于地缘的衍化。不难发现，俗民是按照人类社会的亲密方式去寻找和增强敬神的有效性，地域、血缘是如此，即使是以神灵为核心的神缘祭祀群体，俗民的结合方式仍然是建立在地域空间上，仍是较近地域俗民的联合。空间聚合是人类社会的建构类型和人们的生活方式。也成为人们理解外部世界的一种重要方式。

二、俗民群体祭祀结构特征

1. 层叠祭祀、重复祭祀和交叉祭祀并存

俗民按照不同方式聚合起来构成的祭祀群体所呈现出的祭祀习惯是不同的，多种祭祀群体共同发挥作用，就使得祭祀活动繁多而混乱。以俗民个体祭祀情况来看，因为其处在等级不同的地缘祭祀群体或者血缘、神缘祭祀群体中，所以就必须参加等级不同的祭祀活动，就形成了层叠祭祀。重复祭祀是处在不同或相同层次上的祭祀群体供奉的神灵是相同的。涉县女娲祭祀就是这种情况，女娲在等级、大小、性质不同的祭祀群体中不断接受重复祭

---

① 纳钦：《蒙古村落多层次信仰》，中央民族大学博士论文，2003 年。

祀。跨地域的交叉祭祀，因为地缘祭祀群体和神缘祭祀群体组织松散，不存在严格的纪律性，所以，俗民个体可以跨越所属的地缘祭祀群体去参加平行祭祀群体的祭祀活动。层叠祭祀、重复祭祀和交叉祭祀，三种祭祀现象同时并存，就会形成非常复杂的、不规则的网状祭祀。这样的网状祭祀难免会让人产生芜杂的印象，但是究其形成根源，其秩序是非常清晰的。

2. 民间祭祀群体聚合力与离心力并存

民间祭祀群体的强大聚合力与离心力并存是看似矛盾，但却是一种实际的存在。其聚合力主要来自空间的聚合。从空间接近的向度上而言，祭祀群体相对越小，其成员的相似度越高，祭祀群体的稳定性就越强，正如上文提及的，村落祭祀群体就是聚合力和稳定性最强的祭祀群体。在形成空间聚合的同时，也存在与此相反的空间离心力。这一点在由跨地区形成的祭祀群体中最显在地体现出来。跨地区祭祀群体或由于空间距离大，或由于行政分属不同，造成俗民的心理距离感，它会引发相应祭祀群体内部的矛盾，甚至解体。当地人给我们讲述了这方面的案例：在青阳山，有涉县禅房村和武安前里家、后里家共同供奉的女娲庙宇。双方因为庙宇的归属权和管理权问题曾经产生过激烈的矛盾，县里、市里有关部门都曾出面来调解，但矛盾最终也没有解决，双方分道扬镳，禅房村在现有女娲庙中进行祭祀；前里家、后里家又选新址重盖女娲庙，双方互不往来。

3. 祭祀群体构成的核心力量：带头人和骨干

地缘和神缘祭祀群体组织虽然松散，但都有明确的带头人和骨干力量。这些人是上述祭祀群体形成和存在的重要力量。俗民群体自觉不自觉地在他们的引导下有序地开展祭祀活动。这类人的身份一类是师公师婆神职人员，借助神灵的力量发起组织祭祀活动，古代有专职的，现代这类人员基本是以秘密或半公开的形式存在；另一类是现代社会出现的，以保护民间文化遗产为己任的民间人士，借助政府部门的资助或向民间募捐开展祭祀活动。不论是哪种身份的人，该类人物均是当地威望较高、组织能力较强的人。他们的能力直接决定着祭祀活动开展的规模和水平。例如上文提到的涉县有名的七道社的"社头"即是这样的人物。担任的不同社的社头越多，其威望越高。

如果担任过五个社的社头即是非常大的荣耀。社头产生的方式，据当地女娲研究者讲，是由现任社头推荐或直接任命的。至于最初社头的推举，由于时代久远，缺乏记载，无法了解。但大致原则也应是上文提到的热心于此、能力又强、威望高的最初发起者。

三、河北涉县代表性村落祭祀单元特征

按地域、传统等因素分析，涉县全境可以分为11个祭祀单元，这11个祭祀单元包含现有的308个行政村。这308个行政村其实就是308个指向更明确的更小的祭祀单元。反过来说，这308个更小的祭祀单元又组成了11个较大的祭祀单元，进而11个较大的祭祀单元又共同汇成了以索堡娲皇宫为中心的女娲祭祀单元。这里对于不同地缘祭祀单元特色的展示主要是以村落的祭祀单元为例。

第一，西戌村祭祀单元。西戌村是涉县西北部一个大村，地处以符山为中心的女娲祭祀单元内，现有五千多口人，其中男2600人，女2400人，六十岁以上老年人1250人。一般而言，每一个祭祀单元内都有能够代表神灵说话办事的代言人，即师公师婆。具体到一个村庄来说，也有一个村内的负责人，或者说有几个具有相同功能的人。西戌村祭祀单元由于人口众多，村庄分布较散，不是仅仅有一个负责人，而是有多个负责人，最为典型也是影响最大的应为李老二夫妇。关于两人的情况将在第五章俗民个体中介绍。

西戌村地处符山脚下，濒临国营符山铁矿和县冶金公司，从战国时就开始开采冶炼矿石。这样就使西戌村形成了自己的祭祀特色。符山铁矿开采属于高危行业，在每个采矿洞口都供奉着老奶奶的牌位，而且一般情况下是与山神一同供奉。按照民间信神的原则，诸多和自己生活密切相关的神灵都不能得罪，得罪了就要受到惩罚。所以，当地人往往是奶奶和山神同时供奉。因此，西戌村祭祀就体现出了依山而祭、依矿而祭的特点。在采访该祭祀单元负责人李老二时，我们就听到了符山矿上出了安全事故，死了一个，伤了一个。死了的是外地人，伤了的就是西戌人。至于没有死的原因是因为"符山顶上的老奶奶救了他"。西戌年轻人多在符山铁矿工作，家里老人为

孩子祈求平安也多与工作安全相关。

第二，曲峧、白泉水、弹音、沙河四个村落祭祀单元特征。四个祭祀群体的共同特点是在每年的三月十八女娲诞辰纪念日时采用集体的方式到各自的祭祀中心祭祀后，再到索堡娲皇宫祭祀。祭祀的目的大致相同，不乏国泰民安、风调雨顺。四个祭祀群体的不同特点：从祭祀的中心看，曲峧、白泉水本地祭祀中心是女娲庙，而弹音、沙河则分别是女娲的行宫。白泉水的独特之处是由于距离娲皇宫较近，就不会到其他祭祀中心祭祀，而是直接到娲皇宫，娲皇宫就是白泉水的女娲庙，没有在村中另行建庙。从祭祀群体构成看，曲峧、白泉水由于各自分布于一条沟内，沟内又分布着若干个村庄，往往都是群起而祭，队伍十分庞大。弹音、沙河虽然也是群祭的形式，人员组成却仅限于一个村庄。从祭祀的目的看，曲峧、白泉水诸村侧重于农林牧业发展。弹音由于背靠山坡，前临清漳河，因此侧重于水患减少，农业丰收。沙河由于从事采矿业和运输业的人数较多，侧重于矿业生产和交通安全。

除此之外，小曲峧的祭祀规模最大，称为"全朝銮驾"，供奉的是三奶奶。唐王峧沟白泉水等八个村的祭祀规模要小，规格较低，称为"半朝銮驾"。沙河号称"顶上"二阁奶奶的娘家。弹音村供奉的是大奶奶，给老奶奶唱的戏是赛戏，这就与其他地方区别开来。涉县赛戏是一种古老的原始祭神戏剧，山神、女娲是主要的供奉对象。民间保存有手抄本赛戏戏本。弹音村保留有明清时期的手抄本戏本均是武戏，没有文戏，演员也是男性。表演唱腔分为文唱、武唱、大唱、小唱，音调浑厚、纯朴、粗糙、随俗，有着浓厚的原始韵味。戏词多以七言诗为主，白话为补充。表演服装将士以简易的黄马褂为主。弹音赛戏还有一个独特之处，在舞台上放置一条凳，作为武将的坐骑马，演员要在凳子上完成一系列表演。据弹音村赛戏传承人汤香平介绍，赛戏之所以能够保存到现在就是因为这是给老奶奶和其他神灵看的戏，其实现代的人都不喜欢看赛戏，因为不论从形式还是内容，赛戏都远离了现代生活。作为戏剧的雏形，赛戏因为祭祀的娱神功能而被保留了下来。

在民间神灵崇拜的研究中，其立足点始终应该是俗民，而不是神灵本身。俗民的思想、思维和情感，他们的生活以及建构这个世界的方式都是应该获得尊重并努力把握的，这将有益于对民间社会的理解，并将帮助我们分析未来民间社会在现代文明中的发展态势。涉县女娲祭祀活动秩序揭示了俗民祭祀生活组织结构图式，该结构也同样在民间其他单神和多神祭祀活动中普遍存在。研究基于个案，但却呈现出俗民祭祀生活组织结构的特征。在长期的日常祭祀活动中，俗民自发或自觉地以独有的思维理解、把握和建构着自我的生活，对于日常生活，尤其是信仰生活做出了并非自觉但却有效的建构。本节内容将有助于从宏观层面上理解俗民日常信仰生活的方式和特质。至于在微观层面对于俗民个体围绕信仰活动的行为实践将在第五章俗民个体的研究中逐步展开。

附：涉县弹音娲皇赛戏调研

涉县弹音村位于漳河岸边，隶属索堡镇，全村一千多口人，村内有娲皇行官，历来有演出赛戏的传统，现在仍是赛戏演出及相关活动开展比较典型的村庄之一，一定程度上代表了涉县赛戏演出的艺术水平和传承情况。

一、弹音村娲皇社及赛戏组织

2007 年，弹音村恢复娲皇社和恢复赛戏演出及相关活动后设社长，选举汤水平为社长（过去叫香劳或会首）。

社长以下为副社长，分别是张春生、汤学林、张文秀、张东生。

其次为队长，分别是汤相平、汤铁庭、汤俊平、汤香鱼、张保成、杨乃定、汤来定、杨有林、汤四堂、薛珍平。

再次为组长，分别是薛明田、汤金雀、张伟秀等。

二、弹音村娲皇社负责人选举办法

过去采取摸门搭链的土法儿，每年年底摸到谁家，谁家当家人就出任社长，由其确定的副社长、队长、组长等一干人皆听从其指挥，所有财务由其分配。实际上就是轮流坐庄。

2007 年，该村恢复娲皇社及赛戏演出后选举汤水平为社长，由于其朴实厚道，工作负责，业务熟悉，一直到现在没有更换过。不过由于情况的不断变化，一些副社长、队长、组长倒是调换了不少。

三、弹音村娲皇赛戏演出及相关活动日程安排

该村的赛戏演出及相关活动日程主要是每年的春节和元宵节，三月十八索堡镇娲皇宫庙会期间，四月初四本村的娲皇行宫庙会期间，九月全县举办的女娲公祭大典期间。

四、弹音村娲皇社赛戏演出及相关活动当值情况

每年的赛戏演出及相关活动由当值社长汤水平安排，负责全面工作。

当值副社长汤学林、张春生负责相关活动的安排和组织；当值副社长张文秀负责接待演出赛戏和相关活动期间内外香客的接待工作；当值副社长张东生负责整个赛戏及相关活动的后勤供应工作。

当值队长汤相平负责整个赛戏的演出工作；当值队长汤铁庭负责赛戏演出及相关活动的放炮、开道、场地布置、安全防范等项工作；当值队长汤俊平负责赛戏剧本的保管和整理工作。另外，他还担任一个特殊的角色——娲皇老奶奶的替身；当值队长汤香鱼负责相关活动中锣鼓队的道具保管等工作；当值队长张保成负责相关活动中舞龙队的演出等工作；当值队长杨乃定协助汤相平做好赛戏演出的导演工作；当值队长汤来定负责娲皇社中山神社的会计工作；当值队长杨有林负责娲皇社的会计工作；当值队长薛珍平负责相关活动中洋鼓队的工作；当值队长汤四堂负责相关活动中武术队的工作。

另有当值组长薛明田具体负责赛戏演出工作；当值组长汤香鱼、薛贵荣、张彦秀、杨俊兰负责赛戏演出的道具管理工作；当值组长汤金雀负责相关活动中一项即李世民降香队的组织工作；当值组长张伟秀负责相关活动节目之间的协调工作。

五、弹音村赛戏演出流传至今的剧目和现在能够演出的剧目

该村保留至今的剧目有清光绪、同治年间和民国时期形成的《打蒋仝》（唐）、《宁国府》（元末）、《渑池县》（商末）、《孙武子炮雷行兵》（春秋）、《大会垓》前册（秦末）、《大会垓》后册（秦末）、《虎牢关》（汉末）、《火烧战船》（三国）、《伏制张仁》（三国）、《讨荆州》（三国）、《反打登州》（隋）、《白璧关》（唐）、《淤泥河》（唐）、《水困涿州》（唐）、《广武山》（唐）、《金钟计》（唐）、《下南唐》（唐）、《出幽州》二册（宋）、《杨龙开弓》（明）、《铁关图》（明）、《收秦明》（宋）。

另失而复得的剧本有《金门洞》、《江东桥》、《普救寺》、《红沟河》、《征南》、《鸡宝山》、《崇祯失天下》等。

该村现在能够演出的剧目有《打蒋仝》、《白璧关》、《宁国府》、《收秦明》等。据说《崇祯失天下》也能演，但是一村上下都不愿演，因为一演就有可能天下大乱了。只在民国时演过。

六、弹音村赛戏演出及相关活动的筹备情况

由社长汤水平和负责会计工作的杨肖林以及当值队长汤相平等共同筹划，主要开支靠群众集资，另一方面争取县文化馆和村委会支持一部分，用于购买服装和道具等。

七、弹音村赛戏演出及相关活动的请安神情况

该村在赛戏演出及相关活动开始之前，有祭女娲、山神爷、三官爷一类的祭文，是请神安神的文字。

每次演出前，赛戏演出和相关活动人员都要先围绕台下彩轿内的女娲、山神、三官等神像和象征战阵的四个正在燃烧的火盆转上几圈才正式演出。

与宋家庄不同的是，这里演出后的一些场合女娲的替身要代表女娲说一些表示感激的话，并保证这一带风调雨顺，四季平安。全村人皆大欢喜。

需要特别指出的是，弹音村赛戏和相关活动中主要有两项是有原始象征意义的活动。

1. 演出开始前台下放四盆木炭火驱邪，整个演出队伍在炭火之间转几圈，既有驱邪取暖的意思，又有闯关进阵的原始意义。

2. 演出时用红布把木凳包好，让双方的大将站在上面当马骑，同样有浓厚的原始象征意义。

八、弹音村赛戏演出及相关活动的队伍排列情况

1. 神枪队：10 杆枪，10 个人，走在队伍的最前面，具有开道扬威引人注目的作用。

2. 娲皇圣母大旗，2 人扛。

3. 1.7 米长的长号，2 人扛。

4. 大锣 2 个，4 人敲打。

5. 武术表演队：25 人表演，其中打龙凤旗 4 人，举皂驾伞 1 人，武术表演者 19 人。队长 1 人。

6. 秧歌队：24 人，其中打龙凤旗 4 人，举皂驾伞 1 人，扭秧歌 12 人，打锣鼓 4 人，2 人抬梳妆台。队长 1 人。

7. 洋鼓队：34 人，其中 9 人敲打乐器，1 人指挥，打龙凤旗 6 人，举皂驾伞 1 人，敲打乐器 4 人，还有 8 人骑马，8 人牵马。队长 1 人。

8. 李世民降香队：28 人，其中 9 人敲打乐器，1 人指挥，6 人打龙凤旗，表演者 11 人。队长一人。

9. 皇妃降香队：24 人，其中举龙凤旗 6 人，举皂驾伞 1 人，骑马 8 人，牵马 8 人。队长 1 人。

10. 扇鼓队：32 人，举龙凤旗 6 人，举皂驾伞 1 人，敲打乐器 4 人，打扇鼓 20 人。队长 1 人。

11. 七仙女：七仙女 8 人，打龙凤伞 6 人，举皂驾伞 1 人。队长 1 人。

12. 八仙队：26 人，其中八仙 8 人，打龙凤旗 6 人，举皂驾伞 1 人，乐队 10 人。队长 1 人。

13. 十八罗汉队：20 人，十八罗汉 18 人，1 人举皂驾伞。队长

1 人。

14. 金瓜钺斧队：20 人，6 人打龙凤旗，1 人举皂驾伞，12 人举金瓜钺斧。队长 1 人。

15. 十二美女队：40 人，十二美女 12 人，8 人举龙凤旗，1 人举皂驾伞，轿前 2 人把轿门，轿后还有 2 人打交叉扇，2 人拿龙头拐，4 人抬轿，还有 4 人护轿，4 个跟香的。队长 1 人。

16. 赛戏演员队：20 多人，个个穿戴整齐。

以上队伍人数约计 300 人。除负责人和演员外，还有观众。演出当日，社里管一顿饭，一般是馒头、米饭、大烩菜。

第三节　女性俗民群体特征

在民俗活动中，以性别为视角来考察俗民对于民俗生活的承载、建构是比较独特的一个观察视角。虽然在实际的信仰生活中，男性信仰者的比例并不一定比女性信仰者低，但是女性却因为自己在家庭和社会中的特殊地位、角色，以及独特的心理特征使其在信仰活动中表现出迥异于男性信仰者的特征。尤其是在本文所研究的以女娲为代表的女神信仰中更是如此。之前的关于女性民俗研究，只是关注女性的民俗事象而不是把女性俗民本体作为民俗学的研究对象，研究个案中，女性被处理成一个沉默无声的群体。研究者在努力解释许多有关女性的民俗事象时没有真正关注女性俗民群体，更不用说女性俗民作为个体存在的主体意义。女性民俗学家邢莉在其著作《中国女性民俗文化》提出了"女性民俗"的概念，这一概念的提出不仅昭示了民俗生活中与女性性别有关的丰富的事象，而且是对女性在民俗建构中的主体性的发现和肯定。作者还就"中国女性民俗文化"概念的内涵和外延作了初步阐释："中国女性民俗文化是中国各民族的女性，在自己的历史发展过程中逐渐形成、反复出现、代代相袭的生活文化事象，它包括在漫长的历史长河中，妇女的衣食住行习俗、生产工艺习俗、婚姻礼仪习俗、生育习俗以及民间信仰、岁时节日及游戏竞技等诸多方面。"① 本书主要关注的是在信仰生活方面女性所表现出的主体建构性，因此，研究的关键不在于单纯的探讨某些与女性有关的民俗素，也不是单方面探讨女神信仰、女娲或者信仰本身给女性带来了什么。我们的立足点是人，关注人对于自我生活，尤其是对信仰生活的建构性。这里的立足点是女性，主要探讨的是女性群体对于自我信仰生活的积极建构。笔者关心的首要问题是，在千百年的信仰传承和建构中，女性群体是如何立足于女性这一生理上和社会意义上的性别角色，去改变、强化和丰富女娲的功能和内涵的；由此形成了哪些与女性有关的民俗行为；女性又在信仰活动中发挥了什么作用。

传统社会中，男女在家庭中所扮演的角色和职责早已经被安排好，即男主外，女主内。这里非常清楚地表达了男女的职责范围。女人的主要职责范围在家庭，凡与此相关的均由女性管理，具体内容包含了生育子女、相夫教子、家务事、亲戚之间的礼仪往来等诸多事务。大到深宫后院的皇后和夫人，事务繁杂还需帮手，例如《红楼梦》中的王熙凤就是一位权力极大的内务总管；小到草屋寒舍中的女子也要操持日常家事。对于上述女性的社会性别身份，以往的研究多是从女权主义的角度来分析评价传统社会中女性被囿于的不自由地位。然而本节重点阐释的是，即便是在男尊女卑的传统社会里，女性仍然可以凭借自我的性别优势承担一定的社会功能，只不过这个功能更多的体现在家庭。《礼记》中讲到，男子入内，不啸不指。男子不参与家庭事务的管理，将其交予女性，女性获得了能够发挥自身作用的一方天地。这样客观地来看待女性在两性关系中的地位，也许能够发现不论是传统社会还是现代社会中女性身上更多的积极主动的意识和作为。

女性在传统社会和家庭中的角色决定了其在信仰生活中的角色。在信仰生活中，女性是非常活跃的群体，她们总是乐于参与各类信仰活动。在本书所重点探讨的以女娲为代表的女神信仰中（根据民间的习俗，称之为老奶

---

① 邢莉：《中国女性民俗文化》，中国档案出版社 1995 年版，第 1 页。

奶信仰），女性更是积极参与了女娲习俗的建构。在当地，我们看到了许多女娲神话传说的忠实讲述者，故事的主人公往往也是女性，例如涉县当地流行的孝顺媳妇白冰玉的传说，娲皇酒传说和恶媳妇变孝顺的传说等，可以说女性成为女娲神话传说中的主角。

女性群体以自我独特的生理和社会性别参与到女娲信仰的建构中，并且为这一信仰带来了具有女性特质的内涵。在众多的民俗活动中，女性成为其中的骨干力量，甚至以通灵者自居，为女娲信仰的承载、传播和新的创造发挥了重要作用。在这一过程中，女性也给自身带来了家庭、社会地位的提升和心理情感的满足。笔者试图从两个层面展开来论述女性群体与女娲信仰的密切关系。第一层面展示女性群体对于女娲及其习俗的积极建构，第二层面即阐释女性在女娲信仰的建构中形成了何种生存姿态。

一、女性俗民群体对于女娲及其习俗的积极建构

1. 女性参与了女娲神格的选择和再造的过程

女娲作为远古大神，其原初神格是宇宙万物的创造者。女娲是一位造物主，她创造了世上的人类和主要自然事物，拥有造人和创世两种神绩。但是，女娲创世的功绩后来被其他神所代替，例如后起神话人物盘古。盘古成为天地的创造者，而女娲仅仅保留下其造人的神绩。这就是后世人们熟悉的，也是女娲的基本神格之一，即始祖母神格。同时女娲还有一个基本神格，即文化英雄神格。这一神格内容主要从其炼石补天、立四极、止淫水、灭大火的英雄事迹中发展起来的神格。但是在长期的信仰衍变中，女娲始祖母的神格不断丰富和强化，而其文化英雄神格则逐渐淡出。这种情况出现的原因被许多研究者归结为父系社会女神地位的下降。这种说法不无道理，它体现了整个人类进程中男女关系的变化。但是就本书所研究的内容而言，笔者更希望从民间的层面来观察，俗民在日常生活中基于自身需要对女娲神格和功能的改变和重塑。在这一过程中，女性自发或自觉地发挥了作用。事实上，女娲的送子功能是从其生殖功能中衍化而来的。在民间不断世俗化的过程中，女娲被强化和丰富的是其生殖神格，被看作是送子奶奶，具有了保生

护命的功能。原始信仰中的女娲是人类的创造者，在百姓的心中，女娲自然掌握着人类繁衍生殖的权力，因此，俗神女娲负责送子并护佑子孙平安成长就顺其自然了。女娲在民间颇受重视，香火繁盛也大都源于这一点。笔者想进一步追问的是，女性在女娲送子神格被强化进程中发挥了什么作用？前文曾提及到女性在社会和家庭中的主要职责是生育后代，在其信仰活动中，女性最为关注的敬神愿望也是祈求老奶奶保佑其子孙繁盛、儿女健康平安等。因此，在民间女娲神格的衍化过程中，女性会基于繁育后代的需求不断凸显和强化女娲的生殖神格。在涉县周边，甚至是在邯郸，一提起中皇山娲皇宫的女娲，俗民的第一印象就是女娲是"送娃娃"的。每年庙会期间，还有每月的初一、十五都会有求子的俗民前来，这其中绝大多数是女性，未生育的年轻女性往往由婆婆、嫂子、好姐妹等关系至亲的女性陪同前来求子，比较多的方式就是绑娃娃。而男性对这类活动是不参与的，认为这是应该由女人完成的工作。根据男主外、女主内的分工原则，女性实际上是具有发挥其主体性的空间的。根据其主内的职责，家庭的敬神工作也大都由女性承担，女性在敬神的活动中，当然需要神灵保佑全家的方方面面，但是她们最先考虑的还是其繁衍子嗣的职责。生育子嗣是女性完成其性别确认的最重要的一项内容。以往的女权主义视角往往把生育子嗣看成是男权社会对女性的压迫，是女性被动完成的职责。但是笔者认为这种观点显然只是一种具有部分合理性的论断。事实上，女性具有天然的母性情怀，繁育子嗣也是其内在需求，完成这一职责也是女性最为看重的。因此，在敬奉女娲这类女神时，女性最先关注的即是女娲的生殖繁衍功能，寄希望利用女娲的强大力量来增强和保佑自身的生育能力。因此，笔者认为，女娲生殖神格在民间得到凸显和强化，与女性信奉者自发或自觉的选择和强化有关。

顺着这一思路，女娲又具有了保护家庭平安的功能，这显然仍与女性在家庭中的职司有关。女性作为家庭敬神的主角，不仅有繁育后代的职责还要照顾全家的衣食起居，敬神的愿望中自然就会增加护佑家庭的内容。这里我们可以与男性敬神愿望作一对比。一位接受采访的男性信奉者提到当年他是如何相信女娲有灵的过程：当时他在做生意，欠了很多债，就求女娲保佑他生意兴隆，只要能还上欠债他就满足了。不承想，自此以后，生意好转，一年以后，不仅还清了欠债，还有了积蓄。当年重修娲皇宫需要捐款，他就捐了两千元。非常明显，男性的敬神愿望往往与其家庭和社会职责密切相关，这是他们敬神首要考虑的问题。

不用更多地分析，就会发现，女性是以社会性别的职责和功能主动参与了女娲神格的衍化，使其生殖神格得到强化（当然，这也是男性信奉者需要的）。这样发展的结果，女娲的神职功能不但越来越多，最终成为俗民信众爱戴的无所不能的老奶奶，而且在女性信奉者的心目中，逐渐将女娲塑造成亲切的娘家人。女娲成为偏爱女性、能够给女性更多保护的慈祥母亲。女人有了委屈尽可以找女娲倾诉，甚至获得支持。涉县流传的孝顺媳妇白冰玉的故事，讲一位冰清玉洁的孝顺媳妇遭到恶人的诬陷，声誉受损，到娲皇宫女娲前哭诉冤情，并跳下山崖。人们将冰玉的尸体包裹起来运回家，谁知到家一看，冰玉并没有死，对发生的事情也一无所知。包裹冰玉尸体的布内竟然是一块牌匾，上面写的是"冰清玉洁"四个字。女娲还了冰玉清白，也成为千万女性的心目中的娘家母亲。女娲成为女性的特有的保护神，这难道不是女性在信仰活动中的积极主动的作为和建构吗？

2. 在日常民俗生活中，女性对于女娲民俗活动的重要支撑

女性作为信徒的身份虽然被认可，但是传统社会又对其参与敬神活动的很多方面进行了限制，有诸多的禁忌。女性在月经期间是不能到庙中祭拜神灵的，甚至很多祭祀，女性是不能参与的。在现代社会，诸如这类对于女性的禁忌和约束几乎是没有了，女性不仅可以信神，而且可以以自己的力量和才干参与到敬神的诸多活动中。

在对娲皇宫脚下高家庄的采访中，笔者了解到唐王峧沟中八个村组织了娲皇社，社中的总负责人叫张乃生。虽然娲皇社中骨干和领导多数是男性，女性很少，但是女性可以作为信徒参与到上社及其准备工作中。社中所用的旗子、帷帐、伞都是女人们做的，上面的花及其装饰物全是村里的妇女一针一线做出来的。不仅是这些针线活，还有一些更为辛苦和重要的上社工作也

是由女性完成的。被采访女性高家庄石林花就说到，她为老奶奶做过许多事情，上社期间要把娲皇宫歇马殿的老奶奶请回村中三天，意为回家，在这三天中，老奶奶神像前的香是不能断的，她就三天三夜不睡为老奶奶续香。和她共同参与这项工作的也多是女性。不仅如此，平时她还要到娲皇宫山上打扫卫生、看庙。这些都是不计报酬的。管理处给钱很少，一天才一块四。尽管如此，她坚持了二十多年了。张乃生的老伴陈娇娥，本不是笔者的采访对象，在无意的聊天中，却发现她是女性作为骨干参与民俗建构的典型代表。这个腿脚不好的老太太，在2002年起社的过程中，作为丈夫的助手发挥了巨大的作用。在与张乃生交谈的过程中，他讲到办社的资金困难，上社一共花了两万多，在旅游局拨款六千元，村民捐款一万四之后还不够。张乃生与石家庄村主任石水元每人又贴了钱。水元贴了两千多，乃生贴了四千元。在2002年，对于一个农民来说，这确实是一笔不小的开支。因为当时陈娇娥就在院中同坐，笔者开起玩笑说，张叔叔您从家里拿这么多钱，阿姨支持吗？张乃生不好意思笑笑，说："支持，支持，她也非常信老奶奶。"这一下子引发了陈娇娥的谈话兴趣，陈娇娥立刻回应说："支持，只要给老奶奶上社，我是非常舍得的。"于是，我就问陈阿姨，您觉得女人能给老奶奶做点什么贡献。陈娇娥回答，男人开会，女人做饭。笔者问，女人还能做什么？老人一下子不知道该怎么回答这个问题。笔者就问上社的时候有什么难事。这下她就活跃了，说，六十多年不办社了，2002年办社的时候，她和丈夫的压力都很大，思想负担很重。大多数人都没有见过上社是什么样的。他们一边听村中老人回忆讲述，一边又向外边学习，增加新的内容。在听陈娇娥讲述的过程中，笔者明显感受到，虽然上社的领导是张乃生，但是陈娇娥以一个贤内助的身份，非常费心尽力的，与丈夫共同操持了上社这件非常难办的事情。她又给我们讲了当时起社高家庄和石家庄闹矛盾的事情，更让我们感到了这位普通农村女性的才干。唐王峧沟的八个村是轮流负责组织起社，当年办社应该最先从哪个社开始，在这个问题上，本来非常团结和尽心的石家庄和高家庄闹起了矛盾。石家庄村主任石水元和高家庄张乃生两人本来齐心协力办事，但是也闹起了意见。石家庄还派了很多人到张乃生的家里去吵架闹事。石家庄的人质问高家庄的人（代表当然是张乃生）：如果让你们高家庄办，办砸了怎么办？这不是让老奶奶怪罪吗？张乃生是一个性格温和的人，不擅与人争执。这时，张乃生的妻子陈娇娥站出来说话了，她说，那有什么，天塌了有地接着呢。陈娇娥的气势和自信镇住了在场的人。她一个人面对石家庄众人的攻击，从容应对，化解了一场危机。事后，石家庄开始故意制造事端，说要是高家庄先办，他们就不参加了。面对这样的要挟，陈娇娥非常镇定和担当。他们召集其他七个村的负责人开会，商量对策。陈娇娥说道："他高家庄不参加，这个社还是要办。没钱我陈娇娥借钱也要办。欠了债我来还，我还不清，还有我的孩子来还。"大家从陈娇娥的身上看到了高家庄办社的决心，纷纷表示，他石家庄不来，咱们七个村也要办。石家庄负责办理的衣服，咱们也不要了，重新置办。这样一下子就孤立了石家庄。之后，张乃生又以总负责人的身份多次去石家庄说和，最后化解了矛盾，石家庄又重新回到上社的工作中。笔者在这里不厌其详地展示这个真实而生动的采访故事，意图是非常明确的，一个开始并没有引起重视的农村老太太，没想到却在上社过程中发挥了如此巨大的作用。她身上的担当精神和优秀的组织才能让她光华尽显。她和丈夫一武一文，共同争取到了最先办社的权利。当时笔者开玩笑：张叔叔，办社捐钱，阿姨支持，有了矛盾，阿姨解决。原来上社真正的领导是阿姨呀。朴实的张乃生哈哈大笑，对妻子的佩服和支持是不言而喻的。女人主内，往往把自己全身心奉献给家庭、孩子和丈夫。在采访中问到女性到老奶奶那里为谁求，她们回答大都是为孩子和丈夫等家里亲人的事情，很少为自己求。求孩子健康平安、上学顺利，求丈夫工作顺利、发财等等。这样的家庭身份往往将女性的才华局限在家庭中，其实女性在主内的职责中同样能够展示女性的能力和风采。陈娇娥就是这样一位女性，她辅佐丈夫，支持丈夫工作，面对危机，她敢于为丈夫出头，勇挑重任，颇有女娲创世之初炼石补天的担当精神。石林花、陈娇娥等，笔者采访到的普普通通的农村女性正是女性群体的典型代表，她们在生活中立足于女性的家庭职能，在女娲民俗活动中同样发挥着重要的作用，体现了女性的主体价值。

二、女娲民俗的建构中，女性所建立的女性社会生存姿态

另一位接受采访的女性是涉县索堡镇的普通农村妇女，基于尊重被采访人的意见，书中不再提及其真实姓名，而她所做的事情是真实的。这里称之为张大姐。张大姐作为女性也在为老奶奶作贡献，她作贡献的方式比较特殊，是讲课，就是为善男信女们布道。为了讲好课，她非常下功夫，没事就在家里写稿子，编一些宣传小册子。张大姐的文化程度并不高，凭着一股子劲儿，愣是写出了不少这方面的东西。为了把课讲好，除了认真准备，她还善于在实践中、在讲课中总结经验，听众不一样她讲的内容就不一样。周围的人都愿意听她讲。问及咱们女人能够为社会做点什么事的时候，张大姐觉得，女性最伟大之处，就是慈爱。老奶奶即女娲，就是这样一位慈爱无边的母亲，"她悲，悲到为众生痛哭流涕；她爱，爱到每个群生毫发之痛。"这是张大姐的写的原话，虽然语言有不通之处，但是所体现的正是女娲作为女神的特质，同时也是女性的特质。张大姐说：女人就要像女娲那样，做一个慈爱的母亲。女人在家里发挥着重要的作用，尤其是在养育孩子教育成人的问题上，母亲是至关重要的。女性在家庭中应该处理好五伦的关系，是家庭和谐的重要协调者和润滑剂。女性以大爱包容去化解家庭中的诸多矛盾和问题。① 张大姐的文化程度不高，却以一个普通女性的身份，朴素地理解着女娲老奶奶留给我们的最精华的内涵，而且在现实生活中她也是这样去做的。按照她的观点，女性不用在女性身份之外去寻找自己的作用，就在家庭中把自己变成一个像老奶奶一样的人就完全够了。

女娲与女性的联系是天然的，她们都是伟大的母亲。涉县当地称呼娘为"nia"，是女娲两音的合音。当地人讲，很久以前人们看到生产下孩子的母亲，不知道怎么称呼，想应该用一个什么样的名字来称呼最合适呢？后来大家认为母亲生育孩子繁衍子嗣，和造人的女娲一样伟大，于是称生产孩子的母亲为女娲，时间久了，女娲就读成了"nia"。女性的伟大，不仅在于生育后代，更在于她的奉献、牺牲、担当和博大的胸怀。从张大姐对于信仰女娲的

---

① 根据对张大姐的采访录音整理。

理解可以看出，对于女娲的崇拜其实已经影响了女性如何做人，应该以什么样的责任承担女性在社会和家庭中的角色问题。女娲本身的神话功绩以及显灵的传说体现了女娲作为女性所具有的优秀品质，担当、包容、奉献等等。这些品质本身就是优秀女性的特质，只不过以女神的形式展示了出来，对于信众来说就具有了榜样的力量。陈娇娥虽然不懂这些大道理，但是却以对生活，对女人职责的朴素的理解践行着老奶奶身上所体现出的女性品质。陈娇娥也因为在家庭和社会中的优秀表现，获得一位女性所应获得的权利和尊重。张大姐是一个反思能力较强的女性，虽然文化程度不高，但是传统的教育让她觉得女性奉献、慈爱、包容的品质是家庭和社会特别需要的，并且主动自觉地将老奶奶当作这种品质的象征。从本质上而言，女娲信仰带给女性的不仅仅是显灵的成果，精神的寄托，还有女性生存于世的人生姿态。女娲不仅助女性完成相夫教子、护佑家庭的职责，还"引导"和启示女性如何能够真正确立与男性平等、又符合女性社会性别身份的方法。在民间，在朴素的农村女性中，在女娲那里，并没有什么女权主义理论下对于女性权利的强烈反应和努力争取，有的只是在默默奉献中体现着女性的伟大，在勇敢的担当中闪耀女性智慧的光华，在博大的慈爱中确立永恒的母亲形象。

在倡导男女平等的现代社会，女性只有立足于自身的自然身份和社会身份，努力承担应该承担的责任，才能真正发挥女性的主体性，以此诠释和体现男女平等的真正内涵。本书的研究内容是民俗，女性的主体性正是在诸多的民俗事象中得以呈现的。它使得一个个抽象的民俗事象还原为鲜活的民俗事件，女性作为事件的主体活跃在这些事件中，成为自己生活的主人和建构者。"女人只有自发自觉的民间过程，才能够以女性主体身份进入社会。"①在这一过程中，女性最终会在日常生活中获得与男性平等的身份。这个平等不是西方意义上的平等，不是女权主义理论下的平等。在中国现代社会，女性走完最初的走出家庭走向社会的解放路途之后，应该找回和呼唤的是女娲救世济民、博爱奉献的女性精神。这才是女性真正的生活和社会身份。

① 李小江：《女性/性别的学术问题》，山东人民出版社2005年版，第160页。

第四节　庙会群体特征

庙会是某地区关于某一神灵祭祀及其相关民俗活动的集中展示。以往庙会研究多是着眼于庙会的种种民俗事象和活动，而忽视了活动和事象的实际实施者俗民。庙会群体是俗民信仰生活中经常出现的、非常典型的、暂时的和松散的俗民群体，是最能够凸显俗民群体特点的群体。在庙会这一特定时空下，庙会群体研究将着眼于对庙会主体，即俗民的考察。考察当来自四面八方的俗民为着呈现和完成同一个民俗传统聚集到一起的时候，他们各自都在扮演着什么样的角色，在某种默契下形成了怎样的分工和合作，共同多角度、立体地完成对某种民俗传统的呈现。

在正式展开研究之前，首先对研究思路进行说明。对于庙会群体研究，可以将这个词语分为两部分，即"庙会"与"群体"。"群体"即为俗民。俗民在庙会中对于民俗的呈现方式主要是习俗化的行为和语言。面对不同的民俗内容，俗民根据各自的身份扮演着特定的民俗角色，完成其所负载的民俗任务。因此，对于庙会群体的考察主要是对其所扮演角色和行为实践的考察。正如乌丙安所言："在习俗化的过程中，始终活跃着许许多多承载民俗的人，他们以各种各样的身份交流民俗，传习民俗，操作民俗，积累民俗，甚至编制或创造民俗。这些人其实并不是少数人，而是俗民群体中的所有的人。他们在民俗活动中都有自己恰当的民俗角色。"[1] "庙会"界定了俗民群体在什么样的时空背景下展开的活动。既然是俗民活动的时空，即民俗内容呈现的特定语境，因此，要对这一语境进行简要说明。从空间上而言，庙会群体活动的空间集中在庙宇所在的地点及其周边。但是俗民对于民俗的展示和实践并不一定从到庙宇所在的地点开始，也不是随着离开而结束。因此，对于俗民庙会民俗行为的考察也将包括其来庙会前的家庭、路上等活动

---

[1]　乌丙安：《民俗学原理》，长春出版社 2014 年版，第 106 页。

地点。从时间上而言，俗民对于民俗行为的展示是过程呈现，这一过程并不是全部在庙会完成，有些民俗行为是在庙会前后的时间段内展示和完成的。民俗行为的实践和呈现是系列和过程化的，所以对于庙会群体民俗行为的考察，将分为庙会前，庙会中和庙会后三个阶段，每个阶段俗民承载的民俗角色和民俗内容是不同的。

这里以河北涉县每年三月在凤凰山，即中皇山的女娲庙会为例，将庙会习俗分为几个大类，然后再根据这几个大类来考察不同习俗中，群体分工合作的关系和群体成员如何共同完成相关习俗的呈现。涉县三月女娲庙会是为纪念女娲的神诞日而设置的，是集中祭祀女娲并表达俗民敬神愿望的时期。这期间，与女娲相关的习俗和必要的、典型的庙会习俗均要展现。这里将庙会习俗分为祭祀习俗、祈愿还愿习俗、娱神表演习俗等，与此相应，庙会群体就会形成祭祀群体、祈愿还愿群体、娱神表演群体。另外，庙会还有商业活动，会形成商业活动群体；近年的观光旅游则会形成游客群体。我们将其称之为附属群体。之所以称为附属群体，是因为此类群体的民俗元素较少，与庙会主体内容关系较远。但是他们也是庙会群体的有效组成部分，而不是置之之外的部分。对于单个俗民来说，是可以在不同群体之间进行活动的，角色也可以转换。比如俗民个体在庙会当日先是祭祀群体的一员，承担一定的角色和职责，例如仪仗队中打旗者；祭祀完毕后，则可以去祈愿，希望女娲满足其某一个愿望，成为祈愿群体的一员；然后他还可以加入打扇鼓的队伍，又加入了娱神表演群体。这种角色的不断变换被乌丙安称之为随俗角色。因此对于群体的这种划分仅仅是为了找到呈现俗民群体活动的方式，而并非是俗民活生生的现实生活。话语表达有其局限性，笔者将努力克服这一局限，客观并鲜活地呈现俗民群体的习俗化行为。

本节中，笔者要以两种方式来展示庙会群体。第一种方式是运用叙述、描写的方式感性的呈现庙会景象。这种方式并不是要对庙会群体分类研究，而是将其看作是一个整体，俗民在庙宇这一空间自由活动，在不同庙会群体及其角色之间自由转换，群体与群体互相交融，在特定时空中共同完成庙会民俗事件的呈现。该方式能够较为具象地展示俗民在庙会上的不同民俗行为，同时还可以将不属于民俗事件的一些庙会构成部分呈现出来。例如商业活动等。这类庙会内容虽然没有承载高质量的民俗内容，但同样也是庙会的重要组成部分。第二种方式即是上文提及的按照庙会习俗对庙会群体再次分类，然后分类别考察不同习俗群体。

一、庙会习俗中的人与事

每年三月的庙会，尤其是三月十五左右，娲皇宫山上山下就聚集了大量的赶庙会的人，高峰时段山道上人满为患，去得晚了就很有可能上不了山，祭拜不成老奶奶。四面八方赶来的人群构成了我们的研究对象即庙会群体。来到此时的娲皇宫，你会处处看到各类正在上演的民俗事象，那些看似木讷的俗民满脸虔诚地在履行着习俗行为，成为诸多民俗事件的表演者。以下文字来自于笔者历次娲皇宫考察报告。三段文字分别叙述的是笔者多年在娲皇宫庙会上的所见、所闻、所感，较为具象地呈现了庙会诸民俗内容和事件，这其中有祭祀、求子、占卜等。

1. 此次娲皇宫之行主要是为电视台女娲文化讲座拍摄一些影像资料。未进入景区，就有很多卖香烛的小贩向我们兜售香。他们招揽生意的方式非常特别，说辞往往让你不买不成。他们紧跟着游客，不时说着："买把高香吧，给老奶奶上炷香，保佑你们全家平安、发财。"即便不是来上香的游客听到这样的话，也觉得不无道理，都会乐意买点香。是啊，好赖也到了老奶奶的地界上，上炷香表表敬意总是应该的。……十八盘山道上，到处是洒下的小米、垒起的石子和挂在树上的红布，一下子让我们感受到浓郁的信仰氛围。一路走来，山道旁边不少算卦的不时地向善男信女招揽生意。也有心里真有困惑的朝拜者，坐在小凳子上小声地和算卦先生交流。到达山顶，已经是人山人海，在大石窟前不大的空地上挤满了人，更不用说三阁楼，想上去都难，只能在下面等着。在大石窟女娲殿前，一波一波的善男信女上香、跪拜。心中无事的，磕了头就走了；心中有事的会在那里跪拜好长时间，一脸虔诚地面对女娲，心中默默道着自己的难事，希望老奶奶保佑实现。我们采访了一位女性信徒，看到她满脸愁容地跪在女娲像前很久。问及原因，她说婚后多年无子，去医院看也不管用，所以希望老奶奶能够可怜她，赐给她一个孩子。在三阁楼内，还会有师公师婆在那里以老奶奶的名义或唱或说，外人是很难听清楚其中的含义，但是说唱人双眼紧闭，一脸神秘；周围听的人不断磕头，嘴里不时念叨，配合通灵者的说辞，大致的意思是求老奶奶保佑的话。

但凡在这里祭拜过的人，都会争相从工作人员那里请回一条红布，并且非常虔诚地挂在脖子里。请红布条不是白请的，自然还要往功德箱里放上数额不等的香火钱。此处的工作人员应接不暇，不同面值的钱币投到了殿中的功德箱内。笔者还发现了一种新兴的祈福行为：在大石窟前两侧均有历朝重修碑记，碑记上贴满了大小不同的硬币。仔细看来，凡是碑记中表达美好含义的词大都被善男信女用硬币贴上了。这怎么能够贴上呢？又没有胶水。身边的人对我说，没有问题，你粘粘看。我掏出一枚硬币在一个"通"字上使劲摁了一下，果然粘了上去。这太神奇了。娲皇宫工作人员给我解释，此处长年受到火烛熏烤，碑的表面早就粘了一层蜡油，因为熏烤或者日晒，蜡油不会完全凝固，所以硬币才会粘在上面。……

拍摄任务顺利完成，下得山来，我们还在小吃摊上吃碗凉粉，再买点花椒、核桃之类的土特产，回家了。

2. 为了能够看到完整的民间祭祀仪式表演，庙会期间，我再次赶往娲皇宫。不巧出发的当日一直下雨，我们又走错了路，等赶到娲皇宫的时候，来自小曲峧的祭祀队伍已经登到顶上，正在进行祭拜。抬轿的几个人将老奶奶的轿子抬入女娲殿门口的桌子上，意在让村中的老奶奶与娲皇宫的大奶奶见面。轿子放到桌子上后，所有的人都下跪叩拜，然后由专人诵读祭文。祭文读毕，老奶奶的轿子又被众人抬下山去。队伍回到山下，祭祀仪式就要结束，我们不可能再看到什么有价值的东西。这可让我着急，硬着头皮去找当时小曲峧社的负责人，向其说明来意，想看看祭祀队伍的表演。没想到对方欣然答应，当即召集所有上社人员在太极广场为我们表演了起来，让我们看到了完整的祭祀队伍构成和次序。这让我一下子感受到涉县人民的质朴和他们对女娲的热爱。

当天虽然下着雨，来赶庙会的人并不多，但对于真正虔诚的信徒来说，这算不了什么。在女娲塑像广场上，是唱愿戏的表演者。他们穿着戏装，等待香客来问价。唱一出愿戏，其实也就是几十块钱，但这丝毫影响不了他们对于表演的认真态度。当时，一位老太太领着一个小男孩前来还愿，站在演员身边商量价钱，价钱商量好，老太太即刻拿出钱来，放在了地上。老太太跪在地上，面向山上娲皇宫的方向，嘴里面念念有词，不知在祷告什么。随即她又让小男孩一起跪下。唱的愿戏往往非常简单，常常有一两个角色，演员也是业余的，但是他们却在认真地表演。我想他们的认真很大程度上源自于对老奶奶的崇信：戏是唱给我奶奶的，千万马虎不得。于是山上上下响彻着他们高亢的音调和丝弦的吱呀声。

3. 庙会上最神秘的人应该是抱娃娃的女人。抱娃娃有一个关键的禁忌，就是一旦从子孙殿里抱上了娃娃，就不能再和别人说话，否则就不灵了。所以，我们只能在旁边默默地看着三两个一拨的抱娃娃女人，在大殿子孙奶奶前下跪，嘴里开始念叨，念叨的话有时是说给子孙奶奶的，希望老奶奶保佑赐给孩子；有时却是说给孩子的，大致意思是家里物质条件好，不愁吃穿，父母疼爱孩子等等，目的是要孩子愿意来家。当然最后还要许愿。女人站起来后，就从奶奶前挑一个塑料娃娃，用红布包起来，低头快速离去。复杂的要有神婆参加。也有非常简单的，跪在子孙奶奶像前，说明意思，抱起娃娃就走。

二、庙会群体类型研究

如上文所言，可以将庙会群体分为祭祀群体、祈愿还愿群体、娱神表演群体等。这里重点考察这三类群体。考察重点是，围绕某一习俗活动，群体内成员怎样自发的进行角色配置和分工，共同完成了特定习俗的表演和呈现。

1. 庙会祭祀群体

庙会祭祀群体是围绕祭祀活动形成的群体，这一群体在本章祭祀群体的介绍中分析过，即神缘祭祀群体。在神缘祭祀群体的阐释中，重在分析由于某一神灵的神性力量使得在地域上接近的俗民组成了有特点的祭祀组织。这里想通过对某一具体的祭祀活动和仪式的较为详尽的描述，将祭祀活动的分工、角色及其功能进行较为详细的展示。展示不仅仅涉及到上社当日的情形，更将之前必不可少的准备工作详细记录，将民俗事象还原为民俗事件，在还原中凸显出一个个鲜活的俗民个体，呈现较为真实的俗民的祭祀过程。

每年三月庙会最隆重的祭祀就是朝顶仪式。这里以唐王峧八个村成立的娲皇社为例，具体讲在娲皇社的筹备、上社的整个过程中，俗民的角色分工和所发挥的作用。描述分为两部分，第一部分是上社的筹备工作，第二部分是上社当日的整个祭祀过程。第一部分上社的准备工作往往被研究者所忽视，认为这并不能体现民俗学所要研究的民俗事象，但是它却是完成上社仪式的最重要的前提。如果立足于俗民，就会发现上社的筹备是俗民实现上社而进行的最辛苦、最艰难的工作。因此不能将这一阶段简单略去，相反，应该成为鲜活呈现的部分。

唐王峧娲皇社在 2002 年重新上社之前，已经中断六十多年。在 2002 年，时任高家庄村干部的张乃生在娲皇宫遇到管理处的陈水旺，陈水旺就和张乃生商量重新办社的事情。陈水旺问张乃生以前这方面的情况，张乃生说自己也不懂，但是可以问问村里的老人，于是就找到村里张金廷、陈喜廷两位老人，他们办过社，知道其中的很多东西。于是两位老人就成为上社筹备工作的顾问。此次起社在官方而言，主要是当时旅游局的倡议。因此旅游局也派人来参加这项工作，娲皇宫管理处的陈水旺也作为重要角色参与筹备工作。当然，这两人的工作不仅限于娲皇社，他们还要发动别的村子起社。这里仍然以娲皇社为例，张乃生与石家庄村石水元具体负责筹备娲皇社。两人的主要工作是采办上社用的器具，还有上社人员的组织排练等。各村人员调度主要由各村的负责，称为维首。说到办社的过程，张乃生颇有感慨，对某些事情印象深刻。办社遇到的两大难题一是资金问题。办社需要花很多钱，最初县旅游局承诺给两万，最终只给了六千。八个村村民捐款一万四，还差了不少钱。其他都是张乃生和石水元贴补的。第二个难处是上社用的东西不好买，有的根本买不到。上社用的铜锣鼓不好买，他们就叫村中老人画图，然后拿着图到山西长治铜器厂定做。没有老奶奶的轿子，张乃生就在自己家中用自家木料请工匠做了轿子。这期间还有很多矛盾和纠纷，在女性群体部分笔者也做过一些交代，这里不再赘述。总之，历经诸多困难，上社的准备工作总算完成了。事实上，每次上社还有非常烦琐的其他准备工作，这将在第五章俗民个体研究中进行介绍。

第二部分上社。祭祀需要的角色和分工按照上社仪式的构成和顺序依次为，娲皇社大旗→长号、川锣开道→四个打手拖柳棍→肃静牌→虎头牌→腰鼓队→龙凤旗→两面大鼓→五彩旗→帷的、小伞→神枪队→第二个腰鼓队→第二个龙凤旗→两面大鼓→第二个五彩旗→帷的、小伞→武执事→宫女两名→一名跟香、一名龙官→老奶奶轿子→扇鼓队→秧歌队→舞蹈队。上社时，全体俗民都要加入和扮演其中的角色，担任一定的任务。唐王峧娲皇社是半朝銮驾，参与的人数是180人。这180人的分工，除了一些特殊需要技能的角色外，俗民要担任的角色基本上是按照自愿的原则，报名自己愿意为老奶奶做点什么事情。所以，在祭祀的队伍中，就会看到一些有意思的现象：七八十岁的老人腰板都不直了，却在为老奶奶抬轿；身强力壮的小伙子却在做一些较为轻松的工作。这种自发配置角色的特点非常符合民俗群体的角色配置方式。祭祀群体本也是临时组建的组织，自发配置并自发履行角色民俗行为，俗民群体共同呈现了上社祭祀仪式的民俗过程。

2. 祈愿还愿群体

祈愿还愿群体是围绕祈愿习俗（例如挂红、垒石子、求子拴娃娃等）和还愿习俗（唱愿戏、"戴索儿开锁"）展开活动的群体。在一个习俗展开的过程中，需要俗民来完成相应的呈现和表演任务，这里先以"戴索儿开锁"为例，来说明这一问题。涉县"戴索儿开锁"的习俗，在很多资料中，都将之定为成人礼俗。然而笔者认为，这个习俗应该分为两部分，即"戴索儿"和"开锁"。更确切地说，这应该是两个习俗，只不过密切相关，被看作是一个。第一，诞生礼俗："戴索儿"。在中皇山求子成功的父母，孩子出生后，就要到广生宫"戴索儿"。在解放前娲皇宫住着道士，道士备有红头绳编的索儿，见了戴索儿的人，道士把索儿戴在婴儿的脖子上，或交给婴儿的母亲带回去给婴儿戴到脖子上。广生宫里的广生圣母（这里广生圣母可以看作是女娲的分身，代替女娲行使职能）一条银链儿、一把金锁，把孩子的真魂锁在广生宫里，让孩子安全成长。第二，成人礼俗："开锁"。孩子长到十二岁时，父母再领着孩子到庙里去开锁。去时孩子脖子上戴着索儿，并带一把新锁。到了庙里，烧过香后，由道士把新锁打开，把索儿取下来，圣母就把真魂还给了孩子，表示孩子已成了人，广生圣母完成了对这个孩子的护佑任务。如果不去开锁，孩子的真魂不在身上，就会多病，智力不全。在这一习俗中，俗民是通过一定的角色配置和分工来完成这一习俗的呈现。不论是"戴索儿"还是"开锁"，这里有几个重要的民俗角色。一是诉求者，即向女娲提出保生愿望的人。通常是孩子的父母、家族中的长辈，隆重的仪式中亲戚朋友也要参加；二是被保生者，由未成年孩子充当这一角色；三是媒介人，即负责"戴索儿""开锁"的人。一般情况而言，由孩子的长辈来选择由谁来充当媒介人。通常只要是成年人即可担当这一角色，家长一般会选择德高望重者、事业有成者担任。另外，还有职业化的师公师婆专门从事这一活动。在实际的仪式表演过程中，前来开锁的家长和孩子自发进入相应角色，然后选择一个具体的媒介人共同完成仪式。另外，在仪式中还有必要的民俗元素，包括角色所必须表演的动作、语言和相应的媒介物。以开锁为例，表演过程中，诉求者所要完成的行为和语言最为简单，只要准备好相应的供品，找到媒介人提出要求，然后指导孩子跪于女娲神像前即可；孩子作为事件的主角要跪在女娲像前，叩拜女娲，感谢老奶奶的庇佑；媒介人是整个事件的关键角色，角色担当者会一边唱开锁歌，一边向女娲祷告，手持荆条轻轻拍打孩子的背部，尔后打开挂在孩子胸前的锁。仪式完成。仪式的媒介物主要是锁。不管充当角色的具体的人是谁，角色的功能和语言行为都是一样的，都要完成相关行为、语言的表演，履行角色的功能。所不同的是仪式的繁简，一般由师公师婆职业化的媒介人主持的仪式更为复杂。复杂的仪式中，孩子的身上的锁最多可以有五个，仪式现场不仅有孩子的父母，还有亲戚朋友进行观礼，还要给孩子钱，意为压锁。

　　并不是所有的习俗都需要媒介者。例如在唱愿戏的还愿习俗中，角色只有两类：一类是还愿者，还愿者需要完成的民俗行为有出钱请戏、向女娲跪拜祷告，自己独立完成与神灵的交流。庙会中笔者看到这样一位老人，愿戏开唱之后，她面向娲皇宫不断叩拜，口中念念有词，似在诉说什么；另一类是表演者，表演者一般都是由擅长戏曲表演的俗民担任，是非专业的。这类角色承担的民俗行为就是唱戏，不需要能够通灵。他们的表演起到让神灵娱乐的作用，同时也实现了还愿者的诺言。需要注意的是，这类小型还愿戏一般无观众，主要是完成还愿心愿，让神灵观看。这一点不同于娱神表演群体。

3. 娱神表演群体

娱神表演群体是围绕娱神表演习俗（例如唱戏、打扇鼓）展开活动的群体。这类群体的角色一般有娱神表演者、捐钱请戏者、组织者、观众，有时还需要师公师婆这类通灵者。在唱戏的习俗中，每到庙会，就会有善男信女，或为还愿或只是表达对女娲的虔诚，都会自愿捐钱给老奶奶唱大戏。捐钱请戏者需要完成的民俗行为就是出钱，组织者的功能就是完成请戏团、安排地点、时间，当天的人员调度、伙食住宿等一系列组织协调工作；娱神表演者一般为专业演员，负责唱戏（现代也有歌舞等现代化娱乐形式）。与小型愿戏不同，这类娱神演出是有观众的。观众也是一类角色，虽然这类角色需要完成的民俗行为非常简单，就是看戏。但此时看戏却有特定含义，是陪老奶奶看戏，这就具有了民俗意义。有了诸多俗民的台下欣赏，才使得演出成为完整的民俗行为。在打扇鼓的表演中，除了有表演者、组织者、观众之外，还有通灵者。因为在传统社会，扇鼓是师公师婆用来与神灵沟通的专用品。扇鼓一响，神灵就会感受到。现代社会，扇鼓的这一功能已经淡化，渐渐转变为纯粹的娱乐行为。因此，通灵者在这一民俗活动中可有可无。表演者一般由普通俗民担任，是非专业人士。担任这一角色的俗民每个人身上所承载的民俗内容的多少和质量差别较大。有的精通表演，会唱会跳，还要教其他人，成为老师。这样的人往往会成为第二类角色即组织者，还承担表演的召集和组织工作。笔者在庙会采访的一位打扇鼓的带头人，她不仅负责教授，还卖扇鼓。有的俗民虔诚信奉女娲，积极学习技艺并热心参加活动，成为骨干力量；有的俗民纯粹为了娱乐，并无虔诚信仰，在信与不信之间。至于观众这一角色，担任的功能与唱戏是相同的。

关于祈愿还愿群体和娱神表演群体，上文所提到的俗民在民俗活动的分工和角色，仅限于在庙会中的部分。事实上，和祭祀群体一样，祈愿还愿群体和娱神表演群体民俗行为也会涉及到庙会前和庙会后的部分。例如祈愿还愿群体，在开锁之前，准备给孩子开锁的人家要提前完成的最重要的工作，是寻找能够为孩子开锁的合适人选，也就是对媒介人的确定。还要确定到场参加开锁的亲戚朋友的人数和人员。这是其一，人员的准备；其二是物质上的准备，例如供品、准备答谢媒介人的礼金或者物品、给孩子的压锁钱等等；其三是心理的准备，这是无形的，但是最重要的。开锁实际上是成人礼，对于要开锁的孩子来说具有重要的人生意义，也必然会对孩子的心理产生重要的影响。开锁前的心理准备，主要是对成为成人的初步认知。随着开锁程序的一步步完成，孩子也逐渐从心理上完成从孩子向成人的过渡。至于在庙会后产生的民俗行为，"求子"习俗中更为典型，将娃娃抱回家后，还有一系列必须完成的行为：将娃娃放入箱子中，并且上香三天等，有神婆参与的求子情形会非常复杂，目的是保证求子的成功。娱神表演群体在庙会前有着更为复杂的准备过程，确定表演人员，即由哪些个体来充当民俗表演角色；还要反复的排练保证表演的顺利和精彩；服装、道具等方面的准备也是必不可少的。上述民俗行为均应该成为庙会群体研究中予以关注和阐释的部分，尽管其中的很多行为从严格民俗标准看，并没有负载多少民俗意义，但是却是民俗行为得以顺利进行的保证和前提。在这些似乎不能称之为严格意义上的民俗行为中，往往更能体现俗民的民俗观念。

第五节　俗民日常生活研究的边界问题

本章主要是从群体的角度来观察俗民的集体行为对于民俗文化的传承和建构中的作用，以及在这一过程中，不同俗民群体所表现出的行为特征和彼此之间的关系等问题。在实际的研究中，笔者始终面临着理论上的一种困惑：立足俗民的日常生活研究当然首先去关注和描写那些典型的民俗行为，但是事实上，典型民俗行为只是俗民日常生活的一部分，或者说典型民俗行为不是孤立抽象的存在，之所以能够实施，是因为这些民俗行为还关联着许多非民俗行为。如果这些行为不被纳入研究的视野中，就很难有效凸显俗民建构民俗文化的主体性；如果纳入进来，就会产生一个问题，即以俗民日常生活世界整体作为研究对象的民俗学是否因此模糊自身的学科研究边界。

一、民俗学生活世界概念的外延和研究边界

高丙中在对民俗学意义上的生活世界进行定义的时候，认为民俗就是俗民的日常生活。这种定义确立了民俗学的研究对象是面向生活的整体研究取向，但是却未明确界定民俗学所研究的日常生活的外延，即该研究究竟包括多大的范围，俗民日常生活的哪些行为可以看作是民俗行为并体现着一定的民俗观念，由此能够纳入到研究中来。缺乏外延界定的日常生活研究理论，必然会使得面向俗民日常生活的研究，出现如同笔者的困惑。正如高丙中所述：在具体的研究中，"生活世界"的范围总是有所指的，总是属于某个村落、某个地区或者某个团体的。一个研究者心中自然明白，具体的研究必然是某种个案研究，但是不管是一个村落的、地区或者是团体的生活世界研究，总会遇到生活世界的外延界定，即生活世界研究的边界问题。

在实际的研究中，笔者发现了传统民俗学研究原本并不关注的某些社会行为，恰恰体现了俗民非常浓厚的民俗观念。笔者认为这些社会行为应该纳入到研究视野中。这些社会行为因为与严格意义上的民俗行为密切相关并且是其前提条件，所以可以称之为前民俗行为。例如祭祀群体，其重要的形成要素是祭祀，但是如果仅仅考察祭祀行为本身，是很难发现俗民围绕祭祀所具有的更为隐蔽的行为、动机和心理。在庙会祭祀群体的描述中，俗民为祭祀进行复杂而艰苦的准备，以及对复杂人事关系的处理。这些行为都不属于严格意义上的行为，是民俗前行为，即为了真正意义上的民俗行为的实施而必须要完成的社会行为。这些社会行为承载的民俗意义并不浓厚，却是之后

祭祀民俗行为完成的必不可少的条件。而且在此类行为中，有时更加能够体现出俗民鲜明的民俗观念。就本书研究对象而言，俗民对于老奶奶的崇拜，不仅通过祭祀行为体现，而且通过本章所描述的诸多的民俗前行为体现。

回到刚才的理论问题上来，关于生活世界研究边界，即生活世界的外延问题。笔者认为，既然民俗学将生活世界作为研究对象，而且强调了研究的整体性，不是仅关注文化，而是研究生活，那么就很难割裂生活中民俗行为与其他社会行为的紧密关联，尤其是涉及俗民主体性研究更是如此。所以民俗学生活世界研究的边界应该拓展，不仅包括那些民俗行为，还应该包括前民俗行为，甚至是更多。只要俗民行为能够体现一定的民俗观念，或者与民俗行为发生紧密关联，都可纳入到生活世界的研究中来。因此，生活世界的外延也就可以明确：围绕俗民积极建构民俗生活的内容和过程，凡是与此相关的行为和习俗惯制都应是生活世界包含的内容。

二、俗民群体研究中的边界问题

在具体的祭祀群体和庙会群体研究中，本章的研究内容均超出了传统民俗学所研究的边界。这种越界不仅是上文提到的前民俗行为，而且涉及到典型俗民群体研究中更为具体的问题。

在祭祀群体研究中，笔者并未孤立地研究各类祭祀群体在承载民俗意义、实践民俗行为时所体现的群体特征，而着重阐释各类祭祀群体之间形成的关系，即对各类祭祀群体形成的多层级圈层结构研究，并对位于多层级圈层结构上的大小不同的地域性祭祀群体形成的整体面貌和动态变化特征也进行了探讨。这类研究显然更偏重于社会学，即祭祀群体的社会关系。大小不同地域祭祀群体，或者因神灵不同形成的神缘祭祀群体，会在现实生活中形成复杂的网状和交叠的存在状态，对于这种存在状态有必要进行研究，从而探究俗民受到哪些因素影响而形成了不同的祭祀群体以及彼此的关系。对这一问题的探讨，如果从传统民俗学研究视角看，也是不被关注的领域。因为，传统民俗学注重的是民俗事象，而非民俗事件。面向生活世界的研究则更加注重民俗事件，而对民俗事件的研究就要融入俗民的生活，因为民俗传统，诸多的习俗惯制就是俗民在日常生活中不断实践和创造的结果。俗民对于传统的传承和对新民俗的创造，都不是个体行为所能完成，而是集体行为的结果。因此俗民在日常生活的民俗传承和创造必然要追求一种联合，由此就会形成俗民群体、群体组织和群体关系等。因此，对于俗民群体的研究，上述方面是必不可少的内容。

庙会群体研究中遇到的理论问题仍是边界问题。问题之一：庙会群体是一种空间意义上的聚合，在空间意义上，或者说在庙会这一空间范围内，庙会群体研究应该具体研究什么内容。庙会群体是乌丙安提出的民俗学群体概念，虽然松散、临时，但因为是俗民大规模聚集、集中展示民俗传统，因此被看成是最重要的俗民群体。但是乌丙安仅仅是提出了这一概念，揭示了这一群体的重要价值，但是却未明确如何对其展开研究。以往研究多的是庙会研究，而且个案研究居多。个案研究的基本思路往往首先追溯某一庙会的神灵身份和文化内涵；其次，展示某一地区特有的关于神灵的神话传说和山川地理、人文景观；第三，描述庙会上出现的特有的民俗事件，包括祭祀、表演、民俗物等方面；第四，分析庙会的功能和作用。在这类关于庙会的研究中，多的是对文化的关注，而看不到创造文化的俗民。事实上，庙会上的每个俗民都在为展示民俗文化发挥着功能和作用，但却都被屏蔽了。这里以魏阳竹的论文《甘肃省甘谷县善华寺庙会与俗民生活研究》为例。该论文对于庙会的研究分为以下几个方面：善华寺庙会的地理和人文空间，善华寺的传说和观音信仰，善华寺庙会仪式和娱乐，善华寺庙会功能。① 这一研究思路遵循了标准的庙会研究的路子。除此之外，论文还关注了庙会与俗民生活之间的关系。在论及庙会仪式和功能时均兼谈了俗民在庙会中所要实现的需要。论文对于俗民生活需要的关注可以看作是庙会研究的一个新拓展。在描述庙会各类仪式时，该作者还通过访谈法大量展示了满怀各类愿望前来赶庙会的俗民个体。文中还简要叙述了某些俗民个体前来拜神的原因、通过拜

---

① 魏阳竹：《甘肃省甘谷县善华寺庙会与俗民生活研究》，载郝苏民、马忠才：《庙会：传承新态》，中央民族大学出版社 2013 年版，第 1—67 页。

神想满足自我什么样的敬神愿望。需要指出的是，尽管论文开始关注庙会中的俗民，而且还有丰富的俗民个案，但是其研究的立足点仍是庙会，重点关注的是庙会文化对于社会和俗民的功能。事实上，如果倒过来看问题，立足俗民研究的立场，庙会文化的实施者和创造者是谁，不就是这些熙熙攘攘前来赶庙会的俗民吗？他们不仅在庙会中满足自我的精神需求，同时本身就在承载、实践和创造着庙会民俗文化。如果按照这个思路走下去就会进一步追问：俗民群体在庙会各类文化的构成中到底承担了什么角色，这个角色是自发还是自觉配置的，是自愿还是被迫的；在各自的角色中，俗民负载了什么民俗元素，应该履行什么民俗行为，从而分工合作完成一个民俗事件的表演和展示。这就是本章庙会群体研究所要着力探讨的问题，即在各类庙会群体中，不同群体围绕特定的民俗事件，例如求子、还愿等，确定了多少民俗角色，俗民自觉或自发进入这一角色，并履行每个民俗角色的功能，从而共同完成庙会不同习俗的呈现。庙会群体研究作为一个新的研究领域，除了民俗事件中的民俗角色和作用外，其实还有很广阔的研究空间。对这一问题的探讨才刚刚开始。

问题之二：庙会具有特定的时空，即在一定的时间段，某一个具体的地点，集中完成特定民俗文化的呈现。也就是说，庙会研究的时空边界非常清楚，但是庙会群体研究因为涉及是人的研究，是俗民自发聚集在一起实施、完成特定民俗事件和行为，这就有可能突破庙会研究的时空界限，例如反复提及的祭祀关涉到的前民俗行为。本章庙会群体研究就突破了庙会研究的时空边界，从时间的纵向轴上看，庙会群体研究围绕俗民所应履行的民俗行为，可以分为三个时间段，即庙会前、庙会中和庙会后，三个时间段俗民分别需要履行相应的民俗行为，三者共同构成一个完整的民俗事件；从空间横向轴看，庙会俗民群体研究不仅要关注围绕庙宇及其周边形成的地理和文化空间，还应包括俗民在家中、其他重要民俗事件发生地、甚至是路上的民俗行为。研究边界在时空上的拓展才能保证庙会群体研究能够全面考察俗民在履行民俗行为时完整的角色配置、功能，甚至是心理等方面的状态。

三、关于生活世界和俗民研究理论建设的进一步思考

生活世界和俗民研究理论的提出已经十多年，其意义已经不言而喻。在生活世界理论的指导下，民俗学在神话等民间文学研究领域获得了全新视角，取得了诸多研究成果。但是，在民俗学研究的其他领域，还少见这样的立足生活世界的研究成果。虽然某些研究者意识到了生活世界理论对于研究的重要性，但是对如何展开研究仍然缺乏认真的思考。这就造成了生活世界理论的发展较为缓慢。我们需要认真思考生活世界的内涵和外延，需明白生活世界并不是仅告诉我们民间是一个有价值的自足存在体。这一名词不应该仅是对一个研究对象的明示，更应该是一种研究价值取向的确立。在新的价值取向的指导下，原本那些我们司空见惯的民俗事象现在又应该如何去解读？具体的研究领域、研究方法和基本思路因此会需要更新的探索和尝试。

俗民研究应该是生活世界研究的一个重要方面。目前，关于俗民研究理论的重点是在探讨俗民这一概念的内涵、外延，分类等等。但是这些还远远不够，实质性的俗民研究还未开始。俗民不论作为群体还是个体都有很多方面需要研究者展开深入而持久的研究。本章涉及的俗民群体研究就试图在分类标准、典型群体特征等方面进行尝试性的研究。第三章是对于俗民日常信仰思维的辨析；第五章是对于俗民个体民俗观念和行为差异性和丰富性的展示和解读。限于笔者的研究能力和理论水平，这些研究显然不够深入，俗民研究理论的诸多问题都未能深入解读。这其中遗憾，笔者希冀在今后的研究中逐步去化解，更企盼学界前辈和同仁能够致力于相关理论的研究。

第五章　典型俗民个体研究

　　如果说上一章的俗民群体研究是面向日常生活、对俗民群体建构民俗生活方式和特征的探讨，是对俗民主体性的充分肯定和尊重的话，那么这个"主体性"强调的还是作为整体性存在的"民"的主体性，是具有群体意义的概念。事实上，群体意义的"民"是由诸多个体构成，个体的观念和行为一方面会表现出所属群体的一般特征，呈现出群体行为的共同性；同时，个体在民俗事象的实践过程中，即一个个具体的民俗事件展开的过程中，又具有各自不同的特点。也就是说，"民"的主体性不仅指作为群体意义上"民"的主体性，还要看到个体意义上的"民"的主体性。因此，对于个体意义上的"民"，即俗民个体的研究同样是本书特别关注的。正如乌丙安所说："作为曾经被理解为'民'学的民俗学，似乎不应当总是在'人类''民间''民众'的泛称概念中探索那些模糊了个人面目的集群性民俗，而应当就民俗生活中个人的清晰面貌做出勾画。"① 本章着重探讨俗民个体在信仰生活中信仰观念和行为的个性化和差异化特征，并认为这种差异性很有可能形成民俗的新因素，引起传统民俗的部分、乃至完全更新，从而形成新的习俗惯制。从这一意义上而言，俗民个体对于信仰生活的建构具有重要的意义。

---

① 乌丙安：《民俗学原理》，长春出版社 2014 年版，第 56 页。

第一节　俗民个体的典型性

俗民个体一旦出生，就处于一定的社会群体、阶级或阶层中，必然要对所属群体的习俗惯制进行认知、学习和内化。在这一过程中，个体就会逐渐认同和熟悉所属群体的社会特征和习俗特质，最终与群体亲密无间，达成契合。尽管如此，在同一个民俗群体内部，不同个体因为其成长经历、生活环境、文化环境、个人情志等方面的不同，也会对同一个民俗系统下的民俗现象产生不同的认识，从而导致不同的民俗行为。或者说，即便同属于同一个民俗文化系统下，俗民个体也会基于自身的生活目的和价值观念来对共同的民俗内容进行差异化的理解和选择。正是在这一意义上，体现了俗民个体对民俗的传承和创新。也正是因为共同的民俗内容是由情态各异的个体去实施和表现的，所以共同的民俗事象在每一次被呈现的过程中才会丰富、鲜活，具有属于每一次的独特性。

对典型俗民个体的研究，必然会涉及一个关键问题，即哪些俗民个体可以称之为典型俗民个体，其典型性主要来自于哪里。所谓典型个体是指个体在民俗生活中，能够遵循特定民俗系统下群体约定俗成的习俗惯制，能够在民俗观念和行为上体现该群体俗民所具有的一般特征，又具有其个性化的内涵。这种个性化特征一是在信仰观念上个体表现出与多数信众的差异性；二是在信仰行为上的差异性；三是在信仰活动中个体发挥了重要的、特别的作用，使其与一般俗民区别开来。根据上述三个方面界定，本书选取的典型个体有通灵者典型个体、普通信众典型个体、知识分子典型个体。

通灵者是俗民信仰生活中最重要的个体。之所以重要，是因为通灵者是这样的人物：他是神圣与世俗之间的斡旋者。莱茵哈德称：为了代表社区成员与灵魂接触，他能够随心所欲进入一种非同寻常的通灵状态。[1] 通灵者是

----

[1]　转引自鲍江：《娲皇宫志》，社会科学文献出版社 2013 年版，第 18 页。

现实世界与神性世界的媒介人，在通灵状态下，或者他的灵魂作神界之旅，或者他被精灵附体。因为这一特殊身份，使其在相关民俗观念和行为的产生和定型方面都发挥着重要的作用。通灵者可以代神发言，在俗民当中享有很高的威望。通灵者如果说，老奶奶没鞋穿了，就会有其追随者听从，为老奶奶做鞋；如果说老奶奶想听戏，俗民便会请来戏团唱戏。求子习俗很多程序和要素，也是在通灵者的参与中不断添加和丰富的。不仅如此，能力和威望都很高的通灵者还在组织民俗活动中表现出重要的协调甚至是领导作用。基于此，通灵者完全可以成为典型俗民个体进行研究。作为典型个体，通灵者所体现出的个性化特征，将在本章第二节进行介绍。

普通信众不仅因为数量庞大显示其重要性，更因为他们集体的、共同的行为是习俗惯制得以形成的前提。普通信众虽然没有通灵者的神秘力量，但是他们具体的民俗观念和行为实际创造和支撑着民俗的内容，例如神话传说的传承和创造、祭祀的举办等等，信众以各自的方式努力践行着既定的民俗习惯，甚至会产生新的民俗行为。本章对于普通信众的个体选择主要围绕民俗文化的不同内容，分别展示了不同俗民立足于自我的经历、身份，分别承担、履行的民俗行为和前民俗行为。这其中有对习俗惯制的遵循，有对祭祀活动的组织协调，有对民间技艺的爱好和传承等等。作为普通信众，他们共同的特点是对某一信仰及其习俗保持较为稳定的信任。虽然这其中的虔诚度有很大的差别，但是都自觉遵守传统的习俗惯制。本章第三节所选的普通信众的典型个体，在上述民俗活动的方面表现出诸多的差异化行为，发挥着不同的功能和作用，体现着普通信众对于民俗生活的建构力量。

知识分子与普通信众的区别并不是其毫无民俗信仰或者不履行相关习俗，其特殊性在于知识分子还具备了一个研究者的身份，是同时以俗民和研究者的双重身份参与到相关民俗活动中。研究者身份意指知识分子具有理论研究所需的唯物世界观、历史观和某种分析看待民俗生活的理论和视角。这里将其称之为唯物的知识体系。该体系会影响到知识分子作为俗民的民俗观念和行为。也就是说，知识分子一方面作为俗民要在日常生活中参与、履行习俗惯制，同时还要作为研究者以唯物的眼光反观包含自身的民俗生活。有的知识分子会试图在传统神灵崇拜和唯物知识体系之间找到契合和连接点，有的则用唯物的知识体系去重新解释所处的民俗生活。本章第四节对于知识分子典型个体的研究将围绕上述问题展开。

本章主要以涉县女娲民俗文化为例，深度描写俗民个体在女娲相关民俗生活中的表现，分析个体在继承传统民俗文化观念和行为的同时，又是如何立足自身的境遇对特定民俗文化产生了个性化的理解，体现在行为上又会发生哪些不同于传统的变异。

第二节　通灵者

一、救赎之道：他救还是自救

通灵者的重要功能是代表神灵在人间拯救百姓。但是面对苦难的芸芸众生，如何拯救百姓，帮助他们完成救赎之路，不同的通灵者对此具有不同理解。概而言之，主要有两种情形，一是依靠神灵的神力拯救百姓，为百姓办事解难；二是启示、教育百姓通过处理好人伦关系、提升做人境界实现自我拯救。前一种救赎之路是大多数通灵者都会选择的道路；而后者在民间信仰中非常少见。这里举张大姐的例子来说明后一种情形，主要展示其寻找和选择救赎之路的心路历程。

张大姐是一位五十多岁的涉县索堡农村妇女。她虽然也给人"发功"治病，代表神灵传话、做事，但是她做得更多的是教人如何自救。在采访过的通灵者中，她对于女娲及其相关民俗行为的理解都是非常特别的。她靠着自学自悟，走出了一条不同于传统通灵者的信仰之路。张大姐走上"行好"之路的缘由与普通俗民差异不大，起因还是老奶奶"显灵"，发生了奇异事件。有一年她上顶上（娲皇宫）去求孩子，因为年轻不懂规矩，不知道该怎么求，抱起一个娃娃就走，可是越走腿越疼，等走到山下售票口的时候就走不动了。她和同行的人都想这是为什么，是因为没有给老奶奶行礼造成的吗？俩人就试着往回走，往回走能走。于是她们又回到娲皇宫，给老奶奶下跪行礼，心中又祷告了一番。这回腿渐渐不疼了，才下了山。另一件事是她的好姐妹得了中风，张大姐一同和好姐妹去山上拜药。不曾想还真有药。她的好姐妹吃了药之后，不能动弹的嘴竟然能吃东西了。这两件事让她信了老奶奶是存在的，是有灵的，从此就走上了"行好"的路。张大姐行好的方式并不是烧香磕头，祈求老奶奶保佑自己和全家平安。在怎样"行好"的问题上，张大姐有自己的理解。第一，她虽然相信神的存在，会给人显灵，但是她认为"灵"救不了人，神功也救不了人。神功在传统通灵者那里是重要的资本，也是治病的最好方法，但是张大姐却认为神功根本救不了人。她说，看到身边过得苦的人，就想帮一帮。可是怎么帮？借钱解决不了根本问题。要想救人，不是靠什么神通，而是教人断恶行善。第二，张大姐对于女娲的理解是现代意义上的。她认为女娲的补天精神就是救世精神。当时人类面临毁灭性大灾难，是女娲挺身而出。女娲的这种精神其实是代代相传的，每到社会出现大的危机，就会有女娲这样的人物出现救世。第三，行好不必烧香磕头。在张大姐家里笔者确实没有看到这样的东西存在，甚至没有女娲牌位或者塑像。当问到为什么没有供奉女娲，张大姐说，我们都是女娲，女娲就在我们心中。在笔者理解，这其中的意思是，谁真正理解了女娲精神，像女娲那样去救世救人，像女娲那样去做事做人，谁就是女娲。第四，行好不应仅仅保佑自己和家人，还应该救其他的人，救所有受苦的人。张大姐说，一般百姓信女娲，烧香磕头仅仅为了保佑自己。这个并不是真正信女娲。女娲没有这么自私，她是大爱。所以她信女娲并不是为了自己。虽然这些年，家里也得到了不少福报，但是这并不是她追求的。第五，怎么行好？张大姐行好的方式就是自己写了很多宣扬女娲功德和精神的小册子，还每个月去讲课，将乐善好施、扶危济困的思想讲解给愿意行善的人。她讲课的时候结合老百姓的日常生活，主要讲怎么处理好家庭关系、邻里关系等，其中不乏佛教和儒家的人伦教义。她希望通过这种方式让更多的人明白，神是拯救不了人的，只是去拜神是不行的。救人救己的方法就是做善人，行善事。

二、通灵者信仰状态:"迷信"与"信而不迷"

通灵者的信仰状态也是有两种情况存在,一是"迷信",即对于信仰对象的绝对崇信,沉迷于其中,进入到自我建构的幻觉中。用当地一位老人的话说,没有什么真的通灵者,甚至有的通灵者其实就是精神错乱,修行走火入魔,产生幻觉。通灵者中确实存在一些这样的人,沉迷于这种"迷信"状态,即不管世俗生活,一味进入到迷醉状态,整日成年的"跑山"行好。二是"信而不迷"。外人总认为通灵者对于神灵世界的信仰是非常虔诚的,可以达到忘我的程度。事实上并非如此。这部分通灵者即便是笃信神灵,也会表现出一定的信仰理性。这种理性不一定出自逻辑选择,更多的是世俗生活的一种需求。大多数的通灵者在世俗生活和神灵世界之间选择了某种平衡,即出于世俗生活目的的理性信仰。

赵峪村李花翠和助手刘宝英属于后者。李花翠是赵峪村代表老奶奶传话,为老百姓办事儿的代表,是老奶奶"采中"的马童。刘宝英是七年来一直照顾帮助李花翠的人,民间称为"接香的"。因为看病灵验,李花翠不仅在当地非常有名气,而且山西也有人来找她。笔者拜访她的当天上午,短短的一个小时内就来了四五个人,都是来找她看病的。作为老奶奶、老爷爷的马童,李花翠主要是为人看病。① 看病的方式就是通过推、抚摸病患之处,达到治疗的效果。当然这种治疗并不排斥医院的治疗。来求她看病的人往往也在医院同时治疗。据她讲两者是相互配合,相辅相成的。刘宝英说,别管怎么着,病好了为止。李花翠进一步解释:病也分两种,一种是虚病浮灾。这种病医院看不了,马童就要首先为病人去浮灾。一种是实病,即身体真的出了毛病。如果看不了,就给病人说明,让病人上医院去看;如果能看,就进行治疗,与医院的治疗同时进行。当地研究者指出,这种看病的方式给予病人的更多的是心理安慰和精神支持。

李花翠的信仰状态是信而不迷。当问到她是不是特别信老奶奶,非常虔

---

① 老奶奶是指女娲,老爷爷是指吕祖。李花翠家中供奉的不只是女娲,还有吕祖等,是多位神的马童。

诚、非常愿意为老奶奶办事。她的回答出乎笔者的意料。她说："不可不信，也不可全信。"她的助手刘宝英说："要是迷进去就不能活了。"问之原因，刘回答："你要是迷进去，就什么都不想干了，一心想着这个事，到处去跑山，为老奶奶扬名。那自己吃什么喝什么？还不得死啊！"笔者这时才明白老百姓所说的"迷"不是不明白、糊里糊涂的意思，而是沉迷，沉醉其中的意思。也就是说，李花翠和刘宝英所谓的不可不信也不可全信的说法，也不是多数人的理解的半信半疑、时而相信时而怀疑，而是信神要有理性，有分寸，有度，不能过分。也因为如此，李花翠说她并不愿意干这个，要不是不干她就难受，说什么也不干这个。原因主要有两个，一个是自己家中的活很多，要看孩子，还要制香贴补家用。给人看病办事花费了很多的时间，耽误自己的事儿了。给老奶奶办事是不能挣钱的，也影响了家庭收入。助手刘宝英给笔者讲了李花翠的一个故事。有一次，李花翠生气不愿干了，就要摔吕祖爷的神像，被人夺了下来，她就把香炉给摔了。后来她受到惩罚，躺在床上不能吃不能喝。之后，别人又给她送了一个香炉，这才又重新干起。第二个原因李花翠自述，是因为自己为人耿直，生怕替别人看病看不好落下埋怨。老奶奶（女娲）、老爷爷（吕祖）也并不是什么病都能看好。

三、责任与获利：通灵者的双重诉求

通灵者替信众解难，都会有一定的世俗目的。有的通灵者会倾向于靠此谋生获利，甚至是发财；有的通灵者会倾向于把救助黎民百姓当作使命和责任，不会靠此获利，但会获得精神满足。他们会花费大量的时间精力来履行自己的使命，而只用很少的时间来谋生；有的则两者兼而有之，既将其看作神圣的使命，又想从中获得一定的物质利益，但并不是发财。有位当地非常熟悉通灵者的老人根据是否以获利为主，把通灵者分为白道和黑道两种：白道教化人，不以挣钱为业；黑道吓唬人，主要是为了挣钱。为了证明这一点，他还给笔者讲了两件事情。一个是他和某著名的民俗学家一起上演的考验通灵者的看病戏：由一人扮演病人，肚子疼。先是叫来一个白道师婆，师婆把脉，然后询问病情，给药。药方是烂草帽和七个不同姓氏人的钥匙一起

煮水喝下。老人认为这是偏方，有一定道理。这位白道师婆不求回报，并未索要香火钱，只说愿意上香也可以。黑道师婆衣着奇特，让"病人"站起来，上去打了两拳，然后让抢胳膊。最后给出的药方竟然是死小孩的脑子。说到上香的事，这位师婆就让去她那里上香，显然是借着神的名义要钱要物。两位神婆看病都与神灵无关，是民间偏方在发挥作用。下面重点介绍的西戌镇李老二夫妇，是第三种情况，即以使命为主，兼有获取合理利益的需求。

　　李老二，大名李富祥，今年60岁，农忙时务农，农闲时为人做杂活儿，有时还要到符山铁矿捡破烂。李老二的妻子江柳叶，小他8岁，是个患有腿疾的农村妇女，但她快人快语，热心善良。李老二从20世纪90年代初就成了西戌村女娲老奶奶的代言人，也是老奶奶采中的马童。他的妻子主要是帮助他完成工作。西戌村及其周边如果想有求于老奶奶，就来找李老二。李老二夫妇利用业余时间，主要是晚上或节假日替老奶奶办事。他们的主要工作是对每个找到家里的村民释疑解惑，送去女娲的安慰。这些人中有求子的，求保平安的，求婚姻的，求健康长寿的……不一而足。李老二在自己家中提供一个场所，供奉有女娲像，让有惑者来到这里，从女娲的角度或直接以她的口气（即女娲附体）进行入情入理的劝导解答，直至来人疑惑尽去，信心大增。西戌村一村民到符山铁矿偷铁，后来村里开展公物还家活动，他有些拿不定主意，不知把偷的东西拿出来好还是不好。他找到李老二，李老二指示他还是交出来好，他很快就把公物还回去了，了却了自己的一桩心病。普通信众把李老二当作娲皇宫和符山顶女娲奶奶"派到"这里的代言人。他们相信李老二一定会把自己的意愿传达到女娲老奶奶那里，老奶奶也一定会实现自己的愿望。西戌村全国拥军模范刘金鱼去世后，孩子们不放心，想知道老母亲到那边去后安置状况如何，结果李老二代女娲老奶奶传出话说："（你家老母亲）挺好，还做了一个小领导呢，衣食无忧，放心。"于是全家皆大欢喜。上述事例从一个方面体现了祭祀负责人身上所担负的道德教化、心理疏导、稳定社会的作用。李老二的另一个重要工作就是在节假日时，引导人们到女娲庙里有序祭祀。在本村或本地中心的祭祀庙宇如果因为时间久远或者其他原因需要修缮，他还会利用自己的影响组织捐款并进行维修。

李老二走上这条道和李花翠有相同的地方，就是当时浑身难受，后来替老奶奶传话就不难受了。初一、十五上香，每年都去唐王峧走一趟，不去，就难受。但是他并不像李花翠那么不情愿，他是非常乐意给老奶奶办事的。问到有没有嫌麻烦、发生撂挑子的事儿。他说那是万万不敢的。从他的自述中，能够感觉到他从给老奶奶办事儿、当老奶奶代言人的工作中，获得了满足感。虽然他也表示干这项工作耗费了他很多时间，但是并不会因此而放弃。李老二为什么能够从这种工作中获得满足感，这和他的家庭出身有关。李老二家里非常穷，在村里属于地位比较低下的阶层，但是他人很好。问及老奶奶为什么采用他做马童，刚开始说不知道，后来借老奶奶"上身"说出为什么当上了马童。那是在三十年前，李老二在街上捡到了三万多块钱，他没有自己要，而是在街上等着，直到失主来找还给了人家。失主当时表示拿出几千块钱酬谢他，他也没有要。他说这件事让老奶奶相中了他，认为他是一个好人，让他当上了马童。当上了马童后，老奶奶格外照顾他，帮助他消灾避难。有一次他去铁矿捡破烂，不小心卷到了机器里面，是老奶奶把他救出来的。很显然，李老二虽然穷，容易被人看不起，但是他通过老奶奶之口表扬了自己是一个品行无亏的好人，从精神层面上找到了自豪感。

现在李老二虽然通过劳动，家庭条件得到了很大的改善，盖起了新房子，但是在乡村中，他仍然不是富起来的群体组成者。因此，在他看来，老奶奶就是为穷人当家作主的。他说："老奶奶绝不是嫌贫爱富的人。老奶奶告诉我，有钱人来找要帮忙，没钱人来找也要办事。一根草香咱也不嫌穷，瓦扣子住咱也不嫌破。没有铜文，掰草把儿也能顶香灯，遮住风蔽住雨咱就行。"他还说老奶奶对于娲皇宫卖票要钱非常生气：把老奶奶卖钱了。老百姓没钱，花不起那么多钱，去一趟就得花几十块钱，所以好多人想去也不成。在笔者的调研过程中，经常能够听到当地百姓对此事的不满。百姓都觉得娲皇宫收费过高，尤其是对于去上香、行好的人也收钱是非常不对的。因为这个原因，好多人宁可选择在家或者附近的女娲庙上香祭拜，而不愿去娲皇宫了。而李老二这里不说是老百姓不满，却说是老奶奶对这件事不满，实际上是借老奶奶之口表达百姓的心声。由此看出，李老二是把老奶奶当作了百姓的当家人，让她为百姓说话。

李老二在帮助他人看病、办事的过程中，主要在寻求一种精神上的满足感，获得作为好人所需要的骄傲和穷人所需要的社会地位。与此同时，他也获得了一定的物质利益：前来看病问事的人，一旦达到自己的目的，都会给予一定的物质报酬。笔者去采访李老二的当日，请他要老奶奶"下来"说说话。他在布置香案的过程中，有一个细节颇能传达他在这方面的合理诉求：在放好了香炉、烛台之后，又拿出几张一元的纸币放在了香案上。莫不是请神还需要钱？其实不是，这在向前来问事的人传达一种信息，问事不能白问，总要给老奶奶上点香火钱。这种物质诉求是合理的，不会被人看作是想挣钱。笔者在临走时，遵循这一规矩，拿出十元钱放在了香案上，只说是给老奶奶的香火钱。

第三节　普通信众

一、寻求解脱之道的虔诚信徒

虔诚信徒就是特别相信神灵真实存在的人，属于人们所理解的"迷信"的人，即沉迷其中不能自拔。西戌村已故村民王江顺和孟纪香夫妇，就是非常典型的虔诚信徒。尤其是到晚年，66岁的王江顺更是表现出对女娲老奶奶的虔诚信仰。当年交通不发达，每年三月庙会的时候，老两口步行从西戌走到娲皇宫去给老奶奶上香。晚上睡觉，总是梦到女娲老奶奶来看他，他就给老奶奶说话，倾诉自己的苦恼。王江顺身世曲折，家人命运也多有不顺遂。父亲39岁就去世了，姐姐也是33岁就去世。父亲去世时，王江顺才12岁，上面两个姐姐种不了地，家庭重担都在他的身上。长大结婚，一开始找了个本村的，人家不给好好过，最终还是离婚。母亲想到家里过得不好总是哭，哭得很惨。王江顺上过几年冬学，有点文化。因为岳父是兽医，所以也学了点医理，同时对五行八卦非常爱好，花了很多时间认真地去琢磨。王江顺的人生可以分为三个时期，第一个时期是三十岁左右，正是年轻气盛，不服输的年龄，虽然生活中遇到了很多的不如意，但是还没有失去对命运抗争的勇气。所以，尽管生活艰难，那时的王江顺还不是非常信神的。第二个时期是五十岁左右，随着年龄的增长，身体渐渐衰老，疾病也多了，和命运抗争的劲头就渐渐衰落，感觉到了命运的强大，很多事情不是通过自己的努力就能够改变的，于是慢慢走上了信神的道路。第三个时期，到六十岁以后，更是沉迷于此，甚至出现幻觉。王江顺有一封要老奶奶转交给玉皇的信，集中表达了他在晚年对社会、自身的思考。他对于社会不公的气愤，对于命运多舛的无奈，更多是对于神灵的精神依赖，都充分地体现在这封信中。也让他人明白了女娲老奶奶在百姓心中到底是一个什么存在，为什么百姓离不开女娲老奶奶。

现将信的原文抄录如下——

上天万岁老爷爷，上天国母老奶奶：

平民王江顺叩头叩头叩头多多拜上。老爷爷老奶奶，今来信不为别事，只因老爷爷老奶奶下来时间短促，我心里想说的话没有说完。今三月初三众神聚会，有劳西顶圣母老奶奶捎去此信。

第一，我想凡是打过活替身的神灵都应该降职几级。因为他把大家生命夺去，还毁坏了人家好好的家庭。老爷爷在下边也看到了。打了谁家替身谁家如此难过。不管谁家男女，他是把人家的中梁抽了。

眼泪不能顶替错误，红口白牙当圣贤，办起事来没法。天如若再打活替身，就该问斩。

第二，坏人寿不短，子孙更繁茂。天理人情无，老想图金钱。好人不长寿，早去赴黄泉。孤寡无奈何，泪眼哭黄天。好人活活被冤死，所以世人看来没有神灵，任意所为。当然，亦有行好的人太少，到头来还是吃亏。万岁老爷爷能不能现世现报，得到偿还。行善得到善报，作恶遭到恶果。作恶不能作一辈子恶。

…………

（中间有一段关于耶稣的话，语言过于混乱，不能够理解，此处略去。大致意思也是让人们信神）

这是我的愿望，万岁老爷爷老奶奶，平民王江顺叩头。①

每一个读到这封信的人都会明白王江顺信神的原因，多灾多难的人生和现实抗争的失败让他的精神承受不住生命之重，心中郁积了太多的苦闷。而这些苦闷在现实世界中是没有人能够听他倾诉的，更不用说有人来替他解决问题。于是他才会有了和神灵、和老奶奶说说话，想让神灵来主持人间正义的想法。处在底层，从困难生活走过来的普通百姓，哪一个没有像王江顺那样的苦难人生呢？他们也都只能在神灵世界中找到为自己主持公道的精神依赖者。老奶奶及老爷爷就是那些受苦受穷老百姓的代言人。西戌李老二也表达了这个意思。在李老二看来，老奶奶就是为天下的穷人老百姓主持公道，救黎民的。只有看到并理解了俗民信神的心理，才不会简单地指责他们的愚昧，而是理解他们的痛苦，尊重他们摆脱痛苦、寻求解脱的方法。

二、幕后为老奶奶奔前走后的上社组织者

张彦荣，涉县索堡镇温庄人，温庄村委会主任。张彦荣是上社协调人的典型代表。上社活动能够顺利进行需要许多这样的协调人。作为土生土长的涉县人，又生活在中皇山娲皇宫脚下，与很多涉县人一样，张彦荣对女娲老奶奶的感情很深。张彦荣提到，在24岁的时候，因为结婚两年无子，就上顶去求老奶奶，结果如愿，生了一个男孩。后来又求了一个女孩。儿女双全后，因为家里很穷，就又求老奶奶能否让自己"翻翻身"，挣点钱过上好日子。这十几年来，张彦荣的事业发展顺利，也挣到了很多钱，这更让他坚信老奶奶是有灵的。在未做上社协调人之前，作为普通信徒，张彦荣的主要信

---

① 此封信由王江顺的儿子王矿清提供，常玉荣整理。

仰行为是每月初一、十五，不管在哪里，不管多忙，都要去顶上烧香磕头。后来事业成功之后，他开始谋划为老奶奶做更多的事情。自 2002 年起，涉县恢复了民间上社活动，他也加入到筹备和举办上社的工作中。因为在老奶奶的保佑下挣了钱，张彦荣非常乐意为上社活动捐钱。不论是哪个村办社，他都捐七、八千块钱。在捐钱的同时，他又逐步参与到上社活动的组织当中。起初，开始操办温村的上社事宜。温村负责主办的上社是当时最好的上社活动，隆重热闹，场面宏大，人数也非常多。当时张彦荣给县里各个部门都发了邀请信，凡是收到邀请信的部门必是要派人来并且要捐二三千块钱的。那年集资了很多钱，都没有花完，剩下的钱给附近的清幽寺修了一条路。因为甘于奉献、组织能力强，他在百姓和镇领导心目中的地位也越来越高。2010 年，他开始负责整个唐王峧社八个村的上社工作。两三年后，到2012、2013 年索堡镇领导来邀请他负责五个社，即唐王峧社、小曲峧社、桃城社、石门社和弹音社的总协调工作。

作为虔诚信仰女娲的信徒，张彦荣具有普通俗民的信仰观念和行为，同时也有超越烧香磕头的更有意义的责任感。他为上社所做的大量的幕后工作是他的独特而重要的作用。他承担的上社总协调工作，在实际上社活动时，是看不到的，属于幕后工作，例如举办上社进程中的安全问题。张彦荣提到，有一次一位上社的老人因为劳累犯病了，这就需要相关工作人员的救助。当时上社队伍后面就跟着救护车，他们提前已经考虑到了上社过程中可能发生的类似突发问题。

张彦荣的工作可以分为四个部分。一是上社之前的准备工作。每次上社之前需要提前半年进行准备，长期性的准备是筹备上社资金，主要是向村民和县里各个点募捐。还有就是服装道具的置办。最初这些东西的置办是比较费事的。这在本书的其他部分也曾经提到。张彦荣和各个村的上社负责人会提前分工，安排人员负责相应的工作。短期的准备是在上社活动开始的前几天，进行组织协调，例如专门负责伙食的、专门负责邀请和接待戏剧团的、负责车辆的、负责安全的等等。张彦荣等协调人会集中给各组负责人进行开会，负责解决各组出现的问题。二是上社过程中的组织协调工作。办社的规模越来越大，人数越来越多，每年三月庙会期间各个社上社的人数能达到两三千人。这么多人同时上社，已经远远超过了娲皇宫的容纳量。娲皇宫山上建筑地势狭窄，吊庙结构特殊，如此多的人上顶祭拜女娲需要多方协调，有序进行，否则就有可能发生安全事故。上社当日，张彦荣很早就要赶到顶上，与派出所的负责人共同负责上社的秩序维护。各个社在办社的过程中因为攀比和好胜心理，总是希望自己的社能够先上顶，去的人数多一些。这就需要张彦荣这样的协调人进行协调，及时化解因此造成的矛盾。有一年上社，桃城社抬了七顶轿子，而且这七顶轿子要全部上顶，谁也拦不住。这实际上是不可能的。于是张彦荣就与桃城社的负责人进行交涉，要求他们只能一顶轿子上顶，其余轿子只能停在山下的广场上。经过反复做工作，桃城社才最终同意。那么张彦荣是如何说服各个社的负责人的？采访中，他提到了两点，一点是依靠大家对于老奶奶的信仰。利用大家都想给老奶奶办好上社的心理，让百姓能够理解自己的工作并顾全大局。另一点就是他个人的自我奉献。每次召集各个社负责人开会，总是他来招待。他们提的要求只要不过分就尽量满足，哪怕自己掏腰包花钱来办。各个社的负责人提出："我们管事儿的想每人做套衣服。"他就自己拿钱给大家买衣服。除了协调各个社之间的事情，还要与顶上，即娲皇宫管理处进行协调。尤其是索堡镇开始搞上社以来，协调工作更加复杂。因为索堡镇与娲皇宫管理处之间需要合作，每次上社就需要张彦荣去顶上进行上社事宜的协调，例如水电的问题。搞活动需要接线用电，如果协调不好，电就总是出问题，台上正讲着话，没电了，活动就没法继续进行。三是上社之后的后续工作。上社之后主要是张彦荣召集各个社的负责人开总结会，总结当年上社活动中出现的问题，以便于今后注意和解决。四是关于上社活动的其他问题的协调控制。首先还是各类矛盾，例如顶上答应给每个社三千块钱，头几年都给，但是 2014 年就不给了，搞得村民很有意见。各个社的负责人都来找张彦荣。张彦荣也因为这个事开了个会，做工作希望大家能够理解顶上的困难，上社绝不是为了挣钱的。他还给每个社捐了钱，这样才把大家的不满情绪化解掉。其次是发展中的问题。第一个问题：如果不对上社人数和办社规模进行控制，上社的人数会由现在的两千人发展到三四千人。人数不断增多就会超过顶上的容纳量以及办社活动的容纳量。善男信女们都想参加上社活动，也不是非常能够理解这些困难。张彦荣觉得，百姓都是行好的，仅仅依靠个人力量难以说服大家让谁去不让谁去。因此如果没有整体规划和政府出面来解决和协调，仅仅依靠他这样的民间力量是很难把这些问题处理好的。现在作为总协调人他正在尽最大的力量来控制、协调这个问题。但是他更希望政府能够出面，这样会把局面控制得更好。第二个问题：因为都想把社办好，出现攀比心理。办社所需费用越来越高，现在办个社没有七八万根本办不成。耗费越来越多，负担也越来越重，谁来或者谁能负担这么重的担子，对于没钱的村就更是问题。张彦荣召集各个社的负责人来协商这件事情。因为大家都感觉到这个问题的弊端，所以也赞成控制办社费用，用百姓的话说就是"办个差不多"就行了，尽量压缩费用，坚决不能攀比。

包括张彦荣在内的负责上社后勤保障和协调工作的人员，所做的工作实质属于前民俗行为，有的还只是一般社会行为，并不具有民俗意义。之前学界对于上社和朝顶仪式的研究，均是对于仪式本身的研究，例如仪式包括哪些程序、抬了哪些神灵、队伍的构成、道具等等。对于上述前民俗行为或者社会行为并未予以关注。之前本书也曾经提到，如果单纯的将民俗作为事象，从现实生活中抽象出来，那么这些行为确实没有关注和研究的必要；但是如果将上社还原到生活中，就会发现，民俗活动和行为不能孤立存在，它必须和生活中的其他部分衔接和融合，没有这种衔接和融合，上社是根本不可能正常举行的。这也是张彦荣之类的人所从事工作的价值。他们正是通过这些工作来表达对于女娲的虔诚。典型民俗行为与日常生活其他部分的衔接和融合部分是本书关注的重点。将张彦荣作为俗民典型个体来研究，是对其前民俗行为和社会行为价值的肯定。类似于张彦荣，还有众多的无名者在默默从事着上社的幕后工作，作为普通信众，他们发挥了独特的功能。他们的工作是他们表达对于女娲老奶奶敬意的方式，具有重要的民俗学意义。他们的作用应该得到充分的肯定并应该进入到民俗学研究的视野。

三、以弘扬当地文化为己任的企业家

王爱英是涉县合漳乡匡门人，从小就生活在老奶奶"可灵啦"的生活环境中。据她讲，她哥哥结婚两年没有孩子，去医院看了也不管事儿，是她母亲去顶上求老奶奶才有了孩子。所以，"老奶奶有灵"的观念从小就印刻在她的心里。长大以后上学接受了教育，然后开始自我创业，创建了河北煜剑节能技术有限公司，成为一名优秀的企业家。这时她的思想出现了两重性。一方面仍然没有放弃儿时就建立起来的对女娲的信仰，对老奶奶始终保持着虔诚的态度。上香叩拜，祈愿老奶奶保佑自己和家人平安仍是她经常要做的事情；但是另一方面她觉得仅仅烧香磕头还不够，有时甚至认为这是封建迷信，是过时的东西，如果仅仅这样是很难让涉县传统女娲文化发扬光大的。概而言之，王爱英并不否认女娲有灵，但是却不赞同在当代仅仅靠烧香磕头来信奉女娲。王爱英心中所想的，不是一味地靠着传统信神手段保佑自己发大财或者平安健康。她有着更大的想法，那就是如何将涉县的女娲文化弘扬开来。涉县人有句非常经典的话，什么人非得干什么事，就说"是老奶奶催着你嘞"！而王爱英却经常说另一个词："使命"。这其实表达了同一个意思：一个企业家，当她富起来的时候对于家乡的一份责任感。这份责任感就女娲文化而言，就是如何弘扬它。

在如何弘扬女娲文化的问题上，王爱英的观点是如何将女娲精神内涵与现代社会的价值观念联系起来，从而实现传统女娲精神的当代化，让女娲精神成为现代社会需要的一种精神和价值，成为具有现实意义的一种正能量。在对女娲精神当代现实意义的思索中，她有两个观点。一是环保事业就是女娲补天事业。现代人就是要发扬女娲奉献、担当的补天精神去从事拯救人类的环保事业。她 2009 年成立的河北煜剑节能技术有限公司，是一家从事节能环保技术研究、开发和服务的企业。公司最得意的作品是低热值废气点燃技术。多年来，困扰钢铁企业的难题是生产中向大气排放的煤气不能实现自维燃烧。按照国家要求，向大气放散的煤气必须完全燃烧。但是这种低热值煤气是很难点燃并实现自维燃烧的。一旦出现直排，就会污染大气，还会引发安全事故。很长一个时期，国内外相关企业和专家为了攻克这一难题曾经

搞过无数次的实验，但都以失败告终。王爱英的研发团队经过艰苦的努力，破解了低热值煤气催化燃烧技术难题，获得成功。其中，高炉煤气和转炉煤气放散塔直燃式自动点火伴烧系统分别获得国家专利，并在我国钢铁企业得到了迅速推广使用。如果全国钢铁企业都采用这项技术，不仅可以为企业节约数亿元的成本，还可以治理大气污染，同时避免灾难性事故的发生。该企业先后获得"中国最具品牌创新力企业"、国家级"高新技术企业"、"中国中小企业优秀创新成果企业"、"河北省高新技术企业"、"河北省创新型企业"等称号。最初她也没有想到自己从事的事业与女娲有什么关系。这是之后的思考和他人的点拨让她明白了环保事业就是女娲补天的事业。现代工业的发展造成的污染让蓝天受到破坏，臭氧层漏洞持续增大。王爱英所从事的工作就是要减少二氧化碳的排放，降低工业生产对蓝天的污染和臭氧层的破坏。这不就是女娲的补天精神吗？女娲与当代社会有了最恰当的契合点。女娲补天精神获得了最有价值的现实意义。女娲补天神话从表层意义上来讲，是在讲女娲炼五色石修补破了的天空；从内涵上，女娲补天是在讲一种保护自然、拯救乱世、护佑子孙的伟大事业。如果不是出于多年从事节能环保研究以及对于女娲文化的深厚感情，是很难把两者联系起来，将问题想这么透彻的。涉县人还喜欢用一个词"冥冥中"，冥冥中王爱英感觉到她对女娲文化的弘扬是有责任的。在一个偶然的机会，王爱英接触到了国务院参事室下设的国学基金会的领导，国学基金会是专为弘扬中华优秀传统文化而设立的专项基金。王爱英与基金会负责人商讨决定成立女娲文化专项基金会，想为弘扬女娲文化做些事情。2014 年 3 月 6 日，女娲文化专项基金成立，8 日在北京，借着国际劳动妇女节的契机，王爱英的团队以国学基金会女娲文化专项基金的名义召开了一次书画笔会，也是女娲文化工程启动仪式，主要是以歌颂女性风采、弘扬母亲文化为主题，走出了女娲文化内涵与现实生活相结合的第一步。2014 年 3 月 31 日（农历三月初一女娲祭祀日）女娲文化专项基金管理委员会成立大会召开，同时申报"中华母亲节"启动仪式也一并在北京举行。说到中华母亲节的申报，就涉及到王爱英对于女娲文化当代化的第二个观点，即女娲是中华母亲当之无愧的代表和象征。涉县政府在弘扬女娲文化时，将女娲定位为华夏始祖。这种定位不能说是错误，但是不准确，没有凸显出女娲作为女性神的特质。百姓更为普遍知晓和认可的华夏始祖是炎、黄，是尧、舜、禹。提到女娲，人们只是认可她是神话人物，其主要功绩是抟土造人。所以，官方将女娲作为华夏始祖来宣介就很难让百姓接受和认可，或者说不能与百姓心目中的女娲形象相契合。在涉县的被采访对象中，很多人表示是将女娲作为母亲来看待的。所以，如果把女娲作为中华母亲形象推出和宣介，不仅突出了女娲的特质，还容易让百姓认可。中华民族母爱精神虽源远流长，却没有得到很好的纪念和弘扬，没有一个正式的节日来弘扬母爱精神。因此，王爱英认为把女娲作为中华民族的母亲是非常恰当的，并建议把女娲的诞辰日定为中华母亲节。为了推动这项工作，王爱英及其相关人员奔走于北京各部门和涉县之间，希望能够获得相关部门和涉县当地政府的支持。任何一项工作都不会是那么一帆风顺。王爱英在谈到申报工作的困难时，人事上的阻力让她感慨万千。但是，她从来没有放弃过申报中华母亲节的想法，并且通过各种渠道，想尽各种办法，在不断推动这项工作。

　　申报母亲节的困难比王爱英预想的要大得多。如果从民俗学的角度来看，主要有三个原因。一是中华母亲节的申报走的是自上而下的一条路子。即先由国家行政部门审批，使中华母亲节合法化，然后再自上而下地进行倡导。这也就意味着官方层面首先要认识到女娲的价值和地位。但是从古至今，女娲文化影响力主要在民间。作为母系社会出现的女神，女娲在父系社会地位逐渐下降，已经成为对偶神。传统社会中，官方只是把女娲作为高媒神看待。在现代社会，女娲也确实被看作是华夏始祖，但是其地位和影响力显然不如后起的男性始祖神。因为女娲在官方层面一直缺少一个合适的身份。原本将其作为母亲来看待是最恰当的，但这同样需要官方意识形态的接纳。第二个原因就涉及到民俗的形成机制。某些节日可以法定，比如国庆节、五四青年节等，但是具有传统民俗背景的节日，其形成往往不是法定的，而是在长期的日常生活中俗民约定俗成形成的。上文提到中华母亲节的申报走的路子是：民间少数有识之士呼吁，官方批准。显而易见，这个节日在民间，在俗民当中缺乏基础。中华母亲节即便受到官方认可合法化，要想让俗民接受认可也还需要一个过程。在女娲信仰的集中地区，俗民接受的阻力会小很多，但是对于其他地区来说接受的过程则会漫长。第三个原因，中华母亲节的节日内涵是不同于民间人们对于女娲的认识和理解的。中华母亲节内涵有二，一个是弘扬孝道，另一个是倡导现代女性所应具备的独立自强品格和无私奉献美德。前者主要对母亲及其长辈的孝心和爱心的倡导；后者是从女娲在造人和补天中所表现出的奉献、担当等精神中衍化出现代女性所应具有的优秀品质。但是，在民间，俗民对于女娲认知还是停留于老奶奶送子保平安的层面上。虽然从信仰心理上，俗民确实把女娲当作了母亲，也非常认可女娲三月初一神诞日，但是俗民并不关注女娲神绩所体现的精神，更不会将其与现代女性品格塑造联系起来。也就是说，中华母亲节的文化内涵虽然实现了将女娲精神当代化，更加贴近现实，但是却与俗民对女娲的预期是错位的。这会使得俗民接受以女娲为象征的中华母亲节变得更加困难。

采访中，笔者也与王爱英探讨过上述问题，但是她并没有被这些困难吓倒。凭着当年干事业的闯劲儿，她愿意为这件事继续努力下去。她认为中华母亲节的申报还是有一定的现实基础的。中国有着深厚的母性文化传统，但是却没有自己的母亲节。社会上流行的是西方的母亲节，是靠着商家的商业宣传传播开来的。这就说明中国人有为母亲专设一个节日的内在需求。在提倡民族文化自信和自觉的当下，官方也会意识到设置母亲节的意义。另外，女娲抟土造人、炼石补天的神话故事在全体中国人心目当中具有很深的影响，人们从儿时大概就会熟悉这些神话故事，所以，国人对于把女娲当作中华母亲都是能够接受的。况且，女娲信仰就全国来说非常广泛，甚至包括了南方的少数民族地区。对于中国这样多民族的国家而言，女娲是中华母亲的最恰当的人选。如果母亲节获批，成为法定节日，官方还要有一个持续的宣传和推进过程。有意识的倡导将会促进国人尽快接受这个节日。

作为涉县当地的企业家，在取得了事业的成功之后，王爱英表现出了和普通俗民不同的认识和见解。而且，她利用自己的特殊身份，不断在为涉县女娲文化的弘扬贡献力量。基金会建立、中华母亲节申报，她的这些行为虽然不是传统意义的女娲民俗内容，却在为女娲民俗生活提供新的元素和内涵，也必然会为建构新的女娲民俗起到引领作用。女娲当代文化内涵逐渐为一般俗民所接受的时候，中华母亲节成为国人认可的节日，新的节日民俗就会诞生。

四、民间技艺能手

陈水旺，涉县井店镇台村人，三十多年前，因为舅舅程耀峰的原因来到娲皇宫管理处，成为这里的一名职工。时任涉县文保所所长的程耀峰正在筹备重修娲皇宫，陈水旺在舅舅的领导下开始了娲皇宫的重修工作。在几十年的工作中，陈水旺做过许多事情，承担过许多任务，最令他自豪的两件事是重修娲皇宫、重塑被毁的神像和恢复祭拜女娲的上社活动。陈水旺虽然只有小学文化程度，但是他聪明好学，工作之余，学习了许多民间技艺，能打扇鼓、编歌谣、讲故事、拴娃娃、算命解签，还喜欢搜集整理女娲民俗资料。

俗民的日常信仰生活中，一些特定的人物例如通灵者身上，以及一些特定的民俗行为和事件中，往往充满了许多神秘因素。这会让俗民感觉到神灵世界的此在。但是陈水旺在学习多种民间技艺的过程中，对于那些充满了神秘色彩的特殊人物和民俗事件有另一番理解。

在民间信仰中，巫婆神汉是具有通灵性质的特殊人物，是代神传话、为神办事的，所以，俗民对于他们都具有敬畏之心。但在陈水旺看来，巫婆神汉都是骗人的。陈水旺因为工作性质的缘故，曾经接触过上百位巫婆神汉，有的和他的关系还十分要好。在他所接触的此类人物中，他还没有发现有真正能够代神说话的。所谓有神，只是某些人的幻觉罢了。因为心中认为有，所以就有了。

娲皇宫庙会期间，有一个习俗，叫"坐夜"。坐夜的人中有一部分是之前生病的病人。他们坐夜是为了陪老奶奶，表示感谢的。还有的是有病来求老奶奶的，坐夜是表达自己的虔诚。陈水旺告诉笔者，这都不是最重要的。坐夜最重要的人物是巫婆神汉，最重要的作用是巫婆神汉的相互的竞争，比赛谁的通灵能力更高超。看谁法力强，谁代表的神权力大、地位高。期间还会出现巫婆神汉之间的斗法。得胜的巫婆神汉就会有很多人来求，赚钱就多了。

其实巫婆神汉在为他人看病时，本身并没有发挥作用，而是病人在医院看好的。但巫婆神汉们会替病人在神灵前上香祈求，如果病好，就要出钱并且跟随他；如果不干，就恐吓病人会遭报应。陈水旺说，他如果扮演神汉给人看病，在一百名里得数到前五名。为什么？这和神没关系，凭的是灵活的头脑、经验，即老马识途。为了证明这一点，他还给笔者讲了一件事情：他和师婆神汉在一起学打扇鼓，自己怪异的行为被别人误认为是神仙附体。有天晚上和这些人一起"跑功"。一群人围着圈跑，后面的人就故意踩前面人的脚。在陈水旺后面的人对他说，后面的人老故意踩脚。后来这个人就不跑了。这个人走了之后，那个故意踩脚的人就紧挨着陈水旺，就开始踩陈水旺的脚。因为老是被踩，所以鞋就总是掉。他想这可怎么办？干脆脱掉鞋跑。脱掉鞋之后，后面的人再也不能踩了。光着脚板，跑得反倒利索。因为兴致高就越跑越快。别人看到陈水旺光着脚越跑越快，觉得奇异，就说他被神灵附体了。等陈水旺跑完坐下来，"哗啦"，在他面前跪倒了一片。别人都说他神灵附体，谁曾想是他不想后面的人踩他的鞋，所以才光着脚结果跑快的。另外，在娲皇宫有些时候，需要调解师婆神汉的矛盾，他也会假扮其中的一员，以神汉的身份进行调解。别人问他是什么神，他就说是糊涂神，即自己也不知道是什么神。讲到这里的时候，他不禁哈哈大笑。

在民间信仰中还有很多充满神秘色彩的民俗事件。在河北、河南、山西、山东有一求子习俗，即拴娃娃。这一民俗事件就具有很浓厚的神秘气息。普遍流行的求子的过程是这样的：求子之人，来到娲皇宫庙里，在女娲神像跪求，念叨爹娘姓名，并诉说自家里多么多么好，吸引孩子来家。这时同行的巫婆就开始唱。之后，求子之人就在女娲像前的娃娃中挑选一个用三尺红布包好，五色线系在娃娃脖子上。求子之人还要给老奶奶许愿，许诺求子成功后给庙里捐钱。钱数从666元、60元到10元、5元不等，视自己的财力来定。许愿要小，不要太多，许多少还多少，还得少了，老奶奶不高兴。之后，就可以抱着娃娃回去。回家的路上不和人说话，一说话孩子就和人家走了。回家把娃娃放在床上，夫妻同房。上香三天，可以二十四小时烧，也可以间歇性地烧：上午烧一次，晚上烧一次。之后把娃娃放在箱子里，柜子里，都可以，但不能上锁。怀孕后不用来还，等到孩子生下来再还。还孩子讲究抱一还俩，即把抱走的娃娃和再买的娃娃两个一块儿还。

这是陈水旺口述的在巫婆组织下拴娃娃这一民俗事件的程序和要求。有的比这个还要复杂繁琐。但是陈水旺认为这是没有必要的，巫婆之所以这么做是想挣钱；搞得简单，没法给主家要更多的钱。陈水旺也给人家拴娃娃，程序非常简单，主要是许愿，抱起娃娃往回走不要给人说话、不回头，求子成功后还愿。这几个要点不能省，其他无所谓。尽管陈水旺也给人家拴娃娃，但是他并不认为这样能够帮助主家生出孩子。他说他从来没有求过孩子，也是儿孙满堂。但在当地都流传他拴娃娃可灵了。为什么老百姓觉得他灵呢？因为他拴的娃娃太多了。自到娲皇宫工作三十多年的时间里，他拴的娃娃最早的有三十多岁了，早已经为人父母。在大量的拴娃娃事件中，按照十次有一次成功，都是一个可观的数字，因此他才能有良好的口碑。由此可以看出陈水旺对于神秘民俗事件的鲜明态度，那些被俗民认为是神圣的程序都被他"去神秘化"了。

对于用来娱神的民间技艺打扇鼓的理解也是如此。"巫咸作鼓"，击鼓与娱神祭祖有很大联系，具有着强烈的巫术色彩。人类学家邓启耀曾经在《鼓灵》中指出："鼓不仅仅只是一种乐器，它或象征母体，人兽皆本于它；（苗族的祭鼓节）或形似女阴，血祭（过去常常是人祭）之后便可化生万物；或是送葬的指示，亡灵将循着鼓声回归祖地。在他们看来，鼓分阴阳，声联生死，既为祭生，也为奠死。生死灵肉，由鼓而发。"[1] 短短几句话道出了鼓在人类各种活动中的文化意义。扇鼓是单面羊皮鼓，鼓面直径约30厘米，鼓圈用细钢筋围成；鼓柄长约18厘米，用细钢管作成；鼓柄下端是用细螺纹钢围成的三瓣儿梅花形，每瓣上穿3个铜环或铁环，一晃动便发出哗啦哗啦的响声。因其形似团扇而得名。击鼓的鼓鞭是长约50厘米的藤棍

---

① 邓启耀：《鼓灵》，江西教育出版社1999年版，第16页。

或竹棍儿，上拴几缕彩色布条，是用于祭祀活动或民间自娱的一种道具。敲击时，鼓手左手持鼓，右手持鼓鞭，迈动十字步，时时用鼓鞭击鼓。

陈水旺老人在谈到朝顶仪式的打扇鼓时，就说到自己打扇鼓不是认为扇鼓真的能通神，而是自己爱玩儿。这一个"爱玩儿"显示了陈水旺对打扇鼓的理解是不同于传统的。正如上文所述，扇鼓本是被看作有通灵作用的祭祀道具。陈水旺也讲到在旧社会扇鼓不是什么人都能够使用的，是师婆神汉专门使用的通灵道具。扇鼓一响，神灵就会知晓，而被请到现场。传统对于打扇鼓的理解虽也有娱神娱人的功能，但主要还是将其看作通灵的神性道具。陈水旺却对于打扇鼓有着自己的看法，扇鼓之"扇"，也可以理解为"善"，即"善鼓"，善人所敲的鼓。在 2002 年恢复上社朝顶仪式时，他牵头组织成立扇鼓队。当时在选人时他就定下了两个标准，一是师婆神汉不能加入，二是家庭不和睦者不要。扇鼓队组建之后经过多次排练，上社时取得了良好的表演效果。之后，邯郸电视台专门采访录像，陈水旺又联合几个村组织了上百人的扇鼓队，气势宏大，震撼了观看表演的记者和民俗学家，受到了称赞：这才是民间和民俗。

陈水旺对于打扇鼓的表演技艺非常痴迷，花了很长时间，下了很大功夫去学习，还专门在庙会期间加入到深通此道的师婆神汉中间去学习。他熟知并能够表演扇鼓各式各样的鼓点节奏，演唱曲调和唱词，还能够区分山西、河南和涉县各地打扇鼓的异同。陈水旺对打扇鼓的技艺是非常精通的。为了展示自己的才艺，他还即兴邀请笔者联合表演了一段打扇鼓。跳起来唱起来的时候，老人格外有神采，体现了民间文艺能手对于民间技艺的热情和喜爱。不难看出，陈水旺对于打扇鼓这一民俗事象的继承主要在表演技艺。他还一再声称自己虽然扇鼓打得好，但不是"这一行"的（这一行即是师婆神汉）。陈水旺在继承打扇鼓的传统技艺时，也对其进行了改造。这主要体现在，一是去神秘化，人人可以打扇鼓，扇鼓不再具有通灵作用；二是扇鼓虽在祭祀朝顶时表演，保留了娱神功能，但其首要的功能还是人的自我娱乐；三是保留民俗的教化功能，扇鼓是善人所打之鼓。从中可以看出，俗民个体在与传统民俗相遇时，并不是全盘接受，而是基于自身的认识和时代环境对其进行取舍和再创造。陈水旺上述关于打扇鼓的改造符合当代的无神论观念，是传统民俗不断适应时代需求的正常衍化。陈水旺不仅在打扇鼓这一传统民俗事象中体现了这一点，在其他民俗活动中同样也表现出这一态度和做法。

陈水旺热心民间传说和歌谣的搜集和创作。在创作和搜集整理的过程中，他一方面表现出对当地原生态女娲神话传说的坚守，同时又在创作中不断发展着地域特色鲜明的女娲传说。

当地女娲神话传说的讲述有自己的特色，人们熟知的女娲造人和补天神话，村中的百姓却不会讲。陈水旺在娲皇宫管理处工作三十多年，长年深入乡村，又参与了娲皇宫的恢复重建工作，对于当地的女娲神话传说的流传特点是非常熟悉的。笔者初次访问涉县想请当地百姓讲一讲女娲炼石补天和抟土造人的神话传说，他就告诉笔者当地老百姓并不会讲这样的神话传说，还提到当地学者李亮编写的《女娲的传说》一书中，女娲造人和补天神话完全是文人根据文献的自我创作，根本不是出自于当地百姓的口述。为了证明这一点，他还带领我们到附近的村庄实地调查。笔者问及村中的百姓，大家都表示不会讲述女娲神话。百姓并不关心女娲在远古时期做了什么，他们更热心讲述老奶奶显灵的传说，这样的传说在民间很多。

另外，陈水旺提到，由他记录整理的当地流传很广的圣奉爷爷推河石支山的传说被李亮改成了女娲推河石支山。当初陈水旺把这个故事整理成文字的时候还是故事主角圣奉爷爷，但不知为什么等到李亮出书的时候就变成了女娲，讲述人也变成了别人。提到此事，他非常不满。这种不满源于当代某些人在宣传女娲、弘扬女娲文化的过程中对传统传说的任意附会和曲解。陈水旺还给笔者举了很多这方面的例子，例如当地人根本不知道伏羲是谁，也没有关于伏羲女娲兄妹婚的传说，但是在李亮的书中却出现了。私人老板还在娲皇宫附近投资兴建伏羲广场，塑了伏羲像。在这些问题上，陈水旺表现出了很强的维护传统原生态民俗文化的意识。他认为只有原汁原味的民间传说才能反映当地百姓的精神观念和生活的真实状态。

但是这并不是说陈水旺是一个固守传统、不讲革新的保守者。事实上，他非常乐意去创作新的关于老奶奶显灵的故事。这里记录的比较典型的创作是石扎根夫妇求子的传说。

石家庄村有一个小桥（现在没了）和一棵老槐树（现在有）。山上有金牛洞和小柏树，（山下有）吊洼。这里的桃花在杏花开之前就开了（现在有，是真实的，陈见过）。时间不明确，地点明确。邢台有一个男的，姓游，家里穷，女的叫耿巧，两人相爱，家里不同意，私奔到石家庄儿。姓游的改姓石，叫扎根儿。到53岁了，还没有孩子，但为人挺忠厚（挺老实）。那年三月来娲皇宫烧香，其他人都走了。太阳已经快落了，因为住得离这里近，大概一里多地，回家回得晚，夫妻二人就给老奶奶祈祷。耿巧说："我特别想要一个小孩，我怎么没有小孩，我都五十多岁了。你能给我个小孩吗？"男的说："我命不好，我起名起坏了，我叫石扎根，石头上怎么能够扎根呢？"那女的说，你看山上的小柏树，咋也能长出来？两个人说了这么多，晚上回来，老奶奶就给他们俩托梦了。女娲说你们两个应该有小孩，因为因果轮回，这辈子有孩子会折你们两个的阳寿，不如没有。可以给你们小孩，但给了以后，你们会折阳寿。两个人就说，宁愿受罪，也得有个小孩。后来女的怀孕了，最后，到腊月真的生了一个小孩。但女的生孩子那天，挺冷，挺受罪，在破窑洞里。生下孩子以后，女的死了。死了以后，男的就当家，给小孩起名叫金哥儿。金哥儿特别聪明，就是挺穷的。金哥儿长到八岁，父亲死了，成了孤儿，给别人放牛。金哥儿放牛每次都到老奶奶的山头儿。那个牛都吃的膘肥体壮的，金哥儿放牛放得挺好的。逐渐长大，到十七八岁，跟一个女孩挺好的。小女孩叫桃花。两个人可以说是青梅竹马。因为男方家穷，就住一个破窑洞，女方家不同意。可是，金哥儿有个秘密谁也不知道，对谁也不说：上山放牛挺冷的，山上就来了个白狐狸，摇头晃脑，比个小狗都听话，金哥儿抱在怀里挺暖和，就是冬天再冷也感觉不到。他们两个就成年累月相依相伴。到了冬天，下雪下得特别大，冻得也没有办法，大家都想金哥儿没回来，可能冻死了。打猎的也在山上看见金哥儿放的牛冻死了好几个，没有看见小孩金哥。都说小孩死了。桃花一听，上山寻找，到处都找不见。她想，金哥儿冻死了，我怎么办呢？就到山崖跳崖而死。第二年，在死的地方，开了一丛桃花。桃花在寒风中开花，最先开花。

金哥儿在山上跟着狐狸走，看到一个山洞就进去了。金哥儿为了防虎狼野兽，有两个铁棒锤，他把铁棒锤放在了东门口。越进越亮堂，里面有个金牛，拉着个金磨，磨着金豆子，有个小脚老太婆在那里筛罗。老太婆说："孩子，你可算回来了。"金哥问："我为什么回来了？""你不知道，那年你父母亲人好，挺虔诚的，我集中了柏树的精华，让你去投胎。现在你父母亲也死了，也该回来了。""我也有父母，也有桃花，我怎么会是柏树精？""你就是柏树仙，这个地方是仙境，你的任务完成，你就该回来了。""老奶奶，我不相信，清清白白我是石家庄儿人，我怎么会是……""不相信，你出去看看。白狐狸已经找不见了，那个白狐狸就是个仙女，派去陪伴你度过这些年。你不相信，你抓一把豆子出去验证。"金哥儿抓了一把豆子，出来了，找铁棒锤却没有找到。回去问老太太，这里有没有人来。老奶奶说，你看，这里的一圈磨就是一年，你看现在已经赚了好多圈了，不知道多少年了。现在已经是千年了。金哥儿不相信，再出去后看见棒锤在草丛里成了渣了。

金哥出来以后到了石家庄，小桥还在，比原前破了很多。槐树还在，槐树下面一个人也不认识。他告诉人家，我是……我来找找桃花。后来过来个白胡子老头。老头说，我听说过，有这回事，我听我爷爷的爷爷的爷爷的爷爷说过。那个时候有个小孩上山，冻死了，活不见人死不见尸。金哥儿听后，说我就是那个孩子。我就是你祖宗的祖宗。一句话激起了村民的愤怒，要打他。金哥儿说，我说的是真的，别打我。小桥、槐树我有印象，你们不相信，我让你们看看黄澄澄的金豆子。老百姓谁也没见过，就相信了。为了证实，请了两个年轻人和他一起去山洞进洞看看。金哥就领着两个年轻人去看，路过桃树开花的地方，桃花向他招手。进了洞，老太婆没有了，金豆子不值钱，金牛值钱，两个年轻人就拿金牛，拉着缰绳。然后缰绳就断了，两人掉出山洞，就有了吊洼。一个人摔死了，一个人还奄奄一息。村里边的人听着挺响的，就来了，那人说金哥儿说的是真话。

金哥儿在里面，看见老奶奶又出来了。老奶奶问："我说的是真的不？"金哥儿说；"我不相信，我还想桃花。"老奶奶说："你不能出去了，你出不去了。"金哥儿在洞里，精气使劲往外拱，然后山上到处都是柏树。有一株和桃花相对，每年下雪以后，桃花开了花后，跟他招手。①

这是陈水旺根据娲皇宫脚下石家庄村周边的地理地貌，利用民间文学的叙事元素创作的一则老奶奶显灵的故事。此例故事虽然是现代产物，但是陈水旺却巧妙利用了传统这类民间故事的元素，例如夫妇无子求子的故事原型、民间爱情故事模式等。另外为了让这个故事显得更加"真实"，更加符合民间传说的地域化的风貌，传说中事件的发生地就安排在娲皇宫附近的石家庄村。相关事物例如小桥、老槐树、金牛洞、吊洼、小柏树等都是曾经或仍然存在的。之后，陈水旺还专门带领笔者到相关地貌进行指认。为了使这个故事带有传奇和灵异色彩，他还告诉我们传说中的桃花就在山上，据他观察，这里的桃花确实是在杏花之前就开了。陈水旺非常满意自己的创作，认为这虽然是自己现在创作的，但是完全符合民间传说形态，是在丰富民间传说而不是对其进行硬性的扭曲和改造。陈水旺原本就是一位才华出众的民间故事家，他编写的故事不只是这一则。

对于传统的继承和改造都要植根于培育传统的民间文化土壤，只要遵循

① 此传说根据陈水旺的采访录音整理。

民间传说产生和流传的规律，就能够不断创作出具有原生态特质的女娲传说。陈水旺对这一问题的理解是朴素的：对于传统已有的传说应该尽量按照其原貌记录保存；而在进行新的创作中，也要熟悉民间传说的构成元素和创作规律，立足地域文化特征进行创作。只有这样才能创作出好的民间文学来。

作为民间技艺的能手，陈水旺对于传统民间文化是非常喜爱的，而且对民间信仰习俗进行了"去神秘化"的理解。那么对于到底有没有神灵，他说，他不知道。但是这并不是说陈水旺对神灵就一点也不相信，只不过他有自己的理解。采访中，他提到了当地的某些人为了挣钱，借着神灵、算命来骗钱。有人信以为真，捐 200 万元造了四个神像，还有人捐 80 万元盖房子，善男信女的虔诚和大方可见一斑。陈水旺非常看不惯这些骗钱人的做法。笔者原以为像陈水旺这样的人是不缺钱的，可是他生活并不富裕。他说他不是不可以挣到大钱，有人花钱请他去，他不去，不愿意骗人挣钱。退休后的他，甘愿在子孙殿挣 600 元的工资。他说不想靠吓唬人、骗人挣钱。其实对他来说这很容易。这也不禁让笔者对他肃然起敬。陈水旺坐在子孙殿前，指了指殿中的神像说："咱整天守着神，不能干这缺德的事。""没迷信有良心"是他对自己的总结。在陈水旺的心中，神其实就是一种彼岸世界的道德之眼，这只眼睛时刻警示着自己。其实如果这是"神"的话，那么这个"神"应该存在于所有人的心中。

第四节　知识分子

上文提到知识分子所具有的俗民和研究者的双重身份，这种双重身份意味着知识分子所具有的两种观察和认识世界的方式。一个是在日常生活中获得的经验的、感性的方式，另一个是接受现代教育后形成的理性的、科学的认识世界的方式，差异很大。甚至从某种角度看存在矛盾的两种认识方式同时出现在一个个体身上将会对个体的民俗观念和行为产生什么样的影响？

个体在日常生活中怎样处理两者之间的关系？对于这些问题的研究将会揭示出作为典型俗民个体的知识分子在民俗观念和民俗行为上的独特之处。

本节以涉县当地的文学创作者、研究者和文化工作者为考察对象。他们都是土生土长的涉县人，从小就浸染于女娲民俗文化的氛围中，是听着老奶奶显灵的神话传说长大的，甚至看着家人、朋友、乡亲逐渐成为女娲的信徒，亲历或者耳闻灵异事件的发生。在日常生活中，在他们的童年、少年，世界观形成的关键时期，女娲形象早已深深的扎根在心中。源自童年和乡土的这份记忆带有很深厚的情感色彩，成人之后接受教育的经历又使他们逐渐接受了科学、理性、唯物的认识世界的方式，这会集中表现在他们的创作和研究中，也会反映在他们的日常行为中。当他们开始以理性的眼光反思自身所处的文化环境时，必须做出重新的选择、解释，甚至是对传统的改造。他们当中的很多人或是仍然坚守着对女娲的这份崇信，或者即便不再将女娲看作神灵，也将其看作与自己有着紧密联系的母亲，更有人还试图在两者之间寻求一种调和。

一、知识分子的唯物史观：女娲是神化了的人文始祖

在当地学者的文学创作和民俗研究中，在知识分子所具有的科学理性的眼光下，女娲到底被塑造成什么样的形象，具有什么样的内涵，是研究他们民俗观念最重要的一点。这里例举一位当地学者的一首歌颂女娲的小诗。这首诗的题目是《我对女娲称姥姥》，是以文学的形式表达对女娲的爱戴之情。诗中是将女娲看作是母系社会中产生的一位女性祖先，突出了女娲的独立、至尊的地位和博大的母爱情怀。原文记录如下：

> 别人都叫您奶奶/而我却要称您姥姥/在您当家作主的时候/父亲不过是个男人罢了/母亲覆盖大地/姥姥一手遮天/您首先是一个女孩/然后是一个母亲/最后成了姥姥/您从来就不是妻子/妻子从来只是配角/而您是中心是主宰是神/您是强大的女人/虽然有时候也需要男人/但根本不把男人当回事儿/招之即来挥之即去/潇洒的风

度无与伦比／不论是男人还是老虎／在您的风度面前／或者仰视或者
退避／您如同一座高山／只有在孩子面前／您才是一缕温暖的春风／才
是一个温顺的奴隶／您把每个孩子（不论男孩还是女孩）／都扛在
肩上抱在怀中／为他们消除寒冷黑暗和恐惧／不遗余力／为他们创造
安全健康和快乐／不遗余力／您是一朵鲜花您是母亲／您是一棵大树
您是姥姥／您不是妻子不是奶奶／您比他们更古老更权威／她们是人
而您是神／您曾经名扬四海／您曾经光照人间／对于奶奶这个称谓／您
以姥姥的大度／任其泛滥成灾／因为您知道您的地位／谁也无法动
摇／啊姥姥姥姥／您不仅是原点／而且是笑傲时空的大纛／虽然别人都
叫您奶奶／而我却要称您姥姥

　　此诗站在唯物历史观的立场，将女娲看作是一个历史人物，是母系社会
出现的一位伟大的英雄母亲，而非原始大神，更不是普通信众所崇拜的民间
神灵。这种观点主要来自于对女娲神话的历史性解读。当地学者多把神话看
作是人类早期历史的反映，其中的人物和事件都是有真实原型和现实基础
的。女娲虽然是神话人物，也具有某种历史的真实性，或者就是伟大历史人
物的神化。当地学者对于女娲的这种认识和理解还有一个重要原因需要说
明，在涉县女娲始终保有了她作为独立女神的地位，并未降格为与伏羲相对
的对偶神。当地并未有伏羲女娲兄妹婚的流传，① 也没有一座伏羲庙，女娲
庙中也没有伏羲像的存在。也就是说，涉县民间是把女娲看作是独立造人的
女性始祖神，而非依附于男性始祖神的对偶神。唯物历史观的立场与当地女
娲文化的实际存在情形达成了一致。因此，涉县当地学者多持有诗中的观
点。这里以史安昌为例来具体分析。
　　当地学者史安昌也主要是从文学和历史的视角来改编和创作女娲神话传
说。他引用《汉语词典》对神话的解释："神话是关于神仙或神化的古代英

---

　　① 李亮等人曾以文学手法整理和改编了女娲民间神话传说集《女娲的传说》。在这个集子中，
收录了一则伏羲女娲兄妹婚的故事，是李亮根据根据历史文献创作出来的，并非取自于民间。

雄的故事，是古代人民对自然现象和社会生活的一种天真的解释和美丽的向往。神话跟迷信不同，它富有积极的浪漫主义精神。"这种对于神话的理解方式影响了他对女娲神话的改编创作倾向，同时也使得他将女娲看作是被"神化了的历史人物"。而且根据这一定义，他指出神话的文学和历史的双重价值："神话是以一定的历史事实为基础和确有的人物为对象，由古人通过幻想，进行加工充实的口头故事。它不等于历史，却含有历史的'影子'；它不是纯粹的文学艺术，却是文学艺术之源，有历史和文学的双重价值。"①

在对当地女娲神话传说的搜集整理和改编创作中，史安昌把女娲神话文学化了，女娲也相应成为文学人物。他写的一本《走近女娲》的小书，书中他把当地流传的和还有文献记载的女娲神话传说进行了文学化的改编，加入了丰富的文学想象，经过他改编的民间神话传说女娲的形象具体鲜明，确实生动丰富了不少。出自于他手的神话传说文学性固然增强，但却难以反映俗民的神话观念和思维方式。随着这种改编，女娲这一神话人物相应的就成为了文学人物。史安昌认为神话的价值就是推动世界各国文学和艺术的发展。许多神话故事都被各时代的作家、诗人、艺术家所关注，并成为他们创作的灵感来源和艺术题材。也就是说，史安昌将民间神话传说看作是他进行文学创作的源泉。事实上，在神话发展历史中，女娲确实也经历了这样一个由神话人物到文学人物的衍化过程。笔者关心的不是这个过程，而是史安昌及其当地的学者，他们对女娲神话和女娲的理解方式影响到了涉县女娲神话传说的呈现面貌。他们掌握着向世人展示、宣传涉县民间女娲神话传说的话语权，他们的作品要比民间口承神话传说传播更加广泛，因此他们的作品就很有可能替代真正存在于民间的神话传说，成为涉县女娲神话传说的标准像，为世人所知晓。

从历史的视角解读女娲及其神话，史安昌主要有两个观点：第一，女娲是神化了的历史人物。在他的《走近女娲》前言中，曾这样写道："在远古

---

① 史安昌：《走近女娲》，内刊，2014年，第82页。

社会生产力水平极其低下的情况下，……主观臆造出许多超自然的神仙来。这些应是唯心思维的结果，故多是子虚乌有的事，如天帝玉皇、四海龙王、阴司阎罗等。但是有些是古人在生产生活中，根据现实中确有的英雄人物而加工充实的口头故事，因对其敬仰崇拜便在传播中将其'神化'。……女娲神话，正是以人类战胜自然为现实生活基础，表现出人类在征服自然过程中的坚定意志及强烈愿望，并赞美了远古时期母系社会中的杰出人物——女娲的无畏精神和自我牺牲的高贵品格"[1]。他认为，女娲神话虽为神话，但"只有历史上确曾有女娲存在，才可能有女娲神话这一古人的意识反映"[2]。女娲神话所反映的母系社会面临的社会问题有两个，一是自然环境恶劣，人类需要战胜天灾，改变环境；二是人口稀少，种族繁衍艰难。于是人类有可能以现实中的杰出人物为原型，将其神化，使他（或她）成为人民崇高愿望的载体。女娲这位始创人类的女神兼同大自然斗争的英雄，便应运而生。因而，女娲是神又是人，是神化了的历史人物，或历史人物的神话化。第二，女娲是母系社会独立造人的大神。史安昌也非常反对涉县目前被人为制造出来的伏羲女娲兄妹婚传说。史安昌认为女娲是独立造人的，女娲抟土造人神话应是原生神话，要早于伏羲女娲兄妹婚神话，后者是再生神话，是迎合母系社会向父系社会过渡的需要。史安昌专门有文章对此进行阐释。第三，史安昌非常反对将伏羲引入涉县的做法。史安昌认为娲皇宫补天广场的八卦图与女娲文化没有什么关系，而和伏羲有密切关联，所以八卦图用在这里是不合适的。娲皇宫东边修建伏羲塑像也是不符合涉县女娲文化民间存在面貌的。另外，史安昌还提到，李亮改编的伏羲女娲兄妹婚，不知哪些人，为了把这个神话本土化，更将其与涉县磨池村联系起来，说伏羲女娲兄妹就是在这个村滚磨盘的，但是当地百姓并不认可。在对待涉县女娲民俗文化的态度上，史安昌表现出对于唯物历史观的坚信和对涉县本地女娲文化原生态面貌的坚决维护。

① 史安昌：《走近女娲》，内刊，2014 年，第 5 页。
② 史安昌：《走近女娲》，内刊，2014 年，第 83 页。

女娲本是人类早期阶段原始宗教中的一位大神，她体现的是人类对于自身起源的思考和解释。能够用泥土或者自己的身体造出人来，这绝不是真实人物能做出的事情，而只是远古初民原始思维的体现。在后世的衍化中，从官方层面来说，女娲的地位降低，成为男性始祖神伏羲的对偶神，这时的女娲与伏羲共同成为中华民族的人文始祖。如果从民间来说，女娲始终是被当作神来看待的，只不过由原始大神演变为民间俗神。一方面涉县当地学者更愿意认同传统官方层面赋予女娲的人文始祖的身份，而不愿将其看作民间俗神；而与此同时，他们又在极力维护女娲在民间的独立造人的女神地位，表现出对涉县女娲文化"独奉女娲"这一特质的尊重。由此可以看出当地知识分子对于女娲文化认识的独特性。

二、两种认识世界方式的契合点：女娲就是老母亲

当地研究者李长荣，担任涉县女娲文化研究会会长、中国女娲文化研究中心秘书长，多年从事易学和女娲研究。

在关于女娲究竟是人还是神的问题上，李长荣一开始认为女娲是人不是神，后来又认为因为女娲是人，并且大有作为，后人纪念她、追悼她、敬仰她，把她由人奉为神。这个"神"是祖先神，是我们的母亲，不同于庙里供奉的神，不是凭空创造的神，是由人变成的神。在这一点上他与当地学者是一致的。作为学者的李长荣，主要研究易经及其与女娲的关系。同时李长荣作为研究会的会长，还代表官方做了很多弘扬女娲文化的工作。作为普通俗民的李长荣，生活中笃信女娲，对女娲的存在深信不疑，有时还要充当神汉的角色。他的女娲信仰观念的独特之处在于，在两者之间找到了一种契合，很好地调和了两种认识世界方式产生的矛盾。

首先来看作为学者的李长荣。李长荣多年从事易经研究，平时还要给人看风水。他对女娲的研究主要是从易经的角度出发，论证五行与女娲所炼五色石的关系。他认为炼五色石是女娲对人类认识物质世界的一大贡献。所谓五种颜色，代表金木水火土，即将宇宙万物归于五种属性，到黄帝时期又被称为"五行"。除此之外，他还和朋友合作创作了一部关于女娲的电视剧，

剧本已经写完，并已获批。2002 年，涉县开始筹备成立女娲文化研究会，请李长荣主持工作，他慨然应允。自 2005 年研究会正式成立至今，以李长荣为带头人的研究会十年来主要做了三方面工作：一是在娲皇宫文化和建设方面提出了许多合理化建议。二是获得一个称号，成立一个中心。2006 年，涉县被中国文联、中国民协命名为"中国女娲文化之乡"。2009 年，中国民协将中国女娲文化研究中心授予涉县。中心成立之后，先后与甘肃、河南淮阳、山西平利等各地女娲文化研究会建立关系，进行联谊，相互沟通交流，共同研究、弘扬女娲文化。中国女娲文化研究中心之所以授予涉县，李长荣认为在于涉县女娲文化的深厚和独特。在全国同类女娲文化遗迹中，娲皇宫景区面积最大，历史最长，文化底蕴最深，波及面广，影响到了山西长治、河北邢台、山东聊城、河南新乡、安阳等地区。还有即是上文提及的涉县独奉女娲。三是接待省里、市里来参观娲皇宫的上级部门领导，让更多的人了解女娲文化，宣传女娲文化。

在研究和行政工作之外，李长荣作为一个普通俗民，非常信女娲。李长荣在女娲像前向女娲承诺，把自己的一生交给女娲，把自己的命交给老奶奶，老奶奶让自己活多长时间，他都用来伺候老奶奶；老奶奶要他死，他就毫无怨言地去阴间伺候老奶奶。日常生活中，李长荣还承担着为人抱小孩、看病的事情。经他手向老奶奶求子、看病非常灵验，用他的话说就是百分百准。找他的人多是有钱的老板，给哪个老板抱小孩，老板得子之后就给老奶奶捐了很多钱。他还给人看病。据他讲，求老奶奶看病也得有方法，方法不对，老奶奶也帮不了你。

概而言之，李长荣围绕女娲的行为主要有三种，一是作为研究者，立足易经对女娲的研究。二是作为普通俗民对女娲的虔诚信仰。三是作为研究会和中心的负责人，在宣传弘扬女娲文化和娲皇宫的开发方面所做工作。

一般情况下，俗民对于神灵的崇拜无非是三种情况，一是绝对相信神灵的存在。此种意义上的神灵往往是凭空产生，没有或者少有事实根据。二是无神论，认为这个世界根本不存在神灵世界，不信神。第三种情况是上述两种情况同时并存，在遇到困难和问题，科学解释和解决不了的时候，俗民往往选择相信。这就是宁可信其有，不可信其无；而其他多数情况下，这部分俗民选择相信科学。李长荣信女娲的状态，不是纯粹无神论或者有神论，而是试图将两者调和。李长荣对"信女娲"有自己的一套理解。他说，要用"唯物"的方式去信女娲，而不是"唯心"。什么是"唯心"的信，什么是"唯物"的信？李长荣是这么解释的："唯心"的信就是"迷信"，就是搞不清楚弄不明白还得信，就是"迷信"。普通百姓到庙里烧香磕头，只求老奶奶保佑自己实现愿望，但是并不知道信的是谁、为什么要信。这就是迷信。而"唯物"的信就是明白自己信的是谁，是从什么意义上信。"信女娲就是把女娲当作我们的老祖先来信，当作我们的妈妈来信，来敬仰她、供奉她。就如自己的亲生母亲去世了，供奉起来，烧点香上上供，这是对母亲的怀念。母亲去世了，你说母亲是人，是神？信女娲就如同信母亲一样。这就不是迷信，是信仰。我给人办事，看病、求小孩都是按照'唯物'的方式去办，是我们的老祖先、老母亲、老妈妈来给我们办事了。"① 也就是说，李长荣是把女娲当作母亲，即祖先崇拜，这就是唯物的了。李长荣不把女娲当作凭空出现的神，而是把女娲看作是人类历史上出现过的真实历史人物或者是由真实历史人物神化了的人物，这就降低了女娲的虚幻性。然后又把女娲当作神供奉起来，崇拜她，这里的"神"含义就不是上文的"神"含义，其意指祖先神。李长荣是借用祖先崇拜和信仰化解了女娲信仰当中所谓迷信的部分、不被当代社会主流价值接受的内容。至于他给人看病求小孩这种类似师公师婆从事的行为，他也不是从巫术的角度来理解的，而是认为这是女娲老母亲我们的祖先来帮助我们了。

李长荣身份多重，行为也复杂。多重的身份造成了他的观念和行为是复杂和多重的。有时他是一位研究者，需要用科学的逻辑思维来理解这个世界，对于女娲这位女神的理解自然是历史唯物观的体现。大多数情况下，在他还没有从事研究工作之前，或者已经成为研究者的李长荣，其实就是一个普通的涉县人，也在老奶奶有灵的文化氛围中长大，甚至一次次亲历和听闻

---

① 根据对李长荣采访录音整理。

到老奶奶显灵的"真人真事"，这让他不得不相信女娲的存在。对于李长荣来说，这两者的矛盾必须解决。如果不解决，思想观念就会出现分裂，根本没办法行动。因为他不是一个普通的俗民，可以任凭很多矛盾的东西，包括对这个世界的看法和理解，同时存在于自己身上而不加处理。于是就出现了上文提到的调和行为。这样的调和解决了他世界观内部出现的矛盾，使他在信女娲、在进行研究中，在为别人求老奶奶看病、抱小孩时，在运用易学看风水时，都能够从容自在。因为他给自己找到了行为的合理性，那就是"唯物"的崇信女娲有灵。

三、知识分子的责任与使命：传承和保护属于百姓的民间文化

王福榜，西戌镇文化站原站长，现已退休。王矿清，现任西戌镇文化站站长。之所以把两个人放在一起，是因为两人在工作性质、对女娲的理解等很多方面有共同之处。两人都是土生土长的涉县人，从小都是听着女娲显灵传说长大的，但是两人都表示不信神。长大之后的无神论教育和长期的文化工作对两人的影响更深，使他们接受了无神论观念，而放弃了儿时的神话记忆。但是这并不是说，儿时的文化熏陶就没有意义。因为周围的亲人都信神，自己也是老百姓，生活中离不开神，离不开女娲。不论信与不信，神灵、女娲渐渐地成为大家共同的生活和文化内容。两人深处其中，对这样的生活、文化以及乡亲们积淀了很深厚的感情。于是，对这种文化从内心深处虽然知道愚昧荒谬，不能认同，却又有着一种很深的依恋和亲切感。王福榜说：他自己就是老百姓，女娲文化、神灵的事情都是老百姓的文化，而这种文化渐渐地在消失，也不被重视。所以他虽然不信神，却要保护、记录、传承这种文化。也就是说，两人是把神灵、女娲当作民间文化来看待的。两人的工作很大一部分都是在保护传承这种民间文化。基于这样的理解，两人都表示从不去烧香磕头、拜神仙。王福榜表示活了七十多岁家里从来没有因为什么事去求过神。现代理性思维对两人影响很深。

两人虽然不信神，但是却非常尊重民间的神文化。王福榜说："神是存在的，你信不信是你的事。"笔者追问是什么意思。他回答："女娲灵不灵？

是很灵的。为什么说灵呢？当老百姓想要男孩的时候，就去上香求老奶奶，今年去，明年去，等到后年生了男孩。在百姓心里，这个男孩不是自己生的，是女娲给的。当生病的时候，百姓去找女娲求药，在吃女娲给的药的同时，也去医院买药吃，等过了一段时间病好了，就认为是女娲给治好的，不是医院治好的。女娲能满足每一个人的要求，所以说女娲很灵。女娲就成为百姓心中离不开的神。女娲、神都是存在的，他们存在于百姓的心中。"①此种意义上的神，王福榜认为是存在的。他从不去拜庙里的塑成泥胎的神像，但是却尊重活在百姓心中的神，而且他认为这就是百姓自己所创造的文化。王福榜这段话所透露出的意思与本书所持有的立场和观点是一致的，俗民在日常生活中建构起的神灵世界，实质是一种把握和调节外部世界和自我精神世界的方式，是一种主观精神建构。对于俗民所建构的世界及其他们的方式、思想情感都应予以尊重。对王福榜来说，不仅是尊重，而且还有保护。

与王福榜相同，王矿清也是无神论者，对百姓信神的心理也有自己的理解。他认为百姓信神，甚至是成为师公师婆，都和自身经历有关。上文提到的虔诚信徒王江顺是王矿清的父亲。他认为父亲逐渐信神，信老奶奶，就是因为人生经历坎坷，心理压抑，需要寻求一种解脱。在他看来，父亲梦中和女娲说话，感觉到老奶奶下来，都是癔病，是幻觉。但是父亲却通过这种方式使精神压力得到了宣泄，获得了一种安慰。晚年王江顺也给人看病，同样也是在利用神灵信仰给人以安慰。王矿清认为这是一种精神支持。精神的力量、信仰的力量是无穷的。他举例，有人得癌症快要死了，家里人来找父亲看病，父亲明明知道此人不久就要去世，还是安慰病人，说没事，过段时间就好了。这和神灵没有任何关系，纯粹是精神的治疗。还有李花翠能当上师婆，走上这条道，王矿清认为也和她的经历有关。李花翠本是西戌人，先是嫁给了一位教师，但是后来丈夫有了外遇，找了比自己条件好的。李花翠是一位非常勤劳善良的农村女人，孩子都很大了，不愿离婚，但是仍然得接

---

① 根据对王福榜采访录音整理。

受命运的安排。离婚后第二次婚姻，她选择了赵峪村的一个农民，重新开始新的生活。王矿清认为虽然李花翠自己说不愿干这行，但是她从这项工作中也获得了一种心理的安慰和平衡。去拯救受苦受难的、身边的乡亲们，提升了自己的精神境界，让自己看待人生更加达观，心灵因此更加安宁。概言之，王矿清认为百姓信神大都和自己的坎坷经历和人生不如意的事情有关，是一种精神疗法。

"文化"在两人的认识中是最有意义的核心词。王福榜说："我不信神，但是对神里面的人我是崇拜的，女娲我崇拜，佛祖我崇拜，老子我崇拜，我都崇拜他们。我不是崇拜他们是神，他们留下的这个世界，留下的这个'文化'我崇拜，从思想上崇拜他们。你看，从文字记载上看，女娲抟土造人、炼石补天，假如是真的，那她的功德就很大了。佛教讲究普度众生，道家讲究崇拜自然，天人合一。他们的思想理论、文化，咱得崇拜它。咱创造不出来。我喜欢研究神文化，喜欢研究一切有价值的思想和文化。"① 可以看出，王福榜是把女娲看作是人文始祖，敬仰女娲给世人留下的功德和文化，而不是别的。

王福榜所从事的主要工作是搜集整理了许多当地关于老奶奶的故事。他给笔者讲了一个从沙河牛广生那里搜集到的关于老奶奶的抗战时期的故事。在 1942 年涉县响堂铺战役中，陈赓部队和日军交战，战斗非常激烈。正当敌我双方打得难分胜负的时候，双方都看到了有一支"111"部队加入了战斗，我军以为是日军的援军到了，日军以为是我军的援军到了。最终我方取得战斗胜利。但是回想起特殊的"111"部队却怎么也找不到，部队根本就没有这个番号。若干年后，当年参加过这场战斗的一位老军人来娲皇宫参观，在娲皇宫的钟上发现了"111"这个数字，于是恍然大悟，想起来当年战斗中的"111"部队原来是娲皇宫老奶奶派出来帮助八路军打鬼子的。王福榜认为这些故事很好，反映了老百姓朴素的对神的特殊感情——神帮助过我，我就宣传神的好处。王福榜说："我也是老百姓，官方咱也掺和不上，

---

① 根据对王福榜采访录音整理。

这种文化逐渐在消亡，没有人去传承了，咱这一代人就要有责任感，把它传承下去。我想做的就是传承女娲文化，传承女娲民间的文化。我虽然不信，但应该传承。"① 作为文化站的工作人员，王福榜和王矿清做了很多有益于传统文化的工作，例如当地昭福寺、真觉寺的申请保护、重修以及申请省文保单位等工作都是两人共同完成的。另外，据笔者了解，王矿清非常热心地帮助沙河村修建了女娲庙。当时修建女娲庙的时候，遇到了占地纠纷和资金短缺问题。村里女娲庙旧址已经被人买去占用，当要重建女娲庙的时候，是王矿清与买主进行交涉，把地重新要了回来。遇到资金问题，还是他去上级有关部门申请资金。沙河村的村民对于王矿清的行为非常赞赏，也非常敬重他。笔者到沙河村调研，他陪同。他见着一个村民就喊，快把看庙的喊来开门。被喊的村民二话不说就去了。王矿清所做的这些事情并不是要给自己积什么功德，而是把这些当作是老百姓的文化，这些珍贵的传统文化应该进行保护传承。年轻时候的王矿清把百姓信女娲看作是封建迷信。后来上学接受教育，尤其是从事文化工作以后，对这些东西的理解就不一样了。正如王福榜所理解的那样，不信神，但把这些东西看作是老百姓的文化，而这种文化需要有人去保护。文化站的工作就是要关注老百姓的文化生活。对于正在消失的民间传统文化，他们都有一种忧虑，更有一份责任和担当。两人都是出于工作的原因做了大量保护工作，并不是求回报。王矿清认为不能有回报的思想。他还给笔者讲了自己长辈的故事，有一位他叫爷爷的、曾经做过支部书记的老人，就曾经反复给他讲他们家行好该得到回报了，原因是修昭福寺的时候，人家祖上捐过款，结果到现在也没有什么回报。王矿清说："回报的思想要不得。"他做了多年的文化工作，还写了专门研究涉县女娲祭祀文化的书，都是出于本心、出于奉献去做，没有想到要老奶奶回报他。王矿清非常喜爱文学创作，想通过文学创作把涉县女娲文化传扬出去。他打算写一部关于女娲的广播剧。这部广播剧不是去宣传神话传说中的女娲，那些他认为虚无缥缈。他要反映的是老百姓生活中的女娲。广播剧的名字就叫《我

① 根据对王福榜采访录音整理。

的女娲》。他说："我写的是我生活中的女娲，写女娲就是写我奶奶、我爷爷、我母亲、我姑姑，写他们的苦难历程和苦难中的抗争。我把她们当作女娲，我太了解她们了。"① 很显然，王矿清生活中的女娲、所要表现的女娲，正是老百姓生活中的、活生生的伟大苦难的女性个体。

知识分子对于女娲文化的建构可以用三个词来概括：即研究、弘扬和保护。尽管他们在对女娲及其文化的认识上与文化程度不高的百姓有很大的不同，但是他们都表现出了对于俗民所创造的女娲民间文化的尊重和支持。他们的行为不论是否属于民俗范畴，都在为涉县女娲民间文化的存在、发展和传播发挥着作用，这是其他俗民个体难以做到的，也正是他们作为俗民个体对于女娲民俗生活的建构方式和独特功能。

---

① 根据对王矿清采访录音整理。

第六章 关于俗民民俗生活建构特征的思考

本书第二、三、四、五章分别从不同的角度呈现和分析了俗民建构民俗生活的过程、方式和从中表现出的能力、智慧、情感和心理。第二、三章主要展示的是俗民所创造的信仰生活世界的整体面貌。俗民总是按照自己对周围经验世界的理解来建构自我的精神生活，以河北涉县女娲民俗为例的详细展示和评析，充分呈现了俗民的独特的思维类型和行为方式。第四章是立足俗民群体，主要分析探讨典型俗民群体特征及其在民俗生活建构中的作用和功能。第五章着眼于典型俗民个体在民俗生活中的个性化观念和行为的研究分析，试图具体展示民俗生活因不同个体而呈现出的差异性和丰富性。总体来看，上述四章的分析仍是过程、现象描述的多，对俗民具体的观念行为分析的多，而未对俗民民俗生活建构特征进行揭示，本章对此问题将做全面、具体的探讨。

第一节 "正在进行时"：不断建构中的生活世界

一、传统对于俗民当下生活的意义

民俗学是一门把人的日常生活当作研究对象的学问，因此民俗学更多地关注人们在生活中建立起来的信仰观念、行为方式等精神性存在及其外显。俗民在日常生活中形成的习俗惯制等民俗内容历来被看作是民族文化传统的重要组成部分（学术界将之称为小传统），而这一传统即是民俗学学科一直以来的研究对象。这里"传统"的内涵更多的是泰勒"文化遗留物"意义上的，即传统是距离当下生活很远的时期，俗民所创造和形成的民俗观念、惯制和行为，而因为时代的变迁，在当下生活中几近消亡。学者所要做的工作就是要将其挖掘复原。学者研究行为的意义和价值在于，这些传统蕴涵了长期以来人们怎样生活的文化密码，是当代人追溯和知晓过去时间段人们生活状态的最好的活化石。这些传统所代表的生活被认为是经典的、是不应该被当代人丢弃的宝贵的民族共同记忆和文明。这种学术价值体认代表了民俗学学科兴起之初所要努力做的一项工作，即在对上述传统的研究中完成对国家或民族共同发展文明史和生活记忆的确认，建构当代的国家或民族象征符号。这种企图不论是在西方发达国家还是在落后的发展中国家都是存在的和必要的。这让每个人从民族主义的角度深刻认识到了这一传统的意义。在我们正在经历的当下时段中，面对这一传统的边缘化，甚至是消失的局面，学者为其扼腕叹息，忧虑宝贵的文化传统无可奈何地逝去。

然而，当我们变换一下观察生活的方式，从俗民的视角来看待其民俗生活，就会得出与上述学者不同的看法来。事实上，让学者扼腕叹息的、正在消失的传统，对于俗民及其生活来说往往是已经渐渐失去意义的部分。在俗民的立场看来，民俗的观念和习俗惯制是他们处理与周围世界关系的方式，如果某些内容已经不适应或者部分不适合俗民生活的需要，那么它们的逝去或者衍化也是必然的。当然如果进一步分析，问题还远没有这么简单，笔者将在下文关于现代性与传统性的问题中予以进一步的展开。需要进一步指明的是，学者将传统遗留物当作研究对象的同时，很容易忽视正在生成的新的民俗内容，并且认为这些新的民俗生活缺乏深厚的文化蕴涵。关于新生民俗内容的研究，国外有美国的理查德·道尔逊创立的城市民俗学，日本的柳田国男在这一领域也有过深入的探讨。城市民俗学即是对现代城市生活中新的民俗的重视和研究。国内也有学者在努力呼唤对于当下正在发生和生成的新的民俗生活的重视，例如岳永逸提出的现代都市民俗学。再回到俗民的立场，民俗对于俗民来说并非是研究对象，不是外在于他们生活的某种需要关注或不关注的事物，不是有价值就拿来、没价值就放弃的实用品。民俗就是俗民生活本身，是俗民凭借经验和感知形成的、处理自身与周围世界关系的方式。从某种意义上讲，民俗就是生活本身，不是什么文化。俗民不需要考虑"我"之生活方式与很久之前的传统是什么关系，因为传统本就在"我"生活之中。此时意义上的"传统"不是上文提到的、代表了之前人类生活文化遗留物的传统，不是古人遗落在当下的没有拿走的物品，而是俗民基于现实的生活对这一传统选择之后的"传统"。后者对俗民正在经历的生活和时代是有意义的，因此成为正在进行的俗民生活的一部分。这个传统是经过俗民自发或自觉选择后，对于当下生活具有意义的民俗内容。对于俗民生活已经失去或部分失去意义的民俗，不管蕴涵了多少学者认为的学术和文化价值，都会无可奈何花落去，淡出人们的生活。

二、面向当下：俗民民俗生活建构的指向

用"正在进行时"来描述俗民建构自我生活的状态，即是要关注正在发生的处于动态中的建构行为。从这一立场出发，传统就具有了不同于学者的意义。正如上文所述俗民对于传统的选择方式一样，在面向未来的当下建构中，俗民同样不需要考虑"我"之生活方式与新的社会现实是什么关系，未来怎么发展。因为新的民俗就在"我"生活中孕育生发。这里想强调和阐释的两个观点是：第一，对俗民而言，民俗生活即是当下生活，而非指向过去。在当下所面临的主客观环境中如何处理自我与周围世界的关系是其时刻思考的问题。所谓周围世界即是指俗民凭借经验能够感知和触摸到的世界边际，而非遥远的过去和未知的未来。当下生活是俗民最要紧、最关切的生命问题。这也是俗民生活"正在进行时"的第一个内涵。这就要求民俗学要将研究重心转移到当下俗民日常生活上，去真正了解和认识正在当下的俗民如何建构自己的生活，而非从其生活中找寻和追溯传统的印记。即使对传统的研究，也要放在俗民活生生的正在发生的生活流中才有意义。传统即是当下的传统，未来即是当下的未来。同时学者也不必担忧，俗民如何在诸多矛盾和复杂的文化社会环境中建构自身的生活世界。事实证明，俗民的智慧自

有其让学者不解和惊叹之处，其所创造的生活世界也是不可用学者的理性思维去考量的。

　　第二，与上述问题紧密相关的，对于俗民最要紧的当下生活，是每天、每月、每年，年复一年、日复一日，日积月累建构起来的。对于传统的继承也是基于当下生活有选择的继承，对其改变和调适也是自发或自觉的累积渐进完成的。这是俗民民俗生活"正在进行时"的第二个内涵。这就意味着永远不可能有一个静态的、共同的民俗事象等待学者去研究。生活中多的是一个个充满差异的、动态的民俗事件，因此民俗学对这些正在进行的民俗事件要予以充分的关注，才能发现俗民民俗生活的渐变性。民俗不是传统留在当代生活中的一件古董或者遗留物，而是俗民在基于传统的基础上，不断适应新的生活，对周围世界不断做出新的理解和适应的过程。俗民会在新的元素加入后的生活中，不断调适自我观念和行为，使得自身能够理解周围的生活世界，并预先规定了自己按照什么方式去应对。那么，随之需要思考的问题是：在进行时的建构过程中，俗民受到了社会的哪些因素的影响，而使得他们不断调适自我观念和行为？近代社会影响俗民建构日常生活的最大因素就是现代文明和价值观念，即现代性。现代性所代表的价值观念、社会结构、生产方式等深刻地影响了俗民的日常生活。这即是本章所要论述的第二个问题，即现代性与俗民的日常生活建构。

第二节　俗民民俗生活建构的境遇：
传统与现代相遇

　　现代性作为影响现代俗民民俗生活最重要的因素，对于传统民俗的影响是必然的。在现代社会的不同发展阶段，现代性与传统民俗之间会形成不同的关系。在最初，现代性价值观念和生活方式全面占领人类社会和生活的阶段，传统民俗的很多内容被当作落后的东西革命掉。现代与传统的最初相遇，是以现代的大获全胜、传统的悲惨抵抗为结局的。但是在之后的社会发展中，现代性的价值准则和生产生活渐渐显露其内在的危机，尤其是把理性价值当作唯一价值的时候，情况更加糟糕，人们未能从现代社会的生活中获得所需要的归属感。于是，在对现代性的反思中，传统的价值观念及其民俗生活显露出原本的价值和魅力。在当下的社会语境中，现代与传统的关系不再剑拔弩张。传统民俗生活中那些完全不适用现代性价值和生活方式的部分该消逝的自然消逝；那些对俗民当下生活还存在意义的部分，又在与现代性不断展开对话。已经占据社会主导地位的现代性以开放的姿态包容传统。基于不同的现实境遇，两者达成了不同关系，或两者并存，或彼此融合。

一、现代社会的现代性与俗民的日常生活建构

1. 现代性的内涵及其产生

现代性这一概念首先出现在 17 世纪的英国，是指一种时间观念，一种直线向前、不可重复的历史时间意识。卡林内斯库（Matei Calinescu）在《现代性之五面》（*Five Face soft Modernity*）中曾经详细地叙述"现代"概念的起源。他认为现代性的观念虽然与欧洲历史中的世俗化过程有关，但这个概念却起源于基督教的末世教义世界观，因为这种世界观所隐含的时间意识具有不可重复的特点。[①] 在早期使用时，这一概念的内涵是含混不清的，甚至有贬义的倾向，指平淡和乏味。直到十九世纪、特别是本世纪，这一概念的贬义才开始发生变化。关于现代性的内涵，不同学科和领域的人文社会科学家都各自从自己的学术立场上下过定义。笼统地概括，现代性是指传统社会转变为现代社会过程中形成的一系列新的知识理念与价值标准。严家炎从社会学的角度看待现代性。他认为："现代性指社会生活或组织模式，大约 17 世纪出现在欧洲，并在后来的岁月里，程度不同地在世界范围内产生着影响。"[②] 如果超越学科的界限，界定一个比较明确的内涵的话，现代性主要指启蒙现代性和审美现代性。启蒙现代性发源于 18 世纪的欧洲启蒙运

① 卡林内斯库：《现代性之五面》，商务印书馆 2002 年版。
② 严家炎、袁进：《现代性：二十世纪中国文学的显著特征》，《北京大学学报（哲学社会科学版）》2005 年第 9 期，第 58 页。

动，它指的是由产业革命所导致的和传统社会有很大区别的"新时代"及其精神价值取向。审美现代性是指在对启蒙现代性的反思和批判，它与启蒙现代性形成了现代性内部的矛盾的关系，是对现代性的对抗。启蒙现代性与反省、反思、批判现代性的审美现代性，二者共同构成了现代性的完整内涵。

由上述现代性的内涵其实可以看出现代性实质上分为紧密联系的三个层面：一是哲学和价值层面上的现代性内涵。二是社会学意义上的现代性内涵。前者具有理性、进步、自由、个人主义等价值内涵；后者主要是指现代工业文明下的社会组织结构和模式，包括大工业生产、市场经济、民主政治和科层化管理结构。这是现代性价值观念的外化和在人类社会组织构成中的体现和展开。三是表达人与自然关系的科学技术层面的内涵。它表达了人与自然的新的平衡关系，即人通过理性实现了摆脱自然的控制和对自然的恐惧，在两者关系中占据主导地位。

本节重点关注和研究的现代性内容，主要有三点：第一，作为哲学和价值层面的现代性基本特征，理性是首先加以阐释的问题；第二，理性之一，即工具理性的强势发展所带来人与自然关系的变化；第三，社会层面的大工业生产所带来的人的生活方式和人与人关系的变化。对于这三个方面的讨论将放在一个历时的层面展开，主要分析在中国近代社会现代性思想不断展开的过程中，价值观念、社会结构等方面的发展变化。之所以这样展开问题的论述是基于对现代性和社会现代化这样的一个认识：现代性思想是一个不断发展和展开的过程，在时间上呈现线性发展的特点，现代性思想展开的过程又是现代社会基于现代性价值不断变化和发展的过程。两者都是历时性的发展特征。在它们的不同的发展时期，对于俗民生活世界的影响存在很大的差异。

二、现代性对俗民习俗生活建构的深刻影响

不论从思想理论层面还是现代社会发展层面，我们都将现代性看成是不断发展、向未来敞开的一个进程，而非从其产生之初就已经确立的不变的东

西。这里以现代性思想价值对人类社会的影响发展为线索，来探讨现代性思想价值及其社会现代化与俗民建构日常生活之间的深刻联系。

一般意义上而言，社会的现代化实质是现代性思想价值逐渐成为社会主导价值并以此推动社会各方面的变革的过程。现代社会是现代性的具体展开。其实，现代性思想也是人类社会发展到一定阶段的产物，现代性的产生直接与欧洲17—18世纪的启蒙运动相联系。正如陈嘉明先生在所著的《现代性与后现代性十五讲》一书中的论述："现代性的基本观念来自启蒙运动的精神，是启蒙精神哺育了现代性的产生。启蒙运动是一场伟大的思想革命，他所催动产生的理性、科学、民主等现代性思想价值为之后的法国等欧洲国家的社会的变革提供了思想资源。它推翻了以'神'为轴心的传统宗教社会，反对封建专制和教会以上帝的名义对人实行的完全的控制。可以说，至此人类社会由一个神的时代转型为'人'的时代，人彻底摆脱了对神的依赖，自然科学的空前的发展使人获得了极大的认知和控制外部世界的能力。现代性的核心价值理性即是人之所拥有的理性。人的理性内涵的确立也最终确立人的主体性地位。人获得了比之前更多的生命自由。至此，理性代替上帝，成为这个世界的轴心，成为人类思考问题和评判外部世界的权威标准和真理。质言之，对理性、科学和自由的肯定与推崇成为现代性的基本价值和精神追求。"① 中国自近代社会也同样经历了与西方大致一致的现代性思想价值的引入及其社会逐渐实现现代化的历程。理性、科学、自由的现代思想价值也深刻地影响了中国社会的结构变动和国人的价值观念、思维方式。中国社会虽没有西方意义上的宗教传统，但是同样存在一个庞大的神灵世界；虽未出现政教合一的统治，但帝王同样以神的名义来维护其统治的权威性。谈到如何看待上帝和宗教的问题时，启蒙运动时期的思想家们有两种不同的观点，大多数思想家并不否认上帝和灵魂的存在，在对待宗教的态度上，也并不是取消宗教，而是要宗教自然化，使之与自然和谐共存；也有

---

① 陈嘉明：《现代性与后现代性十五讲》，北京大学出版社2006年4月第一版，第5—6页。

许多唯物主义者主张无神论，否定上帝的存在。中国对于现代理性内涵的认识和接受更多的是采纳其无神论思想。在中国社会的现代化进程的最初阶段，在由神的时代转变为人的时代的进程中，无神论的唯物思想占据了主导地位，旧时代的神灵世界不仅丧失了对世人的统治地位，而且被放逐，人类世界不再需要神灵的护佑。中国本无西方意义上的宗教传统，在无神论思想占据主导地位后，大规模颠覆神灵世界的行动持续了几十年，尤其在"破四旧"期间更为激烈。唯物的、无神论思想彻底将国人从神权下解放出来，让人们彻底放逐了神灵世界。民间信仰作为传统社会俗民建构起来的信仰生活是与现代理性相悖的存在，也是遭受打击最为沉重的民俗生活内容。作为旧的、传统社会的一部分，民间信仰被视作愚昧落后的产物而被批判和清理，成为俗民生活中最为尴尬和隐晦的部分。在持续的现代化进程中，中国人对于现代性价值观念的接受经历了一个巨大的转变过程，由最初的从外部力量启蒙民众，强制性地向国人灌输理性思想，到国人、甚至是最没有文化的偏远地区的俗民，都感受到了理性力量的强大和合理性。现代理性对中国人实现了全面征服。理性思想价值及其思维方式成为国人的主导性思维方式，也成为指导俗民建构民俗生活内容的重要思维方式和价值取向。20 世纪 80 年代以来，随着四个现代化目标的提出，即便是在农村，现代性的普及也达到相当高的程度，现代思想和观念受到普遍的认可。例如科学对于农业的巨大推动，科学种田养殖、增产增收，这都使得民众感受到了科学的力量。与之相比，神性力量显得过于虚幻，科学似乎要将神灵取而代之。但是事实上并非如此。在涉县采访到的俗民莫某说："如果没有孩子，并不是单一的求老奶奶，也会去医院看病查找病因。有人生病了，都会两头找，一边到医院去积极救治，一边也会去拜药，求老奶奶或者其他神灵帮忙。"可见，科学并没有像我们想象的那样成为俗民建构日常生活的唯一思维方式，而只是一种重要方式而已。它与俗民原本具有的原始思维和日常思维在俗民建构信仰生活中共同发挥作用。

事实上，朴素的唯物思想早已经在民间存在。即便是在那些偏远的具有原始遗风的地带，虽然人们采取巫术或者祈求神灵保佑粮食获得丰收，但这绝对不是人们获取丰收的手段，再愚昧的人也知道要勤劳耕作才会获得丰收。天气大旱，百姓当然会去祭拜龙王，但是也会使用各种手段去抗旱，例如打井等。如果龙王还不下雨，人们还会把龙王神像抬出庙宇，曝晒甚至是烧掉。因此，即便是在传统社会，在神的威力和地位远远高于人的时代里，神的命题也是对于人才有意义的，人能顶礼膜拜，也能将之踩在脚下。或者说，信神并不是人们对外部世界的唯一的理解方式和处理问题的方式。因此，传统社会，以神为尊，但神并不是唯一的，朴素的唯物思想和科学思维同样显示了它的力量和有效性。传统社会的现代转型，最重要的是人的时代的到来，体现了人对于外部世界的掌控能力的逐渐增强。越来越强大的理性及其科学技术给了人统治世界的信心，甚至是野心。因此，理性思想价值才成为人类的主导价值，科学思维才成为人们的重要的思维方式。正如在神的时代也同样存在朴素的唯物思想一样，在这个人的时代里，同样也存在对神灵的膜拜，原始思维和日常思维也同样存在于现代人的头脑。因此，现代社会的民间信仰建构一定是三种价值观念和思维方式并存的局面。

在社会的现代化转型中，传统文明中形成的民俗观念和行为面临巨大挑战，民俗也必然面临着现代化的问题。本书着力探讨的民间信仰是民俗内容中实现现代化最复杂的部分。这似乎是一个不可讨论的问题。正如上文所述，在无神论和科学占据主导的世界和时代里，民间信仰应该是没落甚至是消失的部分，而谈其现代化、讨论民间信仰所具有的现代性似乎是非常荒唐的事情。事实上，在俗民的日常生活中，民间信仰不仅没有消失，反而在文化复兴的名义下大行其道。更值得去关注的是，民间信仰也发生了不同于传统社会存在状态的衍化，具有了新的特征。这种衍化很大意义上是俗民科学思维对于民俗内容的丰富和影响。原本我们认为科学和无神论思想会让前者彻底消失，没有想象两者会出现并存和共生，甚至是融合。

在对民俗、尤其是民间信仰的现代性详细讨论中，首先要明确的是民俗、尤其是本书重点关注的民间信仰仍然在现代社会存在，其自身必然要完成现代化的蜕变。在其现代化的衍化过程中，现代性思想价值必然要对其形成和再造形成影响并融入其中。这一点上文已经阐释清楚，不再赘述。其次，当现代性内涵不断融入民俗及其民间信仰建构的过程中，如何看待作为传统存在的民俗和民间信仰。也就是说，传统民俗也是一个非常复杂的构成，传统民俗中不同的内容与现代性思想会形成哪些关系。概括而言，源于农业文明的一些民俗行为，随着工业文明的发展必然要消失，退出人们的生活，例如鞭春牛活动。鞭春牛是立春节的活动，是春耕伊始的标志，意在策励农耕。山西民谣云："春日春风动，春江春水流。春人饮春酒，春官鞭春牛。"立春日，村里推选一位老者，用鞭子象征性地打春牛三下，意味着一年的农事开始。这一民俗活动在农业文明中具有相当重要的作用。但是在现代社会即便是在农村，人们的农业生产方式也已经发生的很大的变化，使得人们不再认为鞭春牛活动一定能够带来丰收吉祥，所以，该民俗行为的消失就成为一种必然。它只能成为一种文化记忆记录下农业文明人们的日常生活图景。此类民俗活动也没有非要拯救复兴的必要，任其消失，反而是一种符合"民俗是俗民日常生活建构"的这一初衷。这也是传统民俗与现代性的第一种关系，受到占主导地位的现代性社会生产和生活方式的影响被迫消失的民俗。河北涉县传统社会有一种称为野合的求子习俗。在三月女娲庙会期间，三月十八有为圣母守夜的习俗，俗称坐夜。起初，凡善男信女这天夜间都要来庙上为女娲守夜，女人们在庙院里面，男人们在庙院外边。尤其是求子的女人们，各具虔诚的心理，三个一伙儿，五个一堆儿，点着篝火，窃窃私语，一夜不眠。然而在漫长的岁月中，坐夜求子则成为男女野合的场所和机会。每到夜幕笼罩山庙，求子的年轻女子就会走出山庙，如遇男青年跟上，也不拒绝，也不言语，二人一直到僻静处进行野合。他们既不问姓名，也不看容貌，更不用担心有人捉奸，做完事各自归去。这种事有借种生子之意，更不乏有情人幽会。不过凡经这样的方式怀孕的女人和出生的孩子，都不会受到歧视，因为他们有一个光明正大的"理由"：这是神灵赐给他们的孩子。这种求子方式在现代社会也已经消失。消失的原因显而易见，借种生子这种极端化的求子方式不符合现代性伦理道德价值观念，也让现代人难以接受，其消失是必然的。类似的某些传统习俗的消失是符合民俗本身的衍化规律的。传统民俗中对于现代社会发展完全失去适应性又未发生衍化的，自然会淡出人们的日常生活。第二种关系是现代性深入传统民俗对其改造并完成融合，即传统民俗的现代性衍化，例如春节所具有的现代性内涵。虽然从起源与流传历史上看，春节与农业社会有着密切的关系，但这并不意味着它就不适应当代社会。古代，先民们根据农作物的生长周期发现了春夏秋冬四季交替的规律，由此有了"年"的概念，指代粮食一次成熟的时间（北方作物一年一熟）。在夏商时代产生了夏历，以月亮圆缺的周期为月，一年划分为十二个月，每月以不见月亮的那天为朔，正月朔日的子时称为岁首，即一年的开始。在古代，春节被寄托了种种意义。例如：扫尘是为了除旧迎新，挂年画是为了驱鬼保平安等等。春节的功能往往包括除旧、迎新、祈福、团圆、感谢祖先和上苍、驱邪、娱乐等。现代意义上春节适应了现代社会社会结构和价值观念的影响，一是在春节的内容上发生了变化，例如时间缩短，由一个月的时间缩短为七天，与之相应的很多民俗内容也就丢失了。二是更为重要的，春节的内涵和功能发生了变化，现代性的春节祭祖、拜神、驱邪等功能弱化或消失；而团圆、娱乐的功能加强甚至是强化。同时春节还成为民族的共同的文化记忆，起到了凝聚民族力量的作用。这些都是现代性思想价值深入传统节日内部，并实现传统与现代性逐步的融合，传统发生了适应现代性要求的衍化，现代性也通过变异的传统呈现了自身的特质。第三种关系，传统民俗中传统性与现代性并存。传统民俗在与现代性的接触和相遇时，吸纳了现代性内涵进入其内部，由此生发出新的意义和内涵，而原有的传统部分仍然独立存在，与新生意义部分同时并存。这一点在民俗的民间信仰部分是非常典型的。在特定年代，现代性思想确实对民间信仰进行了疾风骤雨式的冲击和打压，神灵对人间不再具有权威性。但正如上文所言，民间信仰并没有从俗民的日常生活中消失，而仅仅迫于外部生存环境选择了潜隐或半公开的方式存在。在20世纪80年代，随着政治和文化环境的改变，民间信仰已经不再被视为洪水猛兽，可以自由地存在于民间。民间至今还流行巫婆神汉假借神灵名义或者使用巫术手段为俗民看病或者满足俗民的敬神愿望情形。这些内容尽管有其生存空间，能够满足部分民众的敬神信神要求，可是毕竟与现代性思想价值相抵牾。民间信仰如果想获得合法化身份，必然要接受现代性内涵的加入。这里以涉县女娲民间信仰文化的变化为个案具体探讨传统民俗与现代性的第三种关系。

民间信仰层面的女娲被俗民称之为老奶奶，很多俗民并不知道女娲这一称谓，即便知道也不愿使用。在他们的心目中只有老奶奶才是他们敬畏的神灵，能够保佑并满足他们的生活需求。也就是说，在老奶奶这一称谓下，反映的是俗民把女娲看作是民间俗神的观念。女娲本是一位神话人物，是远古时代人们幻想创造的原始大神，而俗民将其由原始大神改造为民间世俗神。但是在现代性价值观念看来，这都属于封建迷信的范畴。传统民间信神观念与现代性价值观念在这一问题上认识和理解是矛盾的、不可调和的。如果用理性思维来看，这将会是你死我活的斗争。但事实并非如此，当俗民接受了现代性价值观念和科学思维之后，就会采取积极的姿态，主动进行两者的调适。那就是以现代性价值观念重新审视女娲及其民俗，突出强化原本未受到重视的内涵，其中主要是把女娲这样一位原始大神或者民间俗神改塑成人文祖先，这就使得女娲及其民俗文化生出新的意义。女娲作为神话人物，并不是历史上可以考证的历史人物，这一点之前曾经论述过。在科学唯物史观的映照下，女娲由于其神话功绩被看作是神话了的历史人物，这在第五章知识分子典型个体的分析中曾经提及。女娲这种被历史化的过程，其实是其身份合法化、符合现代性价值观念的过程。在传统农业社会，女娲也曾被列为三皇之一，但是由于女性神在父系社会一直处于从属地位，女娲也不例外，所以，女娲这样的女性神一直没有被当作祖先来看待。中华民族自称是炎黄子孙，炎帝、黄帝等男性才是始祖神的象征符号，而对于来自遥远的母系社会的女娲似乎很难取代男性始祖神的这一地位。长久以来，即便是把女娲当作祖先来看，也是神话式的人物。但是在现代性思想价值的浸染之下，男女平等的观念早已成为社会的主流价值观念，女娲独立造人的神话，显示了女娲作为女性和母亲的伟大力量，这就使得具有现代观念的俗民很容易由此衍生出女娲作为中华母亲的形象内涵，而且这种衍生既基于女娲神绩的应有内容，又是现代性价值观念的生发。现代性的价值准则确立并丰富了女娲形象的内涵，女娲不仅是俗民爱戴的老奶奶，还是华夏民族的中华母亲，具有独立地位的女性始祖神。女娲由神到人（民族祖先）形象的转换，让民间信仰中的俗神女娲又增加了一层内涵。女娲成为亦神亦人的存在。这样在民间，女娲就具有了两种身份，即俗民生活中离不开的女神老奶奶和大家共同的母亲。女娲民间信仰中传统部分和现代新的衍生部分和谐共处，在内部达成了一种共生的潜规则。这在外在于这种存在和生活的人看来，一方面觉得不可思议，同时又感叹两者能够协商共存得如此协调。这里以娲皇社白泉水村的祭祀仪式为例，来具体分析两者的共生共处状态。主要从祭祀活动体现出的女娲两种形象的差异与并存、俗民因此对于具体祭祀行为的调整、诉求意愿的变化和丰富等几个方面具体呈现这一状况。

先介绍娲皇社传统祭祀仪式程序和内容，以便有所参照——

娲皇社是八个村（石家庄、高家庄、磨池、陈家庄、土后门、南沟、温庄、白泉水）合办的一道民间祭祀活动。活动的主要内容是接送娲皇圣母。接，就是按每年月份的大健和小健（大健二月二十八日，小健二月二十七日），摆社把圣母请回村里。在村里唱戏三天，到三月初一这一天就到娲皇宫唱戏。定戏时就一次把两个地方都定了，圣母在哪里，戏就到哪里。香劳在哪个村，圣母就请到哪个村。请娲皇圣母时，摆上丰盛祭品，搭起棚子（叫神棚），沿途村庄也必须全村出动，摆上供品，手拿信香，跪拜在地，以示迎接。接回圣母的目的是让圣母享用供品，接受香火；同时表达百姓对圣母一年来的恩赐和功德的感谢和歌颂。所谓的送，是指三月初一上午再把圣母送回娲皇宫歇马殿内，而香劳家里自留神位，并负责上香供奉一年。

到三月初二，娲皇社主要成员协商下一年香劳候选人。香劳在平时就物色好接班人，但由于约定一村庄不能连续办社，所以香劳一定要选别村的。经香劳提议，大伙同意后，一起带上酒菜到下一任香劳家里，现任香劳待摆开酒席后，说圣母托梦，下年由某某接任香劳（实际是预先定好的，而且香劳一职谁也愿意干），然后一起来到娲皇宫举行交接，地点在山上拜殿举行。届时前一任香劳从身上解下黄包袱，经烧香祈祷后，交予下一任香劳。第二年一切事务都由新香劳安排。原来的香劳第二年得协助新香劳办事，直到办完第二年才算卸任。①

2012 年 3 月 22 日，唐王峧娲皇社白泉水村举行了女娲第二次祭祀礼会。这里首先将此次祭祀礼会程序和内容构成进行客观呈现，然后再对此次祭祀活动所蕴涵的传统和现代两种文化及其表现形式进行分析。

此次祭祀仪式在白泉水村委会所在地举行。祭祀程序分为五部分：第一部分，祭祀队伍集体前往娲皇宫去"请老奶奶"，也就是将女娲神像接回村中，享受祭祀。娲皇社认为他们的老奶奶是在歇马殿中的女娲，所以，祭祀队伍会到歇马殿接女娲。接老奶奶回家的人是本次捐款最多的樊交生，他身上背着象征特权的黄色包袱。老奶奶神像由樊交生放入轿子，返回村子，放在村委会临时搭建的祭棚内享受祭祀。第二部分，祭祀礼会开幕式。先是白泉水祭祀礼会的代表发言，致欢迎辞。站在主席台上的人员有本次组委会负责人樊交生及组委会副主任、成员和山西太原来的代表等。第一项鸣炮奏乐，给女娲神位敬献祭品；第二项给女娲上香、磕头；第三项，献花篮；第四项，向女娲神像三鞠躬；第五项，组委会副主任张爱生发言（其发言内容在下文原文记录并分析）；第六项樊交生读祭文。第三部分，文艺表演。内容既有传统戏曲、放烟火、扭秧歌，又有现代歌舞。第四部分，敬送娲皇圣母回娲皇宫。送女娲回娲皇宫之前村民要再次祭拜女娲，所有村民叩拜娲皇圣母，然后祭祀队伍护送女娲的轿子返回娲皇宫。在道路的两旁许多村民上香摆供品祭祀女娲。回到娲皇宫后，将女娲神像安放回歇马殿。最后有一个交接仪式，将承办下一届女娲祭祀任务交给下一个村庄土后门。娲皇社总负责人将象征物黄包袱从樊交生身上取下交予土后门的负责人。第五部分，供奉女娲。由樊交生将女娲牌位从村委会迎回自己家中，让女娲享受家庭祭祀。

祭祀队伍构成一方面保持了传统内容，例如旗号、长号、川锣、肃静牌、四个打手托柳棍、五彩旗、帷的、小伞、龙凤旗、宫女、轿子、扇鼓队、秧歌队、舞蹈队，同时还加入了新的时代元素，例如西洋鼓乐仪仗队。

---

① 该资料由陈水旺搜集，常玉荣整理。

张爱生发言内容和樊交生所读祭文。

张爱生发言——

尊敬的领导、各位来宾、乡亲们、朋友们、女士们：

青山吐翠、万象更新。在这春光明媚的大好日子里，我们聚集在这里隆重举行唐王峧娲皇社白泉水村第二届祭祀礼会开幕式。我谨代表祭祀礼会筹委会、白泉水村的全体父老乡亲向各位领导、各位来宾和朋友的光临表示热烈的欢迎。

女娲在我们这里，造人类、补苍天、止洪水，建立美好家园，对外来部落和自然灾害的重重困难，带人曾经英勇抗击，战天斗地，缔造了光辉灿烂的文明。女娲是中国伟大的母爱和无私奉献精神的象征，受到全国乃至全人类的敬仰。

（以上是念的发言稿，以下插入了张脱稿的解释性语言）

咱今天祭典女娲，有人说是讲迷信，有人说……，（大家）会理解的。这是一种咱中华民族的伟大，就要学习女娲当时在什么情况下，我们人类怎么友爱（这不就说了）。（女娲）补苍天，和自然灾害作斗争，创建了婚姻。过去咱人是很落后的，咱请老奶奶就是为了弘扬民族文化。就是这个创造和建设，用现代的词来说就是建设小康水平，就这个意思。而且今天我还要感谢，感谢今天所有支持我们工作的，有力出力，有钱出钱，帮忙的，特别是樊交生同志、温庄的张彦荣同志对我们贡献很大，所以我们再次欢迎两位。（他们）起了很大的作用，帮了很大的忙，所以我们要感谢。这两位同志并不是很有钱，但是致富以后不忘老百姓。就是说从一个背上铺盖卷，出去奋斗十来年，回来以后致富，他们也不是千万富翁。……这就是弘扬、学习女娲文化，说白了就是这个问题。

（以下读发言稿）

女娲创世就在我们脚下，娲皇宫坐落在我们唐王峧中皇山上，我们白泉水祖祖辈辈受到神灵的佑护，受到女娲勤劳、善良优秀品质的感染和勇敢坚强精神的熏陶。尤其是在新中国成立之后，全体村民齐心协力、艰苦奋斗、因地制宜，大搞涉县"三珍"柿子、核桃，日子一天一天好起来。党的十一届三中全会之后，村民的经济收入更是如虎添翼，几乎百分之百的村民都盖了新楼房。这个新农居、家庭轿车的添置更显示了农民生活的改善水平。水泥路通向家家户户，村容村貌焕然一新。为把我村建设成文明富裕的小康村而奋斗。

最后我祝各位来宾和乡亲们身体健康、万事如意。谢谢大家！①

樊交生先生读祭文——

唐王峧娲皇社白泉水第二届祭祀礼会祭文

公元 2012 年 3 月 19 日，农历壬辰年三月二十七日

位于中皇山旁的唐王峧白泉水村，举办第二届唐王峧娲皇社祭祀礼会，以缅怀娲皇圣母创世之功德，追念造人补天之伟绩，传承英姿果敢之精神，感念冥冥中之呵护。参加礼会的各位嘉宾、各位人士和全村百姓，以山珍果品盛馔佳肴，鲜花美卉，礼乐歌舞敬献于华夏始祖，祈求风调雨顺、安居乐业、天下太平、百业兴顺。

祭曰：开天辟地	女娲创世	宇宙辉煌	圣母起将
天皇地皇	首立中皇	华夏始祖	当属娲皇
抟土造人	百般呵护	炼石补天	乾坤安康
断鳌立极	日月重光	治理淫水	百业昌盛
男女婚嫁	创造人伦	美化生活	制造笙簧
母仪天下	功德无量	华夏儿女	承传精神

---

① 该资料由笔者根据祭祀录像整理而成。

五千余年	国富民强	民族复兴	齐奔小康
白泉水村	中皇山旁	圣母恩德	世代永享
民风淳朴	勤劳善良	传统美德	承受弘扬
艰苦奋斗	志在图强	开拓创新	振兴家邦
精诚凝力	再造辉煌	告慰娲皇	小康吉祥
专此素祭	鞠躬敬礼	尚飨! [①]	

上文所呈现的娲皇社白泉水祭祀场景，可以从三个方面来深入分析该仪式中两种文化和价值观念的并存以及完美的嵌套关系。第一，从价值观念层面来看，传统价值观念，即将女娲作为世俗神的神灵观念仍然存在并且根深蒂固。根据对村民的调查情况来看，此次祭祀的大多数资金都是唐王峧八个村的村民自愿捐的，捐款的目的也是要老奶奶保佑自己和家人的平安。更多的村民是在多年的生活中已经受了老奶奶不少恩惠，捐款是要回报老奶奶的。总负责人张乃生就提到他家多次求老奶奶，很多事情都灵验了。儿媳妇头胎生了女儿，生二胎的时候，老伴到顶上求子，结果儿媳妇生了个龙凤胎。所以，祭祀活动能够成功举办，是因为基于神灵信仰观念的广泛的群众基础和俗民对于女娲的依赖。尽管神的时代已经过去，但是俗民仍然具有敬神的需求。这种需求不一定都看作是封建迷信。它体现的是俗民在对周围经验世界进行把控时的一种恐惧、迷茫和无助。尽管人类从启蒙时代已经逐渐摆脱了对大自然的恐惧，以强大的理性力量大大增强了对这个世界的掌控能力。但是这并不是说人类就无所不能，理性也有其所能发挥作用的边界。在理性还达不到的神秘的客观世界中，人类同样需要神灵这一精神力量，至少它给了人类内心一种慰藉和平衡。这是就人类整体而言。就生活中的俗民个体而言，日常生活中所处的周围的自然和社会里，有太多的自我不能左右和预测的现象，自我在应对外界变化时常常显得渺小。当理性的力量不足以帮助俗民解决现实的和心灵的问题时，传统的神灵信仰自然有了存在的意义。

---

① 该资料由笔者根据祭祀录像整理而成。

但是这种观念毕竟与当代的现代性思想价值发生着冲突。正如张爱生发言时所说，请老奶奶有人不理解，说是迷信。在面对这些"不理解"时，面对观念上的过时和现实的阻碍时，俗民就需要很好的处理两者的关系。不管神灵世界多么虚幻，俗民是不会丢弃传统的信神观念的。所以，正如我们所看到的，整个祭祀女娲的活动主题发生了衍化，又增加了一层内涵，即女娲既被看作是世俗神，又被当作是华夏祖先接受祭祀。后者在整个活动中成为重点要强调的、宣传的主题。村中所挂的横幅上书写着："传承女娲精神，创建小康新村"、"祭典娲皇始祖，缅怀女娲圣母"、"问祖寻根弘扬女娲文化，颂古扬今激励中华儿女"。张爱生的发言和樊交生所读祭文均是在敬祖文化上做文章。例如："女娲在我们这里，造人类、补苍天、止洪水，建立美好家园，对外来部落和自然灾害的重重困难，带人曾经英勇抗击，战天斗地，缔造了光辉灿烂的文明。女娲是中国伟大的母爱和无私奉献精神，受到全国乃至全人类的敬仰。""咱请老奶奶就是为了弘扬民族文化。"传统敬神观念只是偶尔显现，例如"我们白泉水祖祖辈辈受到神灵的佑护，受到女娲勤劳、善良优秀品质的感染和勇敢坚强精神的熏陶。"此句中的前半句是传统敬神观念，但是后半句并没有沿袭这一思路写下去，而转到了另一思路上，不说表达对于女娲恩德的感谢、敬畏等内容，而是学习和传承女娲的品质和精神，这就和敬祖文化联系到了一起。尽管如此，传统敬神观念仍是作为活动的内在支撑而存在。俗神崇拜，祭拜祖先，两者以一明一暗、一前一后方式共在。从某种意义上而言，理性与神话所起到的作用是相同的，都是人类为了战胜对自然的恐惧和摆脱死神的迷茫所找到和凭借的一种力量。只不过神话是虚幻的精神观念，而理性则是人类自身的一种实实在在的力量。两者在当下并存共同满足人们把控现实世界的需要。

　　第二，从祭祀的程序和内容看，传统祭祀仪式的程序和内容都保留和体现了出来。在此基础上，为了与女娲祖先神的身份相适应，程序中又增加了具有时代特征的内容，最典型的就是开幕式的举办。开幕式的程序完全仿照了现代社会各类节日活动的开幕式程序。而且开幕式的程序与传统祭拜女娲的仪式非常巧妙地嵌套在一起。第一项鸣炮奏乐，给女娲神位敬献祭品；第二项给女娲上香、磕头。这是传统仪式内容，而第三项献花篮，第四项向女娲神像三鞠躬又是现代意义的仪式。这在外人看来是一种乱套，其实这种混乱又何止不是俗民的一种智慧和处理矛盾事物的方式呢？其实，不仅在涉县，在全国各地的祭祖、祭人文祖先的活动中，大都是这种现代的程序模式。在理性逻辑思维看来不可融合的事物，在日常思维下，却可以无纠结地并存在一起。事实上，民间的祭祀仪式的内容和程序就是在历代的时代更迭中以这样的方式添加上去的。在民间的祭祀队伍中，我们可以看到各个时代的服饰和道具。这都是历代俗民根据自身所处时代的特点不断增加进去的新内容。直至现在，这个过程仍然在持续。仪仗队里西洋鼓队的加入，娱神表演中现代歌舞的加入，都体现了俗民对于新文化现象的接纳和利用。

第三，从祭祀的目的看，村民祭祀女娲的目的，不论是传统意义上的还是现代意义上的，尽管在表达上有所不同，但所体现的俗民的愿望是相同的。例如祭文中所体现的"小康吉祥"。张爱生的发言也将信奉女娲、传承女娲精神的目标指向建设小康村。小康生活成为俗民祈求女娲护佑所要达到的目标。这一名词下涵盖了俗民在现代社会对于丰富物质生活的追求，是传统平安、健康、发财等敬神愿望的现代表达。两者的本质是一致的，都是一种功利化的祭祀目的，所不同只在名词而已。除了这种指向俗民个人生活的、功利化精神愿望之外，此次祭祀活动目的还增加了民族主义性质的宏大主题，这些主题与国家形象塑造和民族共同文明记忆相关。该祭祀目的与女娲的人祖身份有关。与此相应的有两个祭祀主题，一是对传统文化的弘扬，即祭文所言："母仪天下，功德无量，华夏儿女，承传精神"；二是祝愿国家强大，民族复兴的良好愿望。祭文所言："国富民强，民族复兴""艰苦奋斗，志在图强，开拓创新，振兴家邦，精诚凝力，再造辉煌"。

综上所述，现代民间女娲祭祀体现的祭祀目的是两个层面，一是传统的功利化的祭祀目的；一是国家发展、民族复兴的宏大主题。这两个祭祀目的分别对应了现代社会女娲在民间的两种身份和内涵。不论是哪种祭祀目的，俗民敬神、敬祖愿望的实现无非是两种方式，传统的方式就是靠女娲的护佑，现代的方式是传承女娲伟大的精神。

概而言之，在民间，女娲同时被看作民间俗神和祖先。相应的是从祭祀程序和祭祀目的两个方面，在原有的内容上，又增加了与祖先神相对应的内容。因为俗民将其看作祖先神，与当地政府，即官方主流对于女娲的定位一致，因此新增加的祭祀程序也多从当代政府公祭中借鉴。祭祀目的也增加了祖先神所应该具有的功能，即对国家、民族的护佑，祈求女娲保佑国泰民安。

娲皇社白泉水村女娲祭祀个案非常典型地说明了民间信仰在其衍化过程中自觉接受现代性价值观念改造的情形：俗民接受了女娲作为祖先神的身份，与民间本有的女娲的民俗神的身份同时并存。而且，俗民在接受了女娲祖先神的身份之后，其民俗神的身份也可以以一种合法的形式继续存在。

三、关于民俗现代性的思考

民俗的现代性是指俗民民俗生活的现代性。该问题的提出是基于这样的一种语境展开：现代社会中俗民对于民俗生活的建构是在现代性价值观念和现代生活方式中进行的，俗民的建构行为和建构内容必然要受到现代性的影响和改造。因此，现代社会的俗民建构的民俗生活具有现代性是必然的，或者说现代性是现代社会俗民民俗生活的应有内涵。民俗从来不是传统遗留物，而是不断发展的具有鲜明的时代性的东西，是俗民不断建构着的日常生活的内在特质之一。

现代社会民俗的建构有三个明显的特征，一是现代社会民俗观念和行为的构建一定是包含了现代性思想价值的民俗；二是现代社会的习俗惯制一定是适应现代工业文明下的人们的生产生活方式的产物；三是辨证处理现代性和传统的关系。现代性一定是包容了传统的、特别是对于俗民还有意义的那部分传统的现代性。民俗的现代性一定要对还未完全失去价值的传统民俗给予尊重和宽容。现代与传统从时间维度上而言是相对的概念，现代是未来的传统，有生命力的传统即是现代的传统，而非过去的传统。

现代性的民俗生活一定是在为生活于现代社会的俗民提供生活的意义、观念和行为准则。而由于民俗的特殊性，决定了民俗的现代性一定是一个开放性的概念，必须容纳诸多的复杂的价值观念，在看似多个矛盾的存在中为俗民建构最具适应性、最与现实契合的生活世界。由上文现代社会民俗建构的三个特征就可以概括出民俗现代性的基本内涵：民俗的现代性首先是指现代民俗观念和行为体现了理性的价值观念和俗民现代的生活方式。民俗的现代性是科学和工业文明创造的现代性。但同时民俗的这种理性价值观念又必须充分包容民俗中原有的起源于史前社会和农业文明神性的价值观念。此种意义上的民俗现代性反映在当下俗民的民俗生活的建构状态中，就会出现多重价值观念和多种认识世界方式并存，科学思维、原始思维和日常思维杂糅融合的局面。

第三节　俗民视角下"传统的发明"

传统在与现代性相遇时，更多的是适应和被改造。但是在对现代性本身的反思中也会发现传统的价值和魅力。在此语境中，传统就会重新被发现和发明。传承、还原接续断裂的传统，保护以及利用、开发传统，成为社会中很多力量的一种共识。本节就传统在现代社会被发明的几种情况进行分析，从中理清哪些发明是内生性力量起主导作用的，哪些发明属于外生性力量起主导作用，传统被发明之后的发展趋势是什么，谁在发明传统等。对于上述问题的论述主要立足俗民视角，并在与知识分子和民族主义视角的比较分析中，凸显传统被发明的正面意义和目前存在的问题。

一、传统被发明中的真与伪问题

传统被发现，或者说某些看似古老的民俗实际上是晚近或当下的创造，也可称作"发明的"传统。

在中国，随着现代化进程的展开和深入，对于现代性的反思是必然的，这种反思除了与西方一致的对于工具理性片面发展的反思之外，还存在着作为第三世界国家，出于建立国家形象、对民族传统文化的自觉思考。中国在获得了政治经济乃至文化的强大之后，必然会出现费孝通提出的"文化的自觉"，即对自我内生文化的反思，在反思中确立民族共同的文化记忆和身份。在这种民族主义文化思潮的诉求下，民俗作为存在于民间的小传统成为最能够体现乡愁的、传统文化的象征符号，随之民俗的价值被重新发现，作为一种文化资源被重视、发现、保护、利用和开发。在这一过程中，就出现了为研究者和文化工作者所反对的伪民俗，即催生出很多脱离俗民生活的民俗内容。例如，很多俗民的信仰场所被改造成旅游景区。这种空间功能的转换就意味着民俗的被开发利用的命运。河北涉县的娲皇宫，在未进行开发之前，纯粹就是当地百姓祭拜老奶奶及其他民间神灵的祭祀空间。作为涉县文化品牌打造的女娲文化首先就是要为区域经济贡献力量和发挥作用，因此娲皇宫就此被改造成风景名胜旅游景区。娲皇宫管理部门和县政府开始开发娲皇宫旅游资源。在视觉景观上，开始利用女娲神话进行人文景观建设，例如补天湖、补天谷、补天广场、女娲塑像、女娲园等景观工程建设。另外，政府举办的女娲文化节和公祭大典上，各类民俗节目的展演等，都只是脱离民众生活的伪民俗。不仅涉县如此，这是自20世纪80年代以来在全国普遍发生的情况。笔者在这里并不想就这一问题去批评和指责，而是就本书研究的立足点，即从俗民的视角来看待这场热闹的所谓传统的复兴，从另一维度审视知识分子提出的所谓的伪民俗。

　　某些民俗研究者将属于俗民原生态生活中的民俗行为看作是真民俗，而将脱离了俗民生活而存在的、不能够真实反映俗民观念和生活的民俗看作是伪民俗。但是如果从俗民的立场来看，那些脱离了俗民生活的伪民俗与他们的生活无关，他们可以不去理会，甚至可以不知道这部分内容。例如，在娲皇宫的导游词中，女娲造人神话的基本情节是女娲和伏羲兄妹通过滚磨盘的方式询问天意，然后经得上天同意，两人成婚后先是孕生人类，但是女娲觉得这种方式显然太慢了，于是就想出用泥捏人的方式，大大提高了造人的速度。①

---

① 杨泽经：《从导游词底本看女娲神话的当代传承》，载《长江大学学报（社科版）》2014（05）：08.

导游词中关于女娲造人神话是写作者通过查找文献，然后根据自己的理解任意连缀的结果。本书已经反复提及当地民间并无女娲与伏羲兄妹婚神话的流传。孕生人类的出现反映了人类在发展中对于自身繁衍方式的科学思维和认识，抟土造人体现的是人类在蒙昧时期对于这一问题的神话思维和认识。而神话中让女娲先孕生人类然后再抟土造人显然不符合神话产生的时间序列和逻辑序列。导游词这种对于女娲神话的讲解，其实是面向游客时，将女娲作为一种地域文化进行展示和阐释，无关俗民的真正生活。在知识分子看来，即是地地道道的伪民俗。对于这类女娲神话的讲解当地俗民很少会去听，即便是听了也不会将其和自己的生活联系起来。他们不知道伏羲是谁，不知道女娲和他结过婚，甚至不知道女娲是谁。他们中的大多数就知道老奶奶，有求必应的老奶奶才是他们生活中真正离不开的角色。因此，这部分伪民俗对于俗民而言是没有任何意义的。

传统的被发明中另外一种情况是真正的民俗行为被当作一种景观，服务于某种经济目的。例如涉县娲皇宫每年三月的民间庙会。在庙会期间会有大批的游客来到娲皇宫参观游玩，是景区收入最佳的时刻。景区管理部门会利用一切条件来提高景区的观赏性和游览内容。这其中能够吸引游客的最重要的景观就是基于女娲民间信仰的各类民俗行为，诸如民间祭祀、求子民俗行为等。游客游览娲皇宫，所能看到的，也是最能够带来文化新奇感的是十八盘山道上到处撒下的小米和垒石子，以及树梢上挂着的红红的红布条。还有大批的虔诚的烧香磕头的许愿还愿的善男信女。此时的民间上社活动更是亮点。为了鼓励当地百姓积极筹备上社，增加庙会期间的看点，管理处最初每年还给每个社拨款三千元。这种情况如果从知识分子的视角来看同样是一种伪民俗。但是与上文提到的任意连缀和营造的伪民俗不同。庙会期间的民俗行为和事件是真还是伪，主要在于视角的不同。一个俗民因为无子而表情虔诚地在女娲像跪拜求子，上社的俗民抬着女娲轿子辛苦地上顶，这些在第三方视角看是文化功能，在景区是经济功能，在观光客是民俗事象的展演。但是对于俗民来说那就是他们的信仰和生活。同一个民俗事件，观察的立场不同就会有真与伪的不同。或者说，即便表演性质较为浓厚的民俗行为，其内涵仍然是真民俗，或者说是以真民俗作为实际支撑的。2002 年，当涉县首次举办女娲文化节之际，要重新组织中断了六十多年的民间上社，目的是要在文化节上进行表演。当时负责娲皇宫活动筹办的旅游局找到娲皇宫管理处，由陈水旺具体负责这项工作。由于时间问题，要在二十多天内筹办起来。陈水旺和旅游局的工作人员开始下村里动员群众，没有想到村里的百姓，尤其是骨干非常热心这项工作，二十多天就恢复了唐王峧娲皇社和小曲峧社。很短的时间内能够办社成功，其根本原因还在于民间深厚的女娲信仰。另外，在办社过程中也出现了一些矛盾。这些矛盾在书中其他章节也曾提到。但不论是因资金短缺引起的矛盾，还是争夺主办权产生的纠纷，都未能阻止和影响上社活动的如期举行。此处不用详述，就能够体会到虽然此次上社在官方看来是民俗表演和文化宣传，但是老百姓并不这么理解，俗民心中所想就是去祭拜女娲老奶奶。这原本是他们生活的重要的部分，但是多年中断，此时恢复不管外在的推动力是什么，内在的动力还是俗民的信仰需求和固有的观念和行为。如果没有这些真的信仰作为内核，学者眼中的表演性的伪民俗何以存在？或者说，本质上而言，这里真、伪民俗指向的是同一个所指，只是立场和视角不同才会有真伪的差异。而这种差异，是从学术研究的立场出发，对于俗民原生态生活和民俗观念、行为的尊重。这里更为关注的还是俗民对待自我生活的态度。如果单从俗民的视角来看，该类问题的探讨显然没有多大的意义，俗民只在意民俗对于自己生活的重要意义，至于自己的生活在他者眼中成为了表演和宣传倒不是他们感兴趣的：那只是学者理性眼光的一种观照罢了，无关他们的生活本身。

二、传统的成长：被发明传统的另一种存在形式

在对被发明的传统进行分析时，除了上文论述的真、伪民俗的产生情况和两者复杂关系外，还会存在另一种情况：被发明的传统，实际上是民俗适应时代需要的变异。传统不是静态的，它在与不断发展的现实社会相遇时，也会不断衍化。例如新的民俗行为和表现方式的发明，民俗观念的变异等等，而这种衍化又会形成新的传统。郑杭生在其论文《论现代的成长和传统的

被发明》中指出所谓"传统的被发明",即是指社会在从传统走向现代,走向更加现代和更新现代的变迁过程中又不断产生自己相应的传统,新传统和更新的传统。① 从这一意义上而言,民俗无所谓真伪,或者说真伪实际上变成了一个相对性的问题。而且此种意义上的被发明是传统成长中必须存在的。霍布斯鲍姆"传统的发明"主要观点是:"那些表面看来或者声称是古老的'传统',其起源的时间往往是相当晚近的,而且有时是被发明出来的。"② 在涉县女娲民俗传统中恰恰出现了能够证明其存在的情况,而且是纯粹民间意义上的被发明,并非霍布斯鲍姆在其专著中所指出的由国家权力机关或上层发明出来的。娲皇宫在 20 世纪 80 年代初进行恢复重建的过程中,遇到的一个最大的问题就是庙中神像全部被毁,文保所工作人员并不知道原有神像都有哪些。这就为重建工作带来了很大的困难。本书第三章就提到了当时主持工作的文保所所长程耀峰、陈水旺等相关工作人员重塑女娲像,根据女娲神话中所描述的女娲的功绩,即杀黑龙、止淫水等与自然灾害作斗争和抟土造人、炼石补天,当时分别建造了清虚阁、造化阁和补天阁三层。每层供奉一个女娲像,于是就出现了三个女娲像。俗民缺乏神话常识,更不关心女娲是谁,更不用说女娲的神绩了。尽管所塑女娲像主题鲜明,身份内涵也很确定,稍有神话知识的人就知道都是指女娲,但是当地俗民更愿意把庙里各类女神称为老奶奶,而且老奶奶还不止一位,因此在百姓中就有三个老奶奶的说法。三位奶奶的说法其实并不是起源于女娲女神信仰,而是民间信仰中普遍存在的奶奶信仰中原本存在的传统。民间奶奶信仰其实就是送子保生诉求的表现。三位奶奶的区分大致与所送孩子的性情有关。大奶奶送的孩子憨厚朴实,三奶奶送的孩子漂亮等等。俗民很容易将民间传统三位奶奶的说法平移到三阁楼上的三个女娲塑像。一层清虚阁大奶奶自然指女娲,而其他的就是女娲的妹妹。于是涉

---

① 郑杭生:《论现代的成长和传统的被发明》,王霄冰、邱国珍:《传统的复兴与发明》,知识产权出版社 2011 年版,第 1 页。

② [英] E. 霍布斯鲍姆、T. 兰格等著,顾杭、庞冠群译:《传统的发明》,译林出版社 2004 年版,第 1 页。

县民间就有了三个女娲的说法。上述情况的发生显然是传统断裂之后在被发明的过程中必然会出现的。文保所代表的是官方和国家意志，出于对文物的保护开始重修娲皇宫，面对被破坏和遗忘的民俗内容，所要做的，也是必须做的，就是续接断裂的传统，填补无法追忆的历史空白。这种行为如果站在知识分子的立场上来看，显然是伪民俗，是出于民族身份认同目的，对传统民俗的发明。如果问题仅仅分析到这一步，或者说三阁楼三个女娲塑像仅仅是三个女娲塑像，而没有与民间三位奶奶说法进行融合的话，那么这就是霍布斯鲍姆所观察和定义的被发明出来的传统，而且还是伪民俗。但是问题没有这么简单，当娲皇宫整修完毕，俗民再次大规模进入进行朝拜的过程中，自然会对三阁楼上的三位女娲塑像进行辨认，按照俗民的知识存储和文化记忆，三阁楼三位女娲顺利进入俗民民间信仰神灵体系。自娲皇宫重建至今几十年又过去了，在这几十年中，三阁楼的三位奶奶逐渐被俗民认可和接纳。笔者调研中了解，似乎二阁奶奶的名气更大。原本在民间，大奶奶和三奶奶提法较多，含义明确，二奶奶较少被提及，含义模糊。但是娲皇宫中的三位奶奶，二阁奶奶常被马童或者信徒提及，个性鲜明。也就是说，原本被官方发明出来的民俗内容逐渐与俗民信仰融合并被接纳，形成了新的传统。如果不明白当年重造娲皇宫的这段经历，会误以为三阁楼三位女娲塑像的建造原本是民间的意志。民间三位奶奶的说法与三阁楼的关系会被认为是更久远的传统。本来是由官方为了接续传统不得以制造的伪民俗却转化成真民俗，并随着时间的推移形成了新的传统。

由此看来，对于被发明的传统，甚至是伪民俗还需做进一步的分析。首先需要搞清楚的问题是，被发明的传统为何有的就会是纯粹的伪，有的就是真伪同体，有的伪民俗则可以转化成真传统，这其中什么规则在发挥作用。张举文在其论文《传统传承中的有效性与生命力》中，谈到传统传承中，将传统分为形式和内容两方面，每个传统包含着两个对应的互动因素，有效性和生命力。有效性是指该传统的实用性，是物质意义上的；生命力是指该传统的文化根基，是精神意义上的。有效性常常因时代而变；生命力因根植于文化核心而不易变。① 这里借用其生命力这一定义来说明，一个民俗被发明，或者说产生新的民俗，其文化内核一定是该民俗传统核心的信仰和价值。例如，女娲信仰中的开锁仪式中，传统开锁神婆所唱开锁歌往往是祈求女娲保佑孩子健康成长，但是近年来又加入了保佑孩子考上大学、当个研究生之类的新内容。不管传统的形式发生怎样的变化，它体现的仍然是这一民俗行为的核心观念。如果不是这样，一个新民俗的产生没有该传统民俗的核心信仰和价值作为内在支撑，那就是地地道道的伪民俗，不会进入俗民的生活，仅仅是一种展示。反之，即便是在展示，因其有内在性精神观念的支撑，也不失为一种真民俗。至于上文提到的三个奶奶的案例，更加能够说明这一问题。三个女娲塑像虽然属于生造出来的神灵，并不是民间原有的神灵，其反映出来的信仰观念仍然和民间奶奶信仰有相合之处。杀黑龙、止淫水、炼石补天暗合了百姓企盼神灵护佑的诉求，手托孩子的二阁女娲更是让俗民联想到送子奶奶。这一切都使得本是弘扬女娲神绩的塑像转化成俗民心目中的奶奶。这一案例说明了源于内生性成长力量产生的新民俗，即便最初是伪民俗，只要其精神内涵符合传统核心信仰和价值，就会成为新民俗和新传统。刘宗迪说："判断一种所谓新民俗算不算是真正的民俗，或者只是伪民俗，关键看它是不是表现了'民众'的生活愿望，因此，问题的关键不是民俗学家的意见，而是人民的意见。"② 三阁楼内的奶奶满足了俗民的信仰需求，就会成为俗民生活的一部分。至于被发明的原因，如果站在民族主义的立场上有一番解释；如果站在俗民的立场，就非常简单，一切都是生活所需。

与传统的成长、真民俗的被发明相关的，还有两个重要的问题：一个是传统或者说真民俗是由谁发明？这里的发明者是纯粹民间意义上的，而非上文讨论过的来自官方的某种意图，不论这种意图是否符合民意。另一

---

① ［美］张举文：《传统传承中的有效性与生命力》，王霄冰、邱国珍：《传统的复兴与发明》，知识产权出版社 2011 年版，第 38—39 页。

② 转引自宣炳善：《关于"传统的发明"与"伪民俗"》，载《民间文化论坛》2007 年第 3 期，第 9 页。

个是，新的民俗观念和行为源于少数人的观念和行为，即传统最初发明者的思想和行为。从严格意义上来讲，这还不能算是民俗行为，只是个体行为。它必须由更多的人接受和遵循才能算是新的民俗传统。问题由此产生，新的民俗行为以怎样的方式影响俗民，使之接受、学习和模仿，成为俗民的集体行为。

先来看传统被谁发明。格拉西说："民俗是传统的，变化是缓慢和稳定的。传统完全在其实践者的控制中。实践者去记忆、改变或忘却传统。"① 格拉西说的实践者其实就是全体俗民，尤其特指正在实践民俗行为的俗民。在考虑所要论述的问题时，即传统被谁发明的时候，这种泛称指认上的全体显然不能够明确的说明问题。俗民是一个整体存在，具体深入其中就会发现，不同俗民在民俗生成中的作用是不一样的。在采访中会发现，有些俗民对于身处其中的民俗文化很少有反思能力，记忆也仅限于能够感知的很小的范围，村里、邻居及其近亲是其熟悉的群体。当地人开玩笑，说某些人知道父亲叫什么名字，爷爷叫什么就不知道了。对于这类俗民，更多的是根据周围经验对于既定的民俗进行模仿的传承，其创造力是不够的。传统被发明出来显然主要不是依赖这一类型的俗民。能够发明传统的俗民一定是对于民俗有很好的记忆和反思能力，能够更好地把握较为广阔的生活世界并能够将两者结合，从而对民俗的形式或者内容进行调整的特殊类型的俗民。一般而言，多数俗民都会具备某种改变民俗行为的能力，尤其是民俗形式上的改变。例如上娲皇宫祭拜女娲，之前百姓所拿供品多是自己家里蒸的馍馍，但是现在馍馍变成了旺仔小馒头和饼干之类的易于携带的物品。这种紧贴时代的改变是比较容易做到的。但是涉及到更有文化内涵，或者说更贴近核心精神内核的民俗的发明就不是任意一个俗民所能完成的。笔者在调研中，注意到两种俗民在传统的发明、民俗的变异中发挥着重要的作用。一类是巫婆神汉。巫婆神汉因为代表神说话和办事，往往在百姓中享有较高的威望，所以他们的话往往为俗民所认同和

① Glassie H. *The Spirit of Folk Art* [M]. New York：Abrams，1989：31.

遵从，尤其是当他们以神灵的名义说话的时候更是如此。传说小曲峧的三奶奶脾气不好，任性。有一次庙会上社，三奶奶的轿子到了娲皇宫怎么也抬不动了，于是请神婆来看究竟。神婆就说三奶奶不想回小曲峧了，觉得这里好，要和大奶奶一起住。神婆的话吓坏了大家。那怎么办？神婆就央求三奶奶，说："你回去吧。回去了我们给你唱戏。"三奶奶这才答应回去，轿子才抬动了。如此一来，小曲峧就形成了三月庙会从娲皇宫回来给三奶奶唱戏的传统，谁也不敢违背。只是有钱请好戏，钱少请赖戏。这一传统的形成可以说就和代表神灵意志的通灵者有很大的关系。这种情况在民间神灵崇拜中是普遍存在的。还有一类人是民俗技艺表演和创作能手。本章第四章提到弹音村有一个独特的民俗传统，即给女娲唱的戏是赛戏。弹音赛戏的传承人是汤香平。汤香平非常喜爱赛戏，是跟从父亲汤自元学习的。父亲汤自元在世时就组织村里的上社活动，并且热心于赛戏的表演和传授。汤香平从父亲那里学习了赛戏演出的基本规范，但是他在多年的演出中也发现了赛戏的很多问题。例如他认为古老赛戏唱词多有"不顺"的地方，就重写或者修改唱词。另外，在服装、脸谱、动作等方面他也认为有些不符合现代人审美的地方，就对其中的某些部分进行改革，例如武将出场的动作，步子迈得非常的别扭，亮相也不够大气，他就重新编排了出场的动作。他还新编了许多赛戏，例如斩颜良、收秦明等，均是七言句。像汤香平这样的民间技艺表演能手在特定的民俗内容和项目上，起到了重要的改造和发明作用。传统被传承，也在被改变和创新，于是类似于赛戏的传统民俗就获得了新的生命力，形成了新的传统。另外，在本书第五章提到了陈水旺同样也是一位民间技艺能手，在创作民间传说方面同样表现出创新传统的能力。上述两种类型俗民在民俗的改变和创造新的民俗方面作用至关重要。被加入的新元素、观念以及行为规则会逐渐积淀形成稳固的范型，然后供其他俗民模仿和实践，经过若干年的延续，就会形成新的传统。

接着就要考察被发明的传统以什么样的方式影响俗民，获得俗民的认可、模仿和学习。个人面对世界的时候，他需要知道自己去怎样做，吃什么穿什么，信什么。在信什么的习俗中，传承的方式不是师徒或者学校教育，更多的是身边人和事的影响。到底是什么决定了个体自发或自觉去学习、传承具有特定内涵的习俗，除了内在的需求之外，民俗传承是以什么样的形式作用于俗民，使其接受既定的或者新的习俗惯制？一个普通俗民如何接受一种习俗惯制？具体到本书的民俗信仰生活领域，就是如何接受神灵观念并愿意履行相关行为。在本书的第三章曾从俗民思维方式的特征上分析过神灵信仰何以为真的问题。这是立足俗民接受的角度来谈。当特定事件以某种方式作用于俗民的时候，俗民如何以自我的理解来接受某一习俗惯制，其中提到了灵异事件何以灵异，禁忌、恐吓惩罚事件如何建立信仰纪律等。而在这里试图变换观察视角，立足传统的发明者，考察作为民俗的创造者、发起者，该类型的俗民采取了怎样的行动，遵循了什么样的规律，来保证灵异事件发生，惩罚事件有效，满足俗民的需要，使之自觉接受某一民俗观念及其行为。如果说，本书第三章关于俗民思维方式的分析是站在民俗接受方的视角来看待民俗的传承的话，这里就是立足于放送者的视角来考察民俗的传承问题。

　　在对俗民的调查中，经常听到亲历的灵验事件最能够对俗民的信仰观念和行为产生影响，使俗民能够情愿接受神灵观念并愿意遵守相关习俗惯制。在涉县更乐镇的采访中，当地一位张清泰老人给笔者热情介绍当地非常灵验的吕祖庙。他最热衷于介绍的是吕祖的灵验事件。为了让笔者相信他说的事件都是真实的，他特意强调就讲他自己家里的事情，别人家的事情怕有假。根据张清泰的讲述，有一年，他大姐拉肚子，到处找大夫都治不好，他母亲就来到吕祖庙去求吕祖。当时，吕祖庙已经没有了，早被毁掉，只剩下地基。母亲就在地基上求吕祖，即拜药。母亲拿着一块红布放在地上，求吕祖能够赐药，结果红布上真的出现了三粒粟米大小的药。母亲回来让姐姐吃下，上午吃，下午就不拉肚子了。姐姐还有一次生疮，求吕祖，按照签上的药方也很快好了。张清泰还为母亲求过药。那是母亲便秘，五六天拉不下来，他半信半疑来求，按照签上给的药方松脂配麻油捣烂贴在肚脐上，也很快好了。这之后，母亲犯病，同样是按照这个方子治好的。这样的灵验事件让张清泰这样的当地人对吕祖深信不疑。然而吕祖果真这么灵验吗？民俗的发明者，最初创造吕祖神性并发起信仰行为、组织信仰活动的人，是如何保证真实灵异事件能够发生的？这要对俗民求神拜药的程序和内容来分析。发明者设定的俗民求拜的方式是求签，签上写的是顺序号，例如抽到第十一签，就找来签薄来看求签的结果。签薄上每条签文包括两部分，第一部分是求事所要看的内容；第二部分是看病要看的签文。签文其实就是民间药方。这些药方是民间懂得医术的人有意创制和搜集后为百姓所用的。吕祖签薄共有一百二十条签的签文。百姓如果看病，就要依照签薄上的药方去抓药，或者庙里就有现成的药，只用一两块钱就买一包。另外，庙里还有解签的人，这些人也是民间粗通医理的人，他会根据病人的情况适时调整药方，使药方更加有针对性。如此就保证了俗民求神拜药的有效性，吕祖有灵的观念自然成立，并为俗民深信不疑。解读到这里，就可以得出第一个结论，吕祖有灵的信仰观念实际是民俗习俗惯制的发起者，或者是发明人运用唯物的、科学的规律和方式满足了俗民的信神心理和需求，从而对其支撑的结果。当然还会出现不灵的情况，但是根据俗民"心诚则灵"信神原则，不灵也无关神的事情。如此，神灵的真实性就最终确立。这种观念一旦成立，越荒谬或者越偶然的事件就越具有灵异色彩。当地人给笔者讲述了一个灵异事件：一个老人的牛被偷了，就去求吕祖帮助找回牛。不料求的签上竟然写的是二两大黄。老人哭笑不得，说："我不是求药，我没病。我要找牛。"于是他再求，此次签上竟然告诉他四两大黄。无奈之下，他遵照吕祖的指示，吃下大黄。至深夜，他开始拉肚子。厕所远在街上，当他在厕所时，听到了街上牛走路的声响。等他出去寻找，果然是他家的牛，正被偷牛贼趁着黑夜往外拉呢。俗民一旦信仰建立起来，类似于这类荒谬的或者即便真实，也是误打误撞的事件反而更加支持了他们的信仰。

第二种情况是信仰活动的心灵净化和情绪感染。在传统信仰活动中，祭祀仪式是会按照一定的时间间隔有规律地举行。例如每月初一、十五的祭祀，每年的神灵生日的大型祭祀等。这些祭祀活动中，仪式往往盛大，程序烦琐而庄严，概而言之，无非是进行向善的引导，起到心灵净化的作用。女娲祭祀的整个活动中，俗民都在无偿为老奶奶做事，向善的心理在这种环境中极容易被激发和鼓励。一个年轻人看到七八十岁的老人腰都直不起来还要不辞劳苦为老奶奶抬轿子，心灵肯定会受到触动。仪式的高潮部分，是在顶上三阁楼下面的女娲殿前，由指定的人员高声朗诵祭文，其他人"哗啦"跪倒了一片。就连未参加祭祀仪式的普通信众也都停止了自己的活动，跪下来静听祭文。在这样的氛围中，俗民极容易受到情感的浸染，不知不觉中，在未理性思考的时刻，就从感情上接受了信仰。俗民此时也努力在行为和心理上塑造一个"好人"的"我"，因为只有这样才会真正得到老奶奶的护佑。俗民在向老奶奶行叩拜大礼的时刻，在老奶奶第三方的审视下，心灵得到净化，被导向善途是自然而然的。

上述情况涉及的是既定传统如何被一代一代的俗民自觉接受、学习和模仿。俗民一旦接受了信仰观念，就会自觉履行相关的习俗惯制。信仰观念确立之后，对于俗民而言，还要随着时代的变迁，不断更新信仰行为，例如上文提到的用旺仔小馒头代替传统馍馍上供。至于更加高级的行为创造就需要像汤香平和陈水旺这样的民俗技艺专家和传承者。赛戏传到汤香平的手里，可以说因创新获得了新的生命力。汤香平对赛戏的改编和创新适应了现代社会的俗民审美心理和习惯。他的表演还曾经上过涉县春节联欢晚会，深受百姓欢迎。赛戏因老奶奶专看的戏支撑它留存了下来，也将因为更加符合现代俗民的审美心理而获得新的生命。俗民渐渐会接受这一古老戏种，支持其继续存在并复兴。这里就可以得出第三个结论：具有一定技艺水准的民俗行为的创造要满足现代俗民审美需求和习惯，只有这样才能被俗民自觉自愿接受，并支持这一新的民俗行为的定型和发展。

不论是传统的民俗观念和行为被俗民接受和学习，还是新的民俗行为产生之后的传播，从传统的发明者来说，都必须采取一定的方式，迎合和满足俗民的信仰心理需求，才能保证旧传统的延续和新民俗的传播。在这一过程中，民俗传统得以传承，新的民俗内容也不断出现并被接受，即本节所要论述的传统的成长最终得以实现。传统的成长，实质是俗民的不断的建构日常生活的过程，这个过程从两个方向展开。对于传统的发明者而言，这种建构体现在让既定的传统为俗民所接受和模仿，文中提到的三种方式都在体现着民俗放送者的能力和努力。对于民俗的接受者而言，这种建构是基于生活需求，以自我的思维去思考和把握周围世界的过程，在学习、传承中接续民俗传统，甚至创造新的传统。这正是本书所探讨的中心话题。

参 考 文 献

一、论文：

1. ［美］埃里克·哈夫洛克著，巴莫曲布嫫译，《口承一书写等式：一个现代心智的程式》，《民俗研究》2003 年第 4 期。

2. 毕旭玲：《流动的日常生活——新民俗、泛民俗和伪民俗的关系及其循环过程》，《学术月刊》2011 年第 6 期。

3. 陈宝良：《明代的社与会》，《历史研究》1991 年第 5 期。

4. 陈建坡：《"'民间信仰与中国社会'编纂研讨会"综述》，《文史哲》2006 年第 1 期。

5. 陈向春：《补说与解释：对伏羲与女娲关系的再讨论》，《古籍整理研究学刊》2009 年第 6 期。

6. 陈秋、苏日娜：《女性民俗研究发微》，《中央民族大学学报（哲社版）》2012 年第 4 期。

7. 郭占锋、冯海英、李小云：《由中国民间信仰复兴现象反思现代化理论逻辑》，《青海社会科学》2009 年第 6 期。

8. 黄悦：《从河北涉县女娲信仰看女神文明的民间遗存》，《中国比较文学》2007 年第 2 期。

9. 侯豫新：《"女娲"神话之人类学解读》，《黑龙江民族丛刊》2009 年第 5 期。

10. 林美容：《台湾民间信仰的分类》，《汉学研究通讯》1991 年第 10 卷第 1 期。

11. 刘守华：《道教信仰与中国民间口头叙事文学》，《中国文化研究》1996 第 2 期。

12. 刘宗迪：《伏羲女娲兄妹婚故事的源流》，《文化研究》2005 年第 4 期。

13. 吕微：《现代性论争中的民间文学》，《文学评论》2000 年第 2 期。

14. 孟慧英：《关于中国原始宗教研究的思考》，《西北民族研究》2009 年第 3 期。

15. 马天芳：《湖北长阳清江地区求子习俗考》，《中南民族大学学报（人文社会科学版）》2003 年第 S1 期。

16. 任桂香：《祭祀圈、信仰圈、文化圈之刍议》，《黑龙江史志》2008 年第 11 期。

17. 施传刚：《西王母及中国女神崇拜的人类学意义》，《青海社会科学》2011 年第 1 期。

18. 陶侃：《论原始思维及其特征》，《江西社会科学》2004 年第 1 期。

19. 吴平：《北朝的兴佛与灭佛》，《华夏文化》2003 年第 3 期。

20. 王希：《多元文化主义的起源、实践与局限性》，《美国研究》2000 年第 2 期。

21. 王丽、韩凤鸣：《信仰思维的心理描述》，《四川大学学报（哲社版）》2010 年第 6 期。

22. 王天民：《科学思维与信仰思维的统一》，《科学技术与辩证法》2006 年第 2 期。

23. 向柏松：《传统民间信仰与现代生活》，《中南民族大学学报（人文社会科学版）》2003 年第 1 期。

24. 向柏松：《神话与民间信仰》，《中南民族大学学报（人文社会科学版）》2010 年第 1 期。

25. 向柏松：《民间信仰概念与特点新论》，《武陵学刊》2010 年第 4 期。

26. 徐芳：《民间信仰的恢复与重建》，《民俗研究》2004 年第 1 期。

27. 新文：《中皇山的女娲民俗》，《民间文学论坛》1994 年第 1 期。

28. 许钰：《口头叙事文学的流传和演变》，《北京师范大学学报（社会科学版）》1994 年第 6 期。

29. 箫放：《文化遗产与文化资源——现代语境下的春节习俗意义》，《江西社会科学》2006 年第 2 期。

30. 宣炳善：《关于"传统的发明"与"伪民俗"》，《民间文化论坛》2007 年第 3 期。

31. 邢野：《北方鼓与鼓文化》，《内蒙古大学艺术学院学报》2005 年第 3 期。

32. 杨利慧：《女娲神话研究史略》，《北京师范大学学报（社会科学版）》1994 年第 1 期。

33. 杨利慧：《伏羲女娲与兄妹婚神话的粘连与复合》，《北京师范大学学报（社会科学版）》1997 年第 6 期。

34. 杨利慧：《神话一定是"神圣的叙事"吗?》，《民族文学研究》2006 年第 3 期。

35. 杨群：《民族学、人类学学科的历史转折点——重评马林诺夫斯基和他的功能主义学派》，《贵州民族研究》2003 年第 2 期。

36. 杨泽经：《从导游词底本看女娲神话的当代传承》，《长江大学学报（社科版）》2014 年第 5 期。

37. 严家炎，袁进：《现代性：二十世纪中国文学的显著特征》，《北京大学学报（哲学社会科学版）》2005 年第 9 期。

38. 张祝平：《当代中国民间信仰的历史演变与依存逻辑》，《深圳大学学报（人文社会科学版)》2009 年第 6 期。

39. 钟敬文：《评介一个苏联汉学家的神话研究》，《民间文学论坛》1988 年第
3 期。

二、著作

1. 埃利希·诺伊曼著：《大母神：原型分析》，李以洪译，东方出版社 1998 年版。

2. Alfred Schutz, *Collected papers* I, *the problem of social reality*, Martinus Nijhoff/The Hague.

3. 阿兰·邓迪斯著：民俗研究［M］（*The Study of Folklore*, Englewood Cliffs, N. J.: Prentice-Hall, Inc., 1965）

4. 安东尼·吉登斯著：《社会学方法的新规则》，社会科学文献出版社 2003 年版。

5. ［美］贝格尔著：《天使的传言》，高师宁译，中国人民大学出版社 2003 年版。

6. 鲍江著：《娲皇宫志》，社会科学文献出版社 2013 年版。

7. 陈履生著：《神画主神研究》，紫禁城出版社 1987 年版。

8. 陈荣富著：《文化的演进——宗教礼仪研究》，黑龙江人民出版社 2004 年版。

9. 陈戍国著：《礼记校注》，岳麓书社 2004 年版。

10. 常玉荣著：《女娲在民间》，河北大学出版社 2012 年版。

11. 常任侠著：《重庆沙坪坝出土之石棺画像研究，常任侠文集（卷一）》，安徽教育出版社 2002 年版。

12. Dorson, Richard M. ed., *Peasant Customs and Savage Myths*, The University of Chicago Press, 1968.

13. 邓启耀著：《鼓灵》，江西教育出版社 1999 年版。

14. 邓启耀著：《中国神话的思维结构》，重庆出版社 2004 年版。

15. 丁山著：《中国古代文化与宗教考》，龙门书局 1961 年版。

16. 邓子美著：《传统佛教与中国近代化——百年文化冲撞与交流》，华东师范大学出版社 1994 年版。

17. 复旦大学文史研究院编：《'民间'何在谁之'信仰'》，中华书局 2009 年版。

18. 方刚著：《女娲抟土》，陕西师范大学出版总社有限公司 2011 年版。

19. ［英］弗雷泽（Frazer, J. G.）著：《金枝》，徐育新等译，大众文艺出版社 1998 年版。

20. 傅小凡，杜明富著：《神话溯源：女娲伏羲神话的源头及其哲学意义》，甘肃人民美术出版社 2007 年版。

21. 费孝通著：《乡土中国》，上海世纪出版集团 2007 年版。

22. ［法］古斯塔夫勒庞著：《乌合之众：大众心理研究》，冯克利译，中央编译出版社 2004 年版。

23. 杨利慧著：《女娲溯源：女娲信仰起源地的再推测》，北京师范大学出版社 1999

年版。

24. 龚维英著：《原始崇拜纲要》，中国民间文艺出版社 1989 年年版。

25. 顾希佳著：《社会民俗学》，黑龙江人民出版社 2003 年版。

26. 郭于华主编：《仪式与社会变迁》，社会科学文献出版社 2000 年版。

27. 高有鹏著：《庙会与中国文化》，人民出版社 2009 年版。

28. 高丙中著：《中国人的生活世界》，北京大学出版社 2010 年版。

29. Glassie H., *The Spirit of Folk Art* ［M］. New York：Abrams，1989

30. ［英］Harry Cutner 著，方智弘译：《性崇拜》，湖南文艺出版社 1988 年版。

31. ［德］胡塞尔著：《欧洲科学的危机与超越论的现象学》，商务印书馆 2012 年版。

32. 赫尔曼·鲍辛格尔著：《技术世界中的民间文化》，户晓辉译，广西师范大学出版社 2014 年版。

33. 户晓辉著：《返回爱与自由的生活世界》，江苏人民出版社 2010 年版。

34. 郝苏民、马忠才编：《庙会：传承新态》，中央民族大学出版社 2013 年版。

35. 贺苗著：《日常思维生成论》，人民出版社 2013 年版。

36. 河北涉县地方志编纂委员会编：《涉县志（1991—2011）》，中华书局 2012 年版。

37. J. Milton Yinger 编著，李向平、傅敬民译：《宗教社会学》，宗教文化出版社 2006 年版。

38. 金小红著：《吉登斯结构化理论的逻辑》，华中师范大学出版社 2008 年版。

39. 克洛德·列维-斯特劳斯著：《结构人类学》，张祖建译，中国人大出版社 2006 年版。

40. 克利福德·格尔茨著：《文化的解释》，韩莉译，译林出版社 1999 年版。

41. 卡林内斯库著：《现代性的五副面孔》，商务印书馆 2002 年版。

42. 理安·艾斯勒著：《圣杯与剑》，程志民译，社会科学文献出版社 2009 年版。

43. ［美］理查德鲍曼著：《作为表演的口头艺术》，杨利慧、安德明译，广西师范大学出版社 2008 年版。

44. 李亮、王福榜编著：《女娲的传说》，大众文艺出版社 2000 年版。

45. 李亮著：《女娲九章》，中国文史出版社 2005 年版。

46. ［俄］李福清著：《人类始祖伏羲女娲的肖像描绘》，《中国神话故事论集》，中国民间文艺出版社 1988 年版。

47. 刘道超著：《筑梦民生——中国民间信仰新思维》，人民出版社 2011 年版。

48. 林河著：《中国巫傩史》，花城出版社 2001 年版。

49. 列维-布留尔著：《原始思维》，丁由译，商务印书馆 1981 年版。

50. ［法］列维·斯特劳斯著：《野性的思维》，李幼蒸译，商务印书馆 1987 年版。

51. ［美］理查德·鲍曼著：《作为表演的口头艺术》，杨利慧、安德明译，广西师范大学出版社 2008 年版。

52. 李霞著：《个性化的日常生活如何可能——赫勒日常生活理论研究》，人民出版社 2011 年版。

53. 李小江著：《女性/性别的学术问题》，山东人民出版社 2005 年版。

54. 赖永海著：《中国佛教文化论》，中国人民大学出版社 2007 年版。

55. 马昌仪著：《中国灵魂信仰》，上海文艺出版社 1989 年版。

56. [苏联] 梅列金斯基著：《神话的诗学》，魏庆征译商务印书馆 1990 年版。

57. 马盛德著：《人神共舞——青海宗教祭祀舞蹈考察与研究》，文化艺术出版社 2005 年版。

58. 牛永芳、贾海波著：《涉县娲皇宫》，团结出版社 2014 年版。

59. 牛千飞、张耀义编：《涉县水利志》，天津大学出版社 1993 年版。

60. [美] 欧文·戈夫曼著：《日常生活中的自我呈现》，冯钢译，北京大学出版社 2008 年版。

61. 彭兆荣著：《人类学仪式的理论与实践》，民族出版社 2007 年版。

62. 秦燕著：《中国思想文化概论》，西北工业大学出版社 2002 年版。

63. 瞿中溶著：《汉武梁祠石刻画像考》，北京图书馆出版社 2004 年版。

64. 容庚著：《汉武梁祠画像考释》，北平燕京大学考古学社 1936 年版。

65. Robert Redfeild, 1956, *Peasant Society and Culture*, Chicago：Chicago University Press.

66. 任兆胜，胡立耕主编；《口承文学与民间信仰》，云南大学出版社 2007 年版。

67. 宋兆麟著：《生育神与性巫术研究》，文物出版社 1990 年版。

68. 申怀信著：《中华之母女娲》，山西人民出版社 2003 年版。

69. 石奕龙编：《文化人类学导论》，首都经济贸易大学出版社 2010 年版。

70. 涉县旧志整理委员会编：《明清民国涉县志校注》，中华书局 2008 年版。

71. [英] 泰勒著：《原始文化：神话、哲学、宗教、语言、艺术和习俗发展之研究（重译本）》，连树声译，广西师范大学出版社 2005 年版。

72. 乌丙安著：《中国民俗学》，辽宁大学出版社 1985 年版。

73. 乌丙安著：《中国民间信仰》，上海人民出版社 1996 年版。

74. 乌丙安著：《民俗学原理》，长春出版社 2014 年版。

75. 王继英著：《民间信仰文化探踪》，民族出版社 2007 年版。

76. 王铭铭著：《社会人类学与中国研究》，生活·读书·新知三联书店 1997 年版。

77. 王铭铭著：《想象的异邦》，上海人民出版社 1998 年版。

78. 王霄冰、邱国珍主编：《传统的复兴与发明》，知识产权出版社 2011 年版。

79. 王世茂著：《东浮化山与女娲文化》，三晋出版社 2013 年版。

80. [美] 韦思谛编：《中国大众宗教》，陈仲丹译，江苏人民出版社 2006 年版。

81. 王守恩著：《诸神与众生》，中国社会科学出版社 2009 年版。

82. 王小盾著：《原始信仰和中国古神》，上海古籍出版社 1989 年版。

83. 吴正彪著：《乡村口承叙事与地方乡民的文化生活空间》，中国书籍出版社 2009 年版。

84. 闻一多著：《伏羲考》，上海世纪出版集团 2009 年版。

85. 西村真志叶著：《日常叙事的体裁研究》，中国社会科学出版社 2011 年版。

86. 邢莉著：《中国女性民俗文化》，中国档案出版社 1995 年版。

87. 易夫编著：《俗界诸神》，大众文艺出版社 2009 年版。

88. 袁珂著：《中国古代神话传说》，中国民间文艺出版社 1984 年。

89. 袁珂著：《中国神话通论》，巴蜀书社出版社 1993 年版。

90. 杨利慧著：《女娲的神话与信仰》，中国社会科学出版社 1997 年版。

91. 杨利慧著：《女娲溯源》，北京师范大学出版社 1999 年版。

92. 杨利慧等著：《现代口承神话的民族志研究——以四个汉族社区为个案》，陕西师范大学出版社 2011 年版。

93. ［美］伊沛霞著：《内闱——宋代的婚姻和妇女生活》，胡志宏译，江苏人民出版社 2004 年版。

94. ［美］杨庆堃著：《中国社会中的宗教：宗教的现代社会功能与其历史因素之研究》，范丽珠等译，上海人民出版社 2007 年版。

95. 杨荣国编：《中国女娲文化首届高层论坛论文集》，河北教育出版社 2009 年版。

96. 杨荣国、王矿清等编著：《中国涉县女娲祭祀文化》，河北人民出版社 2013 年版。

97. 叶舒宪著：《中国神话哲学》，中国社会科学出版社 1992 年版。

98. 姚周辉著：《失衡的精神家园——中国民间灵魂、鬼神、命运信仰研究》，广西人民出版社 2002 年版。

99. 于世训主编：《涉县文史资料》，河北人民出版社 1991 年版。

100. 钟敬文主编：《民俗学概论》，上海文艺出版社 2009 年版。

101. 詹鄞鑫著：《灵与祭祀》，江苏古籍出版社 1992 年版。

102. 张铭远著：《生殖崇拜与死亡抗拒——中国民间信仰的功能与模式》，中国华侨出版公司 1991 年版。

103. 赵世瑜著：《狂欢与日常——明清以来的庙会与民间社会》，生活·读书·新知三联书店 2002 年版。

104. 张兴发著：《道教神仙信仰》，中国社科科学出版社 2001 年版。

105. 张振犁著：《中原神话研究》，上海社会科学院出版社有限公司 2009 年版。

106. 张彤著：《从先验的生活世界走向文化的日常生活》，黑龙江大学出版社 2011 年版。

107. 郑振满、陈春声主编：《民间信仰与社会空间》，福建人民出版社 2003 年版。

108. 钟敬文著：《话说民间文化》，人民日报出版社 1990 年版。

三、学位论文

1. 郭培琰著：《现代性与社会科学的关联性研究》，山西大学博士论文，2010 年。
2. 过文英著：《论汉墓绘画中的伏羲女娲神话》，浙江大学博士论文，2011 年。
3. 纳钦著：《蒙古村落多层次信仰》，中央民族大学博士论文，2003 年。
4. 黄哲著：《喧嚣与躁动——当代 C 寨侗族的日常生活研究》，中央民族大学博士论文，2013 年。
5. 王新民著：《民间信仰与民众生活研究》，中央民族大学博士论文，2011 年。
6. 王丹婷著：《太谷妇女佛教信仰群体民俗生活研究》，山西大学博士论文，2010 年。

四、未正式出版资料

1. 河北涉县文化馆编：《涉县民间文学》资料第二集，内部资料，1985 年。
2. 河北涉县文化馆编：《涉县民间文学》资料第三集，内部资料，1985 年。
3. 河北涉县文化馆编：《涉县民间文学》资料第四集，内部资料，1985 年。
4. 康喜英、杨振国主编：《涉县民俗》，内部资料，2011 年。
5. 史镜编著：《走近女娲》，涉县文物旅游局内部资料，2007 年。
6. 涉县地名办公室：《涉县地名志》，1984 年，内刊。
7. 涉县地名地方志办公室编：《娲皇宫》，内刊，1998 年。
8. 涉县女娲文化研究会：《女娲文化资料汇编》，内部资料，2008 年。
9. 涉县委员会文史资料委员会：《涉县文史资料》第三辑，内部资料，1994 年。
10. 史安昌主编：《涉县名胜》，内部资料，2003 年。
11. 王树梁、王林定主编：《中国传统村落王金庄》，内部资料，2013 年。
12. 政协涉县委员会：《涉县寺院》，内部资料，2004 年。

笔者近几年采访相关研究者和当地村民所得的资料，以音频、视频和图片为主要存在形式。

后　记

思考是抵御生命虚无的唯一盾牌

　　"思考是抵御生命虚无的唯一盾牌。"这句话是我对自己多年求学、求知历程的体悟。自问为什么不能停下求索的脚步，也只有这句话才能表达我内心最真切的想法。它会让人联想到笛卡尔"我思故我在"的名言。"我思故我在"表达了人类理性的强大和胜利，是人类源于自然更优于自然的证明，体现了人对自我存在的自信。但是就人而言，这种自信只是一种暂时和部分的。不论是作为整体存在的还是作为个体存在的人，虚无永远是挥之不去的生之宿命。读书的时候学习鲁迅的《过客》，曾给我带来深深的震撼。黑瘦羸弱的过客不知从哪里来，亦不知道前方的目标，唯有对不断前行的生命旅程的执着和坚持。不知道鲁迅是在什么样的心境下写成这篇文章的。对于生命内涵的不可把控大概是共有的心境。人类的生命历程也许就是寻求意义的过程。如不然，越是在物质和生理上获得满足，就越是感觉到虚无。海德格尔具有哲学本体意义的语言观刷新了人们对于存在的认识。人存于现世，究竟采取什么方式获得诗意的栖居？他告诉我们：语言是存在之家。语言不是一种交流的工具，而是人类得以安身立命的方式。他说：人就在语言中，不可能离开语言而存在，人只能存在于语言之中，人也只有在先在于他的语言的引导下，才能理解自我和世界：语言预先给他规定了视野，引导着他的眼光，为世界赋予了意义并为世界（万物）命名。正是语言，使世界成其为所是，使万物成其为所是。语言对于人，就像他生息于其上的大地，就像他须臾不可或离的家园。

海德格尔语言观于我具有重要的启示，通过语言和倾听为身处其中的世界命名，赋予其意义，并由此获得自我的意义。这大概是人类最渴求的完美存在。读书、研究、求索是一个学者的宿命，这一宿命决定了学者特殊的生命意义。因此，倾听、感悟、表达才是确定自我存在的最好方式。

这几年的女娲研究也是在这样的动力下一步步展开的。女娲研究伴随我经历了成长最为迅速、感慨也最为复杂的人生阶段。在一脚一脚踏遍涉县山山水水的道路上，在与一个一个采访对象的倾心长谈中，在耳濡目染涉县人朴素和执着的创造生活的热情时，我逐渐靠近了女娲，渐渐明白"女娲"一词在民间所具有的特别内涵。女娲不是外于百姓生活的一个高高在上的神灵，而是百姓生活的一部分，且是最重要的一部分。你随便找个当地人聊聊天，都会感受到女娲老奶奶与百姓的亲密关系。记得第一次去青阳山奶奶庙，来到山脚下的王金庄。上山前就和村里的一位老大妈约好在人家里吃饭。等从山上回来，老人家已经为我们做好了当地的特色面食炒面条。因为又饿又渴，二话不说端起水杯就喝，拿起碗筷就吃。吃饭的时候我们和老人聊起天来，聊天的过程中才知道，王金庄是一个严重缺水的地方。之前也听当地的向导、也是我的好友做过介绍，但是没想到，至今村里人仍然要依靠旱井存雨水来满足日常用水的需求。听到这里，我一下子担心起来，我刚才喝的就是旱井里面的水。大妈赶紧解释，放心喝吧，这水不脏的。村里家家喝的都是这水。大妈说，这个地方太缺水了。旧社会天旱的时候，要走很远的路去打水，甚至要跑到漳河去。因为路太远，还得拿着铺盖卷在途中过夜。为打水累死冻死的也是有的。提到山上的奶奶庙，大妈的话就更多了。她说山上的奶奶庙可灵呢。天旱不下雨的时候，村子的人就到山上奶奶庙求雨。说是求雨，其实就是到奶奶跟前唠唠嗑，唠叨唠叨今年的苦日子，让奶奶看看百姓的疾苦，再不下雨，百姓就吃不上饭了。唠叨完祭拜也就结束了，并没有什么复杂的求雨仪式。但祈祷得多了，总会有雨下来的时候。除了下雨，求子、求财等很多事儿，村里人也都找女娲奶奶。

正是在这样的一次次倾听中，我感受和触摸到了当地百姓那颗努力建构生活的美丽而勇敢的心。不论是艰苦的自然环境还是旧社会的苦难，当地百姓一面顽强地抗争，一面在寻找和建构着精神的力量。诸多的采访对象有一个共同的特点，就是往往生活艰苦，不如意的事很多，当他们在现实生活中找不到可以慰藉的力量的时候，是女娲给予了他们生命的温暖。女娲已经成为百姓遭遇人生挫折时的某种精神支撑，是无限失望和百般无奈的心灵抚慰，是振奋，是鼓舞。于当地百姓而言，女娲不再是远古时期那个神秘威严的大神，而是百姓亲切、慈祥的母亲。作为她的儿女，有了难事自然要去求母亲。如此家常的一位神灵，谁又能说不是百姓生活的一部分呢？作为一个研究者，我被百姓身上这种创造美好生活的力量所感动并对之肃然起敬，同时心中也产生了一种冲动，那就是要呈现、讲述百姓努力创造自我生活的过程，以及由此展现出的精神的高贵和灵魂的伟大。正是源于这份最淳朴的感情和最真实的创作欲望，理性之光被点燃，照亮了我继续研究的前行之路，也就有了这本书的诞生。可以说，本书如果存在有价值的发现的话，皆源于他们的赐予。

在本书的写作过程中，曾遇到过一个个难题，有很多好友无私地帮助了我。那时我就想，没有诸多好友的鼎力支持，就没有我这本小书的诞生，我一定要把他们一一写在后记中，作为本书的谢幕曲。但是帮助我的人是那么多，即使一一罗列出他们的名字，也决然罗列不出他们给予我的无尽的帮助。还是把他们放在心里吧，所有熟悉的、未曾留下名字的，好好安放在内心最温暖的一隅，让他们继续给我带来生命的温暖和前行的动力。

后记不仅代表着一段思考的结束，更开启了我学术之路一个新的旅程。在不断的相遇中，我会怀着感恩的心，与生命中的同路人互相给予力量，一起感悟和思考这尘世的美好和人生的厚重。我的生命也因此被命名并获得意义。我愿永远幸福地行走在这路上！

作　者

2015 年 12 月于邯郸

责任编辑：马长虹

封面设计：徐　晖

图书在版编目（CIP）数据

俗民生活世界的建构：以女娲民俗为核心的民间生活/常玉荣 著.

　－北京：人民出版社，2016.3

ISBN 978－7－01－015498－5

Ⅰ.①俗⋯　Ⅱ.①常⋯　Ⅲ.①神话-研究-涉县　Ⅳ.①B932.2

中国版本图书馆 CIP 数据核字（2015）第 269987 号

俗民生活世界的建构

SUMIN SHENGHUO SHIJIE DE JIANGOU

——以女娲民俗为核心的民间生活

常玉荣　著

人民出版社 出版发行

（100706　北京市东城区隆福寺街 99 号）

北京汇林印务有限公司印刷　新华书店经销

2016 年 3 月第 1 版　2016 年 3 月北京第 1 次印刷

开本：710 毫米×1000 毫米 1/16　印张：15.25

字数：250 千字　印数：0,001-3,000 册

ISBN 978－7－01－015498－5　定价：48.00 元

邮购地址 100706　北京市东城区隆福寺街 99 号

人民东方图书销售中心　电话（010）65250042　65289539